汽车构造

主　编　周佩秋　张莹莹

副主编　崔　爽　宋宛泽　周　贺

参　编　温　军　赵宏宇　张鹤飞　朱　宏　于兆佳

范志丹　郭　旭　梁　强　杨　甜　郭秀红

主　审　高文智

机械工业出版社

本书以任务驱动为导向，共有 6 个项目，包括汽车类型与总体结构认知、汽车发动机认知、汽车底盘认知、汽车电气系统认知、汽车车身认知和新能源汽车认知。本书从岗位需求出发，既有理论知识，又有实践操作，同时对教材进行了模块化设计，全书共 23 个任务，读者可根据需求将任务内容任意组合进行教学或学习。

本书内容深入浅出，图文并茂，同时落实立德树人根本任务，融入我国汽车工业专家先进事迹、相关技术发展史、中国当前技术发展状况等内容，帮助学生树立学习和奋斗目标。

本书以"汽车检测与维修技术国家级教学资源库"为支撑，重点、难点知识配套有丰富的微课视频资源，读者可通过手机扫码观看。

本书配有电子课件等教学资源，凡选用本书作为教材的教师，均可登录机械工业出版社教育服务网（www.cmpedu.com）注册后免费下载，或联系编辑索取（电话：010-88379756）。

图书在版编目（CIP）数据

汽车构造/周佩秋，张莹莹主编. —北京：机械工业出版社，
2023.12（2025.8 重印）
ISBN 978-7-111-74134-3

Ⅰ.①汽… Ⅱ.①周… ②张… Ⅲ.①汽车-构造-高等职业
教育-教材 Ⅳ.①U463

中国国家版本馆 CIP 数据核字（2023）第 200462 号

机械工业出版社（北京市百万庄大街 22 号　邮政编码 100037）
策划编辑：谢熠萌　　　　　　　　责任编辑：谢熠萌
责任校对：王荣庆　贾立萍　陈立辉　责任印制：任维东
河北宝昌佳彩印刷有限公司印刷
2025 年 8 月第 1 版第 5 次印刷
184mm×260mm・13.5 印张・377 千字
标准书号：ISBN 978-7-111-74134-3
定价：54.00 元

电话服务　　　　　　　　　　　网络服务
客服电话：010-88361066　　　机　工　官　网：www.cmpbook.com
　　　　　010-88379833　　　机　工　官　博：weibo.com/cmp1952
　　　　　010-68326294　　　金　书　网：www.golden-book.com
封底无防伪标均为盗版　　　机工教育服务网：www.cmpedu.com

前　言

本书以中国交通教育研究会职业教育分会汽车运用工程专业委员会制订的汽车相关专业人才培养方案和课程标准为依据，以完整任务为单元组织内容，以任务实施为主要学习方式，满足高职培养技术技能人才的教学需求，具有以下特点：

1）学习内容任务化。本书以任务驱动为导向，按照典型工作任务、完整过程和工作情境设计教学内容，从岗位需求出发，实现教学内容融合工作任务，通过任务实施巩固学习过程。

2）教学内容专业化。本书组织教育、行业专家指导，由技术专家和院校教师团队编写，保证了教学理念的先进性及教材内容的专业性。

3）教材形式立体化。本书以编写团队参建的"汽车检测与维修技术国家级教学资源库"为支撑，资源库中含有全部知识点的素材资源，教材中相关知识点配有二维码，扫码可观看微课视频资源，使课程更加形象化、情景化、动态化、生活化。

4）素养、知识、技能目标融合。本书理实结合，涵盖重要理论知识内容和关键操作步骤，并融入我国汽车工业专家先进事迹、相关技术发展史、中国当前技术发展状况等内容，使学生在掌握汽车构造理论和技能知识的同时，了解我国汽车工业发展历程及现状，明确自身肩负的使命，树立学习和奋斗目标。

5）活页式设计。本书可将相关内容任意组合：可以是一本内容丰富、完整的汽车构造教材；也可以拆分成理论、实操、知识拓展、课后习题四部分分别使用；还可分为发动机、底盘、电气系统、车身、新能源汽车五部分分别教学，满足不同教学及学习需求。

本书由长春职业技术学院周佩秋、张莹莹担任主编，崔爽、宋宛泽、周贺任副主编。参加编写的还有温军、赵宏宇、张鹤飞、朱宏、于兆佳、范志丹、郭旭、梁强、杨甜、郭秀红。编写分工如下：项目一由周佩秋编写，项目二由崔爽、宋宛泽、周贺编写，项目三由张莹莹编写，项目四由郭旭、杨甜、范志丹编写，项目五由梁强、郭秀红编写，项目六由温军、赵宏宇编写。全书微课视频由张莹莹、崔爽、宋宛泽、张鹤飞、朱宏、于兆佳讲解、录制和制作。本书由高文智审定。

限于编者的经历和水平，书中难免有疏漏之处，恳请广大读者批评指正。

编　者

二维码索引

名称	图形	页码	名称	图形	页码
汽车总体结构		8	气门组拆装		45
发动机结构与功用		15	电控燃料供给系统的结构与原理		51
四冲程发动机工作原理		17	识别电控燃料供给系统传感器与执行元件		52
曲柄连杆机构总体构造		27	润滑系统结构与原理		62
曲柄连杆机构拆装		35	检查机油		66
配气相位		40	冷却系统结构与原理		69
配气机构总体结构		41	检查冷却液		74

（续）

（续）

名称	图形	页码	名称	图形	页码
交流发电机的工作原理		143	喇叭工作原理		151
前照灯组成及工作原理		150	汽车仪表结构及原理		157
转向灯工作原理		151	刮水器结构及原理		163
倒车灯工作原理		151	车身构造		178

目　录

项目 **1**

汽车类型与总体结构认知

任务 1　汽车类型认知

【任务描述】 ▶

　　汽车已成为人们出行的主要交通工具。什么样的结构可以称为"汽车"，汽车有哪些不同的形式呢？本次任务我们一起来探讨。

【学习目标】 ▶

素养目标：

1) 能与同学密切合作，规范、安全地完成学习活动。
2) 养成自主学习的习惯，培养规范的工作作风，树立职业目标。

知识目标：

1) 掌握汽车的定义。
2) 了解汽车的不同类型。
3) 了解车辆识别代号的含义。

技能目标：

1) 具备区分不同类型的汽车的能力。
2) 具备在车辆上找到车辆识别代号并说出其含义的能力。

【知识准备】 ▶

一、汽车的定义

　　汽车是指由动力驱动，具有 4 个或 4 个以上车轮的非轨道承载的车辆，包括与电力线相连的车辆（如无轨电车）。它主要用于①载运人员和/或货物（物品）；②牵引载运人员和/或货物（物品）或特殊用途；③专项作业或专门用途。

二、汽车的分类

　　汽车按照用途分为两大类：乘用车和商用车。

　　乘用车（不超过 9 座）如图 1-1-1 所示。乘用车按车身型式划分有普通乘用车、活顶乘用车、高级乘用车、双门小轿车、敞篷车、仓背乘用车、旅行车、短头乘用车 8 类。

　　商用车如图 1-1-2 所示。客车、载货汽车、专项作业车、专门用途汽车统称为商用车。客车分为团体客车、城间客车、城市客车、长途客车、旅游客车、铰接客车、无轨电车、越野客车、专用客车、双层客车、轻型客车。载货汽车分为普通货车、侧帘式货车、封闭式货车、多用途货车、半挂牵引车、越野货车、牵引货车和专用货车。

图 1-1-1　乘用车举例

图 1-1-2　商用车举例

此外，汽车还可以按照能源类型等进行分类，如传统燃油汽车和新能源汽车。

三、车辆识别代号

车辆识别代号（Vehicle Identification Number，VIN）是汽车的"身份证号"，它包含了车辆的地理区域、车辆制造厂、车辆特征代码等信息。VIN 由 17 位字码组成，所以俗称十七位码。正确解读 VIN 对于正确地识别车型是十分重要的。

车辆识别代号由世界制造厂识别代号（WMI）、车辆说明部分（VDS）和车辆指示部分（VIS）三部分组成，如图 1-1-3 所示。

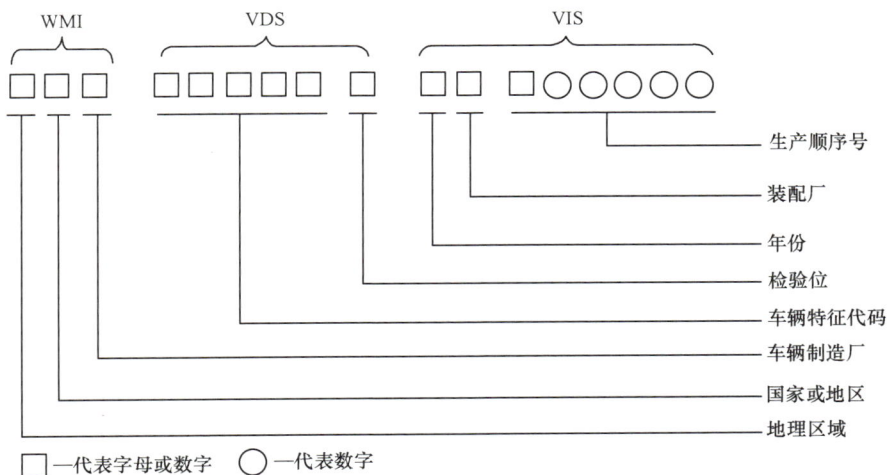

图 1-1-3　车辆识别代号含义

代号说明：

1）1~3 位（WMI）：地理区域、国家或地区、车辆制造厂。

WMI 的第 1 位字码是由国际代理机构分配的、用以标明一个地理区域的字母或数字字码，根据预期的需求，可以为一个地理区域分配 1 个或多个字码。

　　WMI 的第 2 位字码是由国际代理机构分配的、用以标明一个特定地理区域内的一个国家或地区的字母或数字字码，根据预期的需求，可以为一个国家或地区分配 1 个或多个字码。通过第 1 位和第 2 位字码的组合使用可以确保对某个国家或地区的唯一识别。

　　国际代理机构已经为每一个国家或地区分配了第 1 位及第 2 位字码的组合，其中分配给中国的字码组合为 L0~L9、LA~LZ、H0~H9、HA~HZ。

　　WMI 第 3 位是由授权机构分配、用以标明特定车辆制造厂的字母或者数字字码。通过第 1 位、第 2 位和第 3 位字码的组合使用可以确保对车辆制造厂的唯一识别。

　　WMI 的 3 位组合代号即可表示特定的品牌。部分汽车厂商 WMI 见表 1-1-1。

表 1-1-1　部分汽车厂商 WMI

WMI	生产商	WMI	生产商
LHG	中国广汽本田汽车有限公司	LSV	中国上汽大众汽车有限公司
LJN	中国郑州日产汽车有限公司	LGW	中国长城汽车股份有限公司
LVV	中国奇瑞汽车股份有限公司	LVS	中国长安福特汽车有限公司
WAU	德国奥迪汽车公司	KMH	韩国现代汽车公司
WDB	德国梅赛德斯—奔驰集团股份公司	1FA	美国福特汽车公司
LFP	中国第一汽车集团有限公司	JN1	日本日产汽车公司

　　2）第 4~8 位：车辆特征代码。

　　乘用车：车身类型、动力系统特征。

　　载货汽车：车身类型、车辆最大设计总质量、动力系统特征。

　　客车：车辆长度、动力系统特征。

　　3）第 9 位：校验位，按《道路车辆　车辆识别代号（VIN）》（GB 16735—2019）附录 A 规定的方法计算。

　　4）第 10 位：车型年款，年份代码按表 1-1-2 规定使用（每 30 年循环 1 次）。

　　5）第 11 位：装配厂。

　　6）第 12~17 位：生产顺序号。

表 1-1-2　年份代码

年份	代码	年份	代码	年份	代码	年份	代码
1991	M	2001	1	2011	B	2021	M
1992	N	2002	2	2012	C	2022	N
1993	P	2003	3	2013	D	2023	P
1994	R	2004	4	2014	E	2024	R
1995	S	2005	5	2015	F	2025	S
1996	T	2006	6	2016	G	2026	T
1997	V	2007	7	2017	H	2027	V
1998	W	2008	8	2018	J	2028	W
1999	X	2009	9	2019	K	2029	X
2000	Y	2010	A	2020	L	2030	Y

【知识拓展】

中国制造——解放牌汽车

解放牌汽车于 1956 年 7 月 13 日在长春第一汽车制造厂试制成功。解放牌汽车的问世，结束了我国不能生产汽车的历史。

第一批驶下生产线的解放牌汽车称为 CA10 型，它的整备质量为 3900kg，装有四冲程六缸发动机，载质量为 4t，最大时速为 65km，经过改进，它更适合我国的路况以及大规模建设的需要。

第一批下线的解放牌货车参加了 1956 年的国庆阅兵式，之后一部分汽车在天安门广场被展出，在那里，无数群众争睹国产汽车的风采。

【任务实施】

仪器设备及工具准备

东风载货汽车和桑塔纳轿车各 1 辆，相应的车型挂图 1 套。

任务实施内容

认知不同类型的汽车。

步骤	操作方法	操作示意图
认知不同类型的汽车	通过整车或挂图，认知不同类型的汽车，了解其特点	
	载货汽车	
	客车	
	SUV（两厢）	
	MPV	

（续）

步骤	操作方法	操作示意图
认知不同类型的汽车	轿车（三厢）	
	敞篷车	
在实训车辆上寻找车辆识别代号	行驶证上	
	风窗玻璃下方	
	车门下方	
	车架上	

【评价反馈】

评价项目	评价标准	小组评价 （占总评分的40%）	教师评价 （占总评分的60%）
知识准备 （30分）	熟知汽车的定义		
	了解汽车的分类		
	了解车辆识别代号含义		
知识拓展 （10分）	养成自主学习的习惯，树立职业目标		
任务实施 （40分）	能区分不同类型的汽车		
	能找到车辆识别代号，并说出其含义		
综合表现 （20分）	能与同学密切合作，积极实践，安全地完成学习活动，具备严谨、规范的工作作风		
合计			
总评分			

教师评语：

日期：　　年　　月　　日

【课后测评】

一、单项选择题

1. 车辆识别代号简称（　　　）。

A. VIN　　　　　　　　B. VIP　　　　　　　C. SUV　　　　　　　D. MPV

2. 车辆识别代号不能显示车辆的（　　　）信息。

A. 车辆类型　　　　　　　　　　　　　　B. 生产厂家

C. 报废年限　　　　　　　　　　　　　　D. 生产国家或地区

二、多项选择题

1. 车辆识别代号可以从（　　　）找到。

A. 行驶证上　　　　　B. 风窗玻璃下方　　　C. 车门下方　　　　D. 车架上

2. 汽车按用途可分为（　　　）。

A. 商用车　　　　　　B. 载货汽车　　　　　C. 摩托车　　　　　D. 乘用车

3. 汽车符合的条件有（　　　）。

A. 4个车轮　　　　　　　　　　　　　　B. 能换档、转向和制动

C. 有动力驱动系统　　　　　　　　　　　D. 能载人、拉货

三、判断题

1. 由发动机提供动力的机械都可以称为汽车。（　　　）

2. 车辆识别代号是车辆的"身份证号"，可显示车辆生产国家或地区、厂商等信息。（　　　）

四、简答题

1. 什么是汽车？

2. 按用途划分，哪些车型属于商用车？哪些车型属于乘用车？

3. 试述 VIN 的含义。

任务 2　汽车的总体结构及布置认知

【任务描述】 ▸‥‥‥‥‥‥‥‥‥‥‥‥‥‥‥‥‥‥‥‥‥‥‥‥‥‥‥‥‥‥‥‥‥‥‥‥‥▶

不同类型的汽车在组成上有没有区别？在系统布置上有哪些不同？本次任务我们一起来了解。

【学习目标】 ▸‥‥‥‥‥‥‥‥‥‥‥‥‥‥‥‥‥‥‥‥‥‥‥‥‥‥‥‥‥‥‥‥‥‥‥‥‥▶

🚩 素养目标：

1）能与同学密切合作，规范、安全地完成学习活动。
2）养成自主学习的习惯，培养规范的工作作风，树立职业目标。

✅ 知识目标：

1）掌握汽车总体结构及各部分作用。
2）了解汽车不同布置形式。

🔧 技能目标：

1）具备在车辆上识别各组成部分并说出其名称和作用的能力。
2）具备描述不同布置形式汽车的特点的能力。

【知识准备】 ▸‥‥‥‥‥‥‥‥‥‥‥‥‥‥‥‥‥‥‥‥‥‥‥‥‥‥‥‥‥‥‥‥‥‥‥‥‥▶

一、汽车总体组成

传统汽车由发动机、底盘、车身、电气设备组成，如图 1-2-1 所示。

（1）发动机　发动机（图 1-2-2）产生动力，汽油发动机由两大机构五大系统组成，即曲柄连杆机构、配气机构、燃料供给系统、冷却系统、润滑系统、点火系统和起动系统；柴油发动机没有点火系统。

汽车总体
结构

图 1-2-1　汽车组成

车身　底盘　电气设备　发动机

图 1-2-2　发动机

（2）底盘　底盘（图 1-2-3）的作用是支承、安装汽车发动机及其各部件总成，形成汽车的整体造型，并接收发动机的动力，使汽车产生运动，保证正常行驶。底盘由传动系统、行驶系统、转向系统和制动系统组成。

（3）车身　车身由壳体、车门、车窗、车前钣金件、车身内/外装饰件和车身附件组成。车身安装在底盘的车架上，以便驾驶人、乘员乘坐或装载货物。轿车、客车的车身一般是整体结构，为承载式车身（图 1-2-4）载货汽车车身一般由驾驶室和货箱两部分组成。

图 1-2-3　底盘

图 1-2-4　承载式车身

（4）电气设备　电气设备由电源、用电设备、中间装置组成。电源包括蓄电池和发电机；用电设备包括起动机、点火系统、灯光系统、辅助电气设备等用电装置；中间装置用来连接前两者及进行电路控制和保护。

二、汽车布置形式

汽车按照发动机及传动系统的布置方式一般分为发动机前置后轮驱动、发动机前置前轮驱动、发动机中置后轮驱动、发动机后置后轮驱动（图 1-2-5）、全轮驱动等。

发动机前置前轮驱动简称前置前驱（FF），大部分乘用车采用这种布置形式。

发动机前置后轮驱动简称前置后驱（FR），此种形式应用也较为广泛，被大多数的载货汽车、部分房车及部分客车采用。

发动机中置后轮驱动简称中置后驱（MR），此种形式应用较少，主要应用于高级跑车上。

发动机后置后轮驱动简称后置后驱（RR），一般用于大型客车或部分跑车。

全轮驱动（AWD），一般指"全时四轮驱动"并且发动机前置的车辆。另外，还有四轮驱动（4WD），一般指"分时四轮驱动"，这种布置形式主要用于越野汽车上。

发动机在汽车上可以横置或纵置。

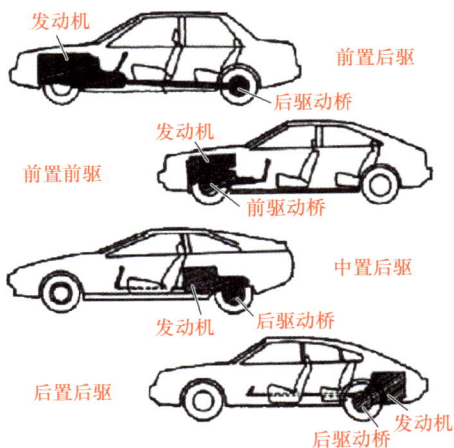

图 1-2-5　汽车布置形式

【知识拓展】 ▶ ∙∙∙∙∙∙∙∙∙∙∙∙∙∙∙∙∙∙∙∙∙∙∙∙∙∙∙∙∙∙∙∙∙∙∙∙∙∙∙ ▶

中国制造——红旗汽车

1958 年，第一辆红旗牌轿车诞生，成为国家领导人和国家重大活动的国事用车。

对于中国人而言，红旗不仅是一个著名的汽车品牌，还是一种深深的情怀和神圣的记忆。在20世纪六七十年代，红旗轿车是中国汽车工业的一面旗帜。改革开放后，"红旗"汽车在继续承担"国车"重任的同时，开始了市场化进程。

2018年1月8日，中国一汽发布新红旗品牌战略，以"中国式新高尚精致主义"为品牌理念。2018年7月31日，红旗品牌60周年庆典正式启幕。2018年10月23日，红旗品牌签约成为第五届世界互联网大会钻石合作伙伴。2019年1月29日，一汽红旗与故宫正式达成战略合作。2019年3月26日，红旗品牌携手俞丽拿小提琴艺术基金，联合出品原创音乐剧场《真爱·梁祝》。2019年7月12日，首届红旗嘉年华成功举办。

2019年12月，红旗入选2019中国品牌强国盛典榜样100品牌。

2022年4月，中国一汽携手以色列Samelet集团，在以色列中部城市特拉维夫举行红旗旗舰车型E-HS9上市仪式，红旗汽车正式登陆以色列市场。

【任务实施】 ●●●●●●●●●●●●●●●●●●●●●●●●●●●●●●●●●●▶

仪器设备及工具准备

整车、举升机。

任务实施内容

认知汽车结构及布置形式。

步骤	操作方法	操作示意图
认知汽车总体结构及零部件	通过挂图及实训车辆认知汽车总体组成：发动机、底盘、车身、电气设备；认知每个组成部分中的关键零部件	
	认知车辆外部	
	认知发动机舱	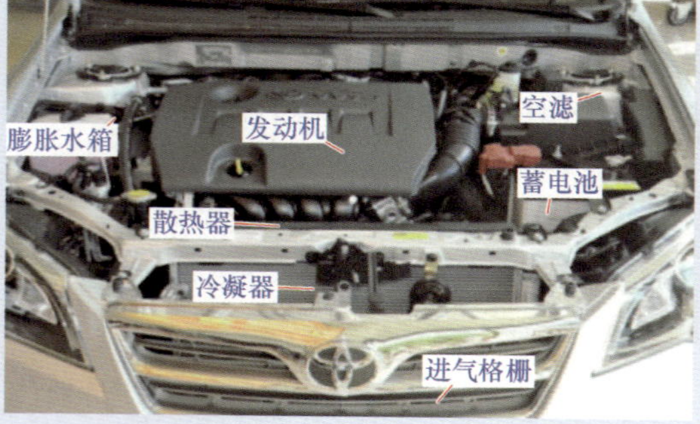

（续）

步骤	操作方法	操作示意图
认知汽车总体结构及零部件	认知车辆底部	后桥　消声器　排气管　三元催化转化器
	认知车辆内部	
认知汽车布置形式	通过挂图及实训车辆认知不同的车辆布置形式	
	认知前置后驱汽车	发动机　驱动桥
	认知前置前驱汽车	车头　发动机　驱动桥

（续）

步骤	操作方法	操作示意图
认知汽车布置形式	认知中置后驱汽车	备胎　蓄电池　发动机　变速器　半轴
	认知后置后驱汽车	前悬架　变速杆　变速器　发动机
	认知四轮驱动汽车	一汽丰田RAV4 荣放底部视图　后驱动桥　多片式离合器　传动轴　前驱动桥

【评价反馈】

评价项目	评价标准	小组评价 （占总评分的40%）	教师评价 （占总评分的60%）
知识准备 （30分）	熟知汽车总体结构及各系统的功用		
	了解汽车不同布置形式		
知识拓展 （10分）	养成自主学习的习惯，树立职业目标		

（续）

评价项目	评价标准	小组评价 （占总评分的40%）	教师评价 （占总评分的60%）
任务实施 （40分）	能在车辆上识别各组成部分并说出其名称和作用		
	能说出不同布置形式汽车的特点及适用汽车类型		
综合表现 （20分）	能与同学密切合作，积极实践，安全地完成学习活动，具备严谨、规范的工作作风		
合计			
总评分			

教师评语：

日期：　　年　　月　　日

【课后测评】

一、单项选择题

1. 为汽车提供动力的是（　　　）。

A. 底盘　　　　　　　B. 车身　　　　　　　C. 发动机　　　　　　D. 电气设备

2. 被称为"汽车的心脏"的是（　　　）。

A. 底盘　　　　　　　B. 车身　　　　　　　C. 发动机　　　　　　D. 电气设备

3. 用来接收发动机动力使汽车行驶起来的是（　　　）。

A. 底盘　　　　　　　B. 车身　　　　　　　C. 发动机　　　　　　D. 电气设备

4. 家用轿车多数采用的布置形式是（　　　）。

A. 前置后驱　　　　　B. 后置后驱　　　　　C. 前置前驱　　　　　D. 中置后驱

二、多项选择题

1. 汽车的组成部分包括（　　　）。

A. 发动机　　　　　　B. 底盘　　　　　　　C. 车身　　　　　　　D. 电气设备

2. 车辆常见的布置形式有（　　　）。

A. 前置后驱　　　　　B. 后置后驱　　　　　C. 前置前驱　　　　　D. 中置后驱

三、判断题

1. 电气设备是为提高乘坐舒适性而设计的，没有它汽车也可以行驶。（　　　）

2. 不同的汽车布置形式对车辆性能没有什么影响，主要由布置空间决定。（　　　）

四、简答题

1. 汽车有哪些布置形式？

2. 汽车有哪些组成部分，每部分的作用是什么？

项目 **2**

汽车发动机认知

任务 1 发动机总体构造认知

【任务描述】

小王在从事发动机维修工作过程中，发现自己只能机械地记忆故障现象与可能引发故障的部位，不能自己进行故障分析。他发现是因为在校期间未重视汽车构造课程的学习，自身对发动机结构不够了解，于是回学校找资料重新学习。可见掌握扎实、系统的基础知识对从事相关工作非常重要。

【学习目标】

素养目标：

1）能与同学密切合作，规范、安全地完成学习活动。
2）养成自主学习的习惯，培养规范的工作作风，树立职业目标。

知识目标：

1）掌握发动机的总体结构，各系统的组成、功用。
2）掌握不同类型的发动机的特点。
3）掌握发动机的基本术语。

技能目标：

1）具备识别发动机各总成的能力。
2）具备描述汽油发动机的基本工作原理的能力。
3）具备描述发动机在整车上的位置及其与其他系统的关系的能力。

【知识准备】

一、发动机的作用及分类

1. 发动机的作用

汽车发动机是将某一种形式的能量转换为机械能的机器。现代汽车广泛采用内燃式发动机，其功用是将燃料燃烧的热能转化为机械能并对外输出，为汽车提供动力，是"汽车的心脏"。

2. 发动机的分类

（1）按照使用燃料分类 按照所使用燃料的不同，发动机主要可以分为汽油机和柴油机。以汽油为燃料的发动机称为汽油机；以柴油为燃料的发动机称为柴油机。

发动机结构
与功用

汽油机与柴油机比较，各有特点：汽油机转速高、质量小、噪声小、起动容易、制造成本低；柴油机压缩比大、热效率高、经济性能和排放性能都比汽油机好。

（2）按照工作行程分类　发动机按照完成一个工作循环所需的行程数可分为四冲程发动机和二冲程发动机，分别如图2-1-1和图2-1-2所示 。

图 2-1-1　四冲程发动机

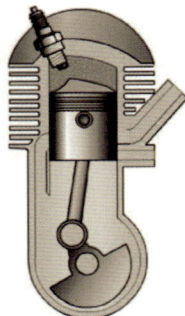

图 2-1-2　二冲程发动机

曲轴转两圈，活塞在气缸内上下往复运动 4 个行程，完成一个工作循环的发动机称为四冲程发动机；曲轴转一圈，活塞在气缸内上下往复运动两个行程，完成一个工作循环的发动机称为二冲程发动机。

汽车发动机广泛使用四冲程发动机。

（3）按照冷却方式分类　发动机按照冷却方式不同可以分为水冷式发动机和风冷式发动机，分别如图2-1-3和图2-1-4所示。

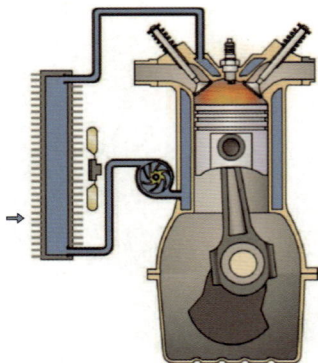

图 2-1-3　水冷式发动机

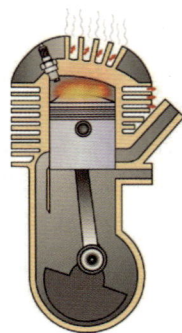

图 2-1-4　风冷式发动机

水冷式发动机是利用在气缸体和气缸盖冷却水套中进行循环的冷却液作为冷却介质进行冷却的；风冷式发动机是利用流动于气缸体与气缸盖外表面散热片之间的空气作为冷却介质进行冷却的。

水冷式发动机冷却均匀，工作可靠，冷却效果好，被广泛地应用于现代车用发动机。

（4）按照气缸数量分类　发动机按照气缸数量不同可以分为单缸发动机和多缸发动机。仅有一个气缸的发动机称为单缸发动机；有两个以上气缸的发动机称为多缸发动机，如双缸、三缸、四缸、五缸、六缸、八缸、十二缸等。现代轿车多采用四缸、六缸发动机。

（5）按照气缸排列方式分类　根据气缸的排列形式，气缸体有直列式、V 形、对置式和 W 形等多种形式，如图 2-1-5 所示。

直列式气缸体的各个气缸排成一列，一般是垂直布置；对置式气缸体的气缸通常排成两列，两列之间的夹角为 180°；V 形气缸体的气缸排成两列，但两列之间的夹角小于 180°（一般为 60°或 90°）。

对置式和 V 形气缸体与气缸数相同的直列式气缸体相比，高度降低、长度缩短，但宽度增大。W 形与 V 形发动机相比，它可以将发动机做得更短一些，曲轴也可短些，这样就能节省发动机所占的空间，同时质量也可小些，但它的宽度更大，使得发动机舱更满。

（6）按照进气方式分类　发动机按照进气系统是否采用增压方式可以分为自然吸气式（非增压式）发动机和强制进气式（增压式）发动机（图 2-1-6）。

早期汽油机常采用自然吸气式发动机（图 2-1-7），现阶段增压式发动机已得到越来越广泛的应用。

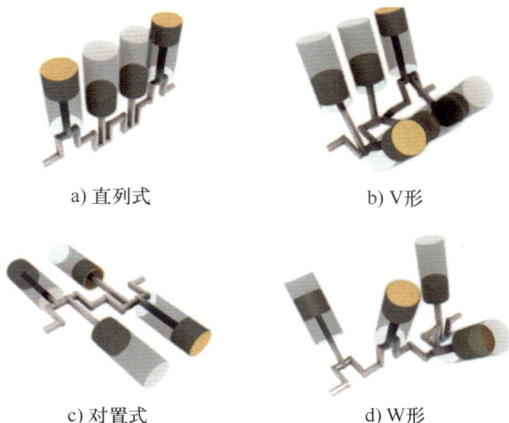

a) 直列式　　b) V 形　　c) 对置式　　d) W形

图 2-1-5　气缸排列方式

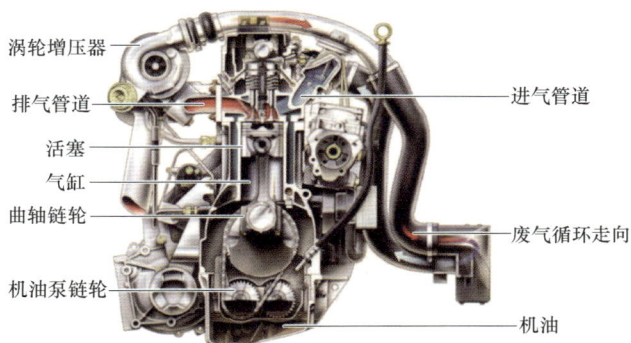

涡轮增压器　排气管道　活塞　气缸　曲轴链轮　机油泵链轮　进气管道　废气循环走向　机油

图 2-1-6　强制进气式发动机

图 2-1-7　自然吸气式发动机

二、发动机的基本工作原理

以四冲程汽油机为例，每个气缸的每一个工作循环都有 4 个行程，按其作用分别称为进气行程、压缩行程、做功行程和排气行程，如图 2-1-8 所示。

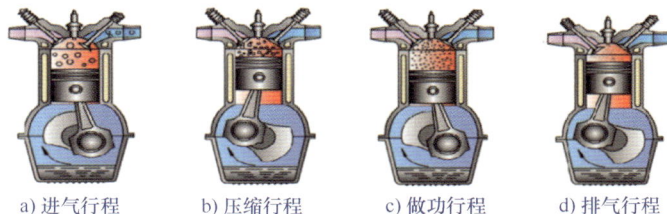

a) 进气行程　　b) 压缩行程　　c) 做功行程　　d) 排气行程

图 2-1-8　四冲程汽油机工作原理

四冲程发动机工作原理

1. 进气行程

在进气行程中，活塞由曲轴带动从上止点向下止点运行，此时进气门开启、排气门关闭。随

着活塞从上止点向下止点移动，活塞上方气缸容积增大，气缸内压力下降。当压力降低到大气压以下时，在气缸内形成真空度。这样，可燃混合气经进气门被吸入气缸。

2. 压缩行程

进气行程结束时，活塞由曲轴带动从下止点向上止点运动，此时排气门仍处于关闭状态，进气门开始逐渐关闭。随着活塞向上运动，气缸内容积逐渐减小，由于进气门和排气门均处于关闭状态，进入气缸内的混合气被压缩，其温度和压力升高，直到活塞到达上止点时压缩行程结束。

3. 做功行程

当活塞运动接近压缩行程上止点时，火花塞点燃气缸内的混合气，此时进气门和排气门均处于关闭状态。可燃混合气燃烧后，放出大量热能，其压力增大、温度迅速升高。高温、高压燃气推动活塞从上止点向下止点运动，通过连杆使曲轴旋转并输出机械能。它除了用于维持发动机本身继续运转之外，其余用于对外做功。在做功行程后期，随着活塞向下移动，气缸内容积增大，气体压力减小、温度降低。

4. 排气行程

做功行程结束时，气缸内的气体将活塞推至下止点，气缸内的混合气变为废气。此时排气门打开，进气门仍处于关闭状态，活塞在曲轴的带动下从下止点向上止点运动，气缸内的废气经排气门排出，直到活塞到达上止点时排气行程结束。

发动机工作时，需要每个气缸连续不断地进行循环，在每个循环中都是依次完成进气、压缩、做功、排气 4 个行程。汽车发动机多采用多缸发动机形式，有多套机件按一定的顺序循环运转，工作更连贯。

三、发动机术语

发动机术语示意图如图 2-1-9 所示。

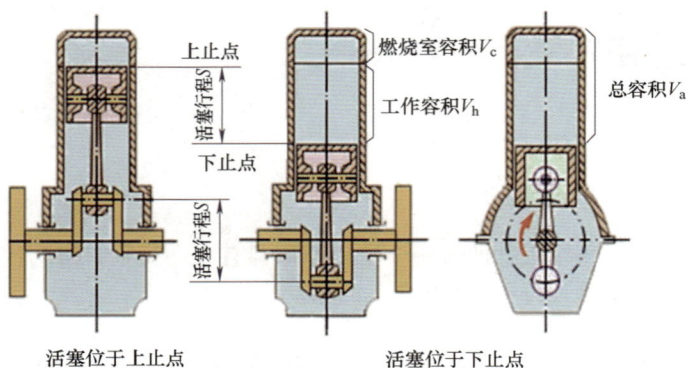

图 2-1-9　发动机术语示意图

（1）上止点　它是活塞离曲轴回转中心最远处，通常指活塞上行到最高位置，可用英文缩写词 TDC 来表示。

（2）下止点　它是活塞离曲轴回转中心最近处，通常指活塞下行到最低位置，可用英文缩写词 BDC 来表示。

（3）活塞行程 S　它是上、下止点间的距离。

（4）曲柄半径 R　它是与连杆下端（即连杆大头）相连的连杆轴颈中心到曲轴回转中心的距离。显然，$S = 2R$。曲轴每转一周，活塞移动两个行程。

（5）气缸工作容积 V_h　它是活塞从上止点到下止点所让出的空间容积。

$$V_h = \frac{\pi}{4}D^2 S \times 10^{-6}$$

式中　D——气缸直径（mm）；

　　　S——活塞行程（mm）。

（6）发动机排量 V_L　它是发动机所有气缸工作容积之和。设发动机的气缸数为 i，则 $V_L = V_h i$。

（7）燃烧室容积 V_c　活塞在上止点时，活塞上方的空间称为燃烧室，它的容积称为燃烧室容积（L）。

（8）气缸总容积 V_a　活塞在下止点时，活塞上方的容积称为气缸总容积。它等于气缸工作容积与燃烧室容积之和，即 $V_a = V_h + V_c$。

（9）压缩比 ε　它是气缸总容积与燃烧室容积的比值，即 $\varepsilon = V_a / V_c = 1 + V_h / V_c$。

它表示活塞由下止点运动到上止点时，气缸内气体被压缩的程度。压缩比越大，压缩终了时气缸内的气体压力越大、温度越高。一般车用汽油机的压缩比为 7 ~ 10，柴油机的压缩比为 15 ~ 22。

（10）工作循环　对于往复活塞式发动机，发动机每做功 1 次，要经过进气、压缩、做功和排气 4 个行程，这种周而复始的连续过程，称为发动机的一个工作循环。

四、发动机的总体构造

汽油发动机的总体结构如图 2-1-10 所示。

汽油发动机简称汽油机，主要由两大机构、五大系统组成。两大机构指曲柄连杆机构和配气机构；五大系统指燃料供给系统、冷却系统、润滑系统、点火系统和起动系统。

1. 曲柄连杆机构

曲柄连杆机构由机体组、活塞连杆组和曲轴飞轮组三部分组成，如图 2-1-11 所示。它是发动机实现热能与机械能相互转换的核心机构，其功用是将燃料燃烧放出的热能通过活塞、连杆、曲轴等零部件转变成机械能，向发动机外部输出，驱动汽车行驶。

图 2-1-10　汽油发动机的总体结构

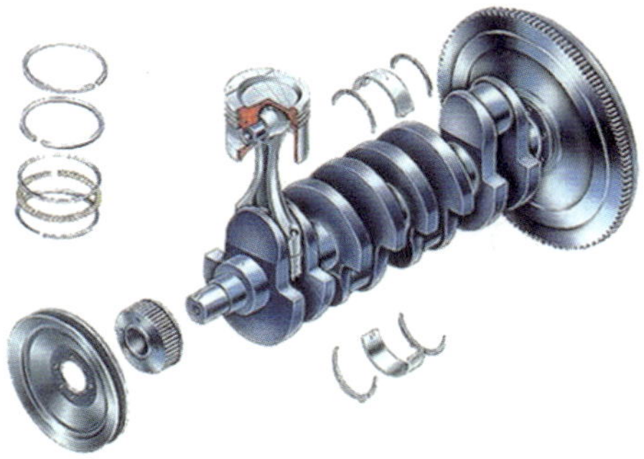

图 2-1-11　曲柄连杆机构的结构

2. 配气机构

配气机构由气门组和气门传动组组成，其结构如图 2-1-12 所示。其功用是根据发动机的工作需要，适时地打开进气或排气通道，以便使可燃混合气（燃料与空气的混合物）及时地进入气缸，并使废气及时地从气缸内排出；在发动机不需要进气或排气时，利用气门将进气通道或排气通道关闭，以保持气缸密封。

3. 燃料供给系统

现代汽车广泛采用电控燃料供给系统。它主要由空气供给系统、燃油供给系统和电子控制系统组成，其结构如图 2-1-13 所示。其功用是根据发动机工况（工作状况），配制出适当数量和浓度的可燃混合气并送入气缸。

图 2-1-12　配气机构的结构

图 2-1-13　燃料供给系统的结构

4. 冷却系统

汽车发动机多采用水冷式冷却系统，它由气缸体水套、水泵、节温器、散热器、冷却风扇、膨胀水箱等组成，其结构如图 2-1-14 所示。其功用是帮助发动机把多余的热量散发掉，以保证发动机在适宜的温度下工作。

5. 润滑系统

润滑系统一般由机油泵、集滤器、限压阀、油道、机油滤清器等组成，其结构如图 2-1-15 所示。其功用是向做相对运动的零件表面输送清洁的润滑油，以减小摩擦和磨损，同时对摩擦表面进行清洗和冷却，起到润滑、冷却、洗涤、密封、防锈、防腐和消除冲击负荷的作用。

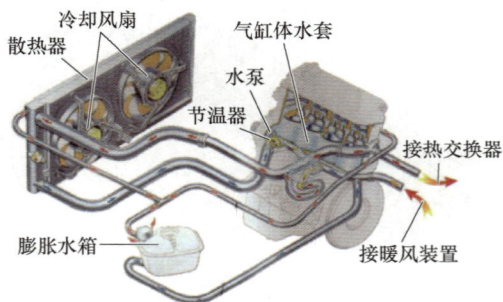

图 2-1-14　冷却系统的结构

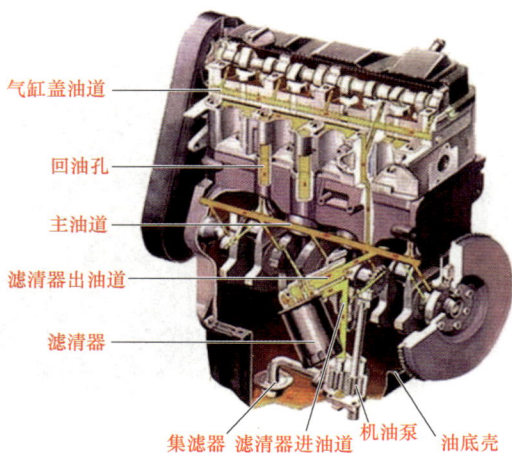

图 2-1-15　润滑系统的结构

6. 起动系统

起动系统由起动机及其附属装置组成，其组成如图 2-1-16 所示。其功用是提供初始能量使发动机由静止状态进入到正常工作状态。

7. 点火系统

点火系统主要包括点火线圈、点火控制模块、火花塞等，如图 2-1-17 所示。其功用是根据发动机的工作需要，在恰当时刻点燃气缸内的混合气。

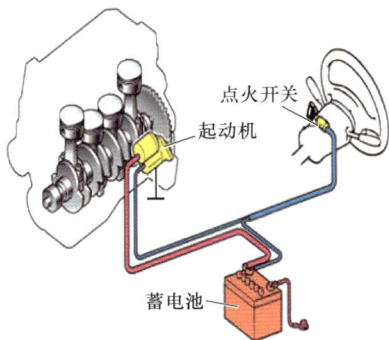

图 2-1-16　起动系统的组成

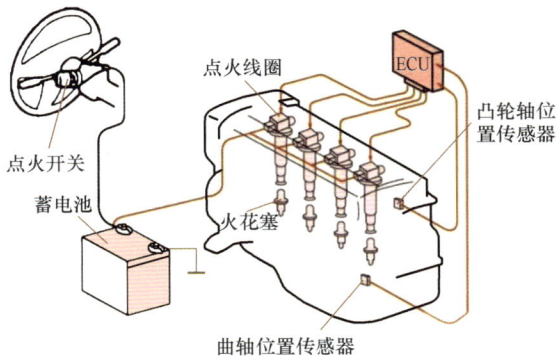

图 2-1-17　点火系统的组成

【知识拓展】

中国制造——ACTECO

ACTECO 是奥地利 AVL 公司和中国奇瑞汽车公司技术合作研发的发动机品牌。ACTECO 包含 3 层含义。

ACTECO 的第一层含义是标明该发动机的技术血统。开头的字母 A 指代奥地利（Austria）的 AVL 公司——欧洲顶级发动机制造商，也表示了其在中国的诞生地安徽（Anhui）；第二个字母 C 表示中国（China）的奇瑞（Chery）；最后两个字母 CO 是英文单词合作（Cooperation）的缩写，即表达了该发动机是奥地利的 AVL 公司和位于中国安徽的奇瑞汽车共同合作的技术结晶。

ACTECO 的第二层含义是指产品的设计理念与性能。中间 3 个字母 TEC 是英文单词技术（Technology）的前 3 个字母，最后 3 个字母 ECO 既代表经济性（Economic）又表示生态环保（Ecological），最后两个字母 CO 是英文单词低成本（Cost）的缩写，即表示该发动机将有利于降低使用的经济成本（低油耗）和社会成本（低排放）。

ACTECO 的第三层含义集中在第一个字母 A，表达了奇瑞公司的创业理念：在汽车行业勇争第一（A）。前 3 个字母 ACT（行动）也是奇瑞对于中国人发展自己的汽车产业的鲜明态度，即不管外界如何争论，用自己的行动来证明一切。

【任务实施】

仪器设备及工具准备

发动机剖面模型（汽油机）1 台、发动机剖面模型（柴油机）1 台、日产 V6 发动机剖视运转教具 1 台、奥迪 A6 AWL 发动机拆解模型 1 台。

任务实施内容

认知发动机结构。

步骤	操作方法	操作示意图
认知汽车发动机总体结构	认知汽车发动机的基本组成：曲柄连杆机构、配气机构、燃料供给系统、冷却系统、润滑系统、起动系统、点火系统	
认知曲柄连杆机构	认知气缸盖罩	
	认知气缸盖	
	认知气缸体	
	认知油底壳	
	认知活塞连杆组（主要由活塞、活塞环、活塞销、连杆、连杆轴瓦等组成）	

（续）

步骤	操作方法	操作示意图
认知曲柄连杆机构	认知曲轴飞轮组（主要由曲轴、飞轮、轴承盖、正时链条、带轮及曲轴扭转减振器、靶轮等组成）	
认知配气机构	认知气门组（包括气门、气门导管、气门座、液力挺柱和气门弹簧等主要零部件）	
	认知气门传动组（主要包括凸轮轴、凸轮轴正时带轮、挺柱、挺杆、摇臂和摇臂轴）	
认知燃料供给系统	认知汽油机电控燃油喷射式燃料供给系统（由空气供给系统、燃油供给系统、电子控制系统和废气排出系统组成）	

（续）

步骤	操作方法	操作示意图
认知冷却系统	认知水冷式发动机的冷却系统（通常由冷却水套、水泵、风扇、散热器、节温器等组成）	
认知润滑系统	认知润滑系统的主要部件（有机油泵、机油滤清器、各种阀、机油散热器、油底壳以及检视设备）	
认知起动系统	认知起动系统主要零件（起动机，负责将蓄电池电能转化成机械能）	
认知点火系统	认知点火系统（主要由电源、点火开关、点火线圈、断电器、配电器、电容器、火花塞、高压导线、附加电阻等组成）	

【评价反馈】 ▶ ···▶

评价项目	评价标准	小组评价 （占总评分的 40%）	教师评价 （占总评分的 60%）
知识准备 （30 分）	掌握发动机总体结构，各系统的组成、功用		
	掌握不同类型的发动机的特点		
	掌握发动机的基本术语		
知识拓展 （10 分）	养成自主学习的习惯，树立职业目标		
任务实施 （40 分）	能识别结构及零部件		
	能描述零部件之间的相互关系		
综合表现 （20 分）	能与同学密切合作，积极实践，安全地完成学习活动，具备严谨规范的工作作风		
合计			
总评分			

教师评语：

日期：　　年　　月　　日

【课后测评】 ▶ ···▶

一、单项选择题

1. 四冲程发动机的活塞每进行一个行程，曲轴旋转（　　　）。

A. 180°　　　　　　B. 360°　　　　　　C. 540°　　　　　　D. 720°

2. 四冲程发动机每个工作循环曲轴旋转（　　　）。

A. 180°　　　　　　B. 360°　　　　　　C. 540°　　　　　　D. 720°

3. 关于四冲程发动机的工作原理，下列说法错误的是（　　　）。

A. 四冲程发动机完成进气、压缩、做功、排气的 1 个工作循环曲轴转过 720°

B. 多缸发动机曲轴每转两圈（720°），每个气缸都做功一次

C. 各气缸完成 1 个工作循环，其进、排气门各开启两次

D. 在发动机 4 个行程中，只有做功行程向外输出功率

4. 发动机压缩比是指（　　　）之比。

A. 气缸总容积与燃烧室容积

B. 气缸工作容积与燃烧室容积

C. 发动机排量与燃烧室容积

D. 气缸总容积与气缸工作容积

二、多项选择题

下列说法正确的是（　　　）。

A. 活塞上止点是指活塞顶平面运动到离曲轴中心最远点位置

B. 活塞在上、下两个止点之间的距离称活塞行程

C. 活塞在一个行程中所扫过的容积之和称为气缸总容积

D. 一台发动机所有气缸工作容积之和称为该发动机的排量

三、判断题

1. 四冲程发动机的压缩行程中，进、排气门都是关闭的。（　　）

2. 对于四冲程发动机来说，每完成一个工作循环曲轴旋转720°。（　　）

3. 四冲程发动机各行程中，活塞在气缸内做匀速直线运动。（　　）

4. 对多缸发动机来说，所有气缸的相同工作行程都是同时进行的。（　　）

四、简答题

简述四冲程发动机的工作过程。

任务 2　曲柄连杆机构认知与拆装

【任务描述】

　　曲柄连杆机构的功用是把燃气作用在活塞顶上的压力转变为曲轴的转矩，对外输出机械能，将活塞的往复直线运动转换为曲轴的旋转运动。它包含哪些零部件，又是如何工作的呢？

【学习目标】

素养目标：

1）能与同学密切合作，规范、安全地完成学习活动。

2）养成自主学习的习惯，培养规范的工作作风，树立职业目标。

知识目标：

1）掌握发动机曲柄连杆机构的结构、功用。

2）掌握曲柄连杆机构的工作原理。

技能目标：

1）具备识别曲柄连杆机构零部件的能力。

2）具备描述发动机曲柄连杆机构的基本工作原理的能力。

3）具备描述曲柄连杆机构的位置及与其他系统的关系的能力。

4）具备规范拆装曲柄连杆机构的能力。

【知识准备】

　　曲柄连杆机构由机体组、活塞连杆组、曲轴飞轮组三部分组成。

1）机体组：由气缸体、气缸垫、气缸盖和油底壳等部件组成。
2）活塞连杆组：由活塞、活塞环、活塞销和连杆等部件组成。
3）曲轴飞轮组：由曲轴、飞轮、扭转减振器等部件组成。

曲柄连杆机构
总体构造

一、机体组组件

1. 气缸体

气缸体是发动机的主体，它将各个气缸和曲轴箱连成一体，是安装活塞、曲轴以及其他零件和附件的支承骨架。

气缸体的工作条件十分恶劣，它要承受燃烧过程中压力和温度的急剧变化以及活塞运动的强烈摩擦。

气缸体上部是并列的气缸，气缸体的下部是曲轴箱，用来安装曲轴，其外部可安装发电机、发动机支架等各种附件。气缸体大多用铸铁或铝合金铸造而成，铝合金缸体成本较高，但质量小、冷却性能好，得到越来越广泛的应用。

根据气缸体与油底壳安装平面的位置不同，通常把气缸体分为以下 3 种形式（图 2-2-1）：

1）一般式气缸体。一般式气缸体的特点是油底壳安装平面和曲轴旋转中心在同一高度，优点是机体高度低、质量小、结构紧凑、便于加工、曲轴拆装方便；其缺点是刚度和强度较差。

2）龙门式气缸体。其特点是油底壳安装平面低于曲轴的旋转中心。它的优点是强度和刚度都好，能承受较大的机械负荷；其缺点是工艺性较差、结构笨重、加工较困难。

3）隧道式气缸体。这种形式的气缸体曲轴的主轴承孔为整体式，采用滚动轴承，主轴承孔较大，曲轴从气缸体后部装入。其优点是结构紧凑、刚度和强度好，其缺点是加工精度要求高、工艺性较差、曲轴拆装不方便。

a) 一般式气缸体　　b) 龙门式气缸体　　c) 隧道式气缸体

图 2-2-1　气缸体形式

按照气缸的排列方式不同，气缸体可以分成直列式，V 形和对置式 3 种。

1）直列式气缸体（图 2-2-2）。直列式气缸体的各个气缸排成一列，一般是垂直布置的。直列式气缸体结构简单、加工容易，但发动机长度和高度较大。一般六缸以下发动机多采用直列式。例如捷达轿车、富康轿车、红旗轿车所使用的发动机均采用这种直列式气缸体。有的汽车为了降低发动机的高度，会把发动机倾斜一个角度。

2）V 形气缸体（图 2-2-3）。V 形气缸体的气缸排成两列，左右两列气缸中心线的夹角 $\gamma<180°$，采用这种气缸体的发动机称为 V 形发动机。V 形发动机与直列式发动机相比，缩短了机体长度和高度，增加了气缸体的刚度，减小了发动机的质量，但加大了发动机的宽度，且形状较复杂，加工困难，一般用于八缸以上的发动机，也有六缸发动机采用这种形式的气缸体。

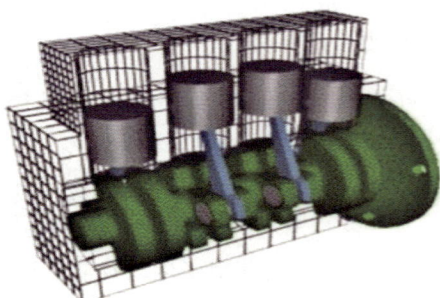

图 2-2-2　直列式气缸体

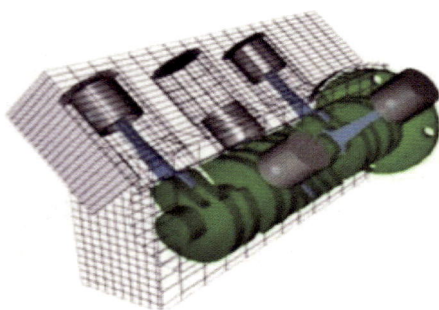

图 2-2-3　V 形气缸体

3）对置式气缸体（图 2-2-4）。对置式气缸体的气缸排成两列，左、右两列气缸在同一水平面上，即左、右两列气缸中心线的夹角 $\gamma = 180°$。它的特点是高度低、总体布置方便、有利于风冷。这种气缸体应用较少。

2. 气缸盖

气缸盖由铸铁或铝合金铸制，如图 2-2-5 所示。它是气门机构的安装基体，也是气缸的密封盖，与气缸套及活塞顶部组成燃烧室。许多发动机已采用把凸轮轴支承座及挺杆导向孔座与气缸盖铸成一体的结构。

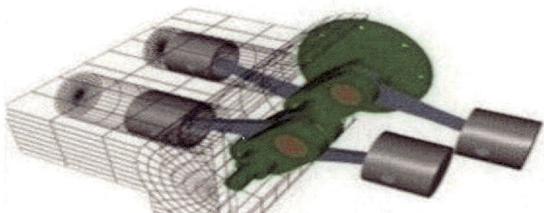

图 2-2-4　对置式气缸体

图 2-2-5　气缸盖

3. 气缸垫

气缸垫如图 2-2-6 所示。它是气缸体顶面与气缸盖底面之间的密封件。其作用是保持气缸密封不漏气，保持由气缸体流向气缸盖的冷却液和机油不泄漏。气缸垫承受拧紧气缸盖螺栓时造成的压力，并受到气缸内燃烧气体高温、高压的作用以及机油和冷却液的腐蚀。

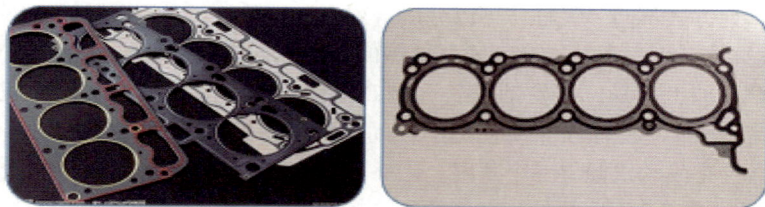

图 2-2-6　气缸垫

按所用材料的不同，气缸垫可分为金属-石棉衬垫、金属-复合材料衬垫和全金属衬垫等多种。

4. 气缸盖罩

气缸盖罩如图 2-2-7 所示，它用来密封气缸盖上部，承担曲轴箱通风工作，充当机油加注口。

5. 油底壳

油底壳如图 2-2-8 所示，它用来封闭曲轴箱并作为储油槽的外壳，防止杂质进入，同时收集和储存由各摩擦表面流回的机油、散去部分热量、防止机油氧化。

图 2-2-7 气缸盖罩

图 2-2-8 油底壳

6. 燃烧室

当活塞位于上止点时，活塞顶面以上、气缸盖底面以下形成的空间称为燃烧室。在汽油机气缸盖底面通常铸有形状各异的凹坑，习惯上称这些凹坑为燃烧室。

汽油机常见燃烧室有以下 3 种，如图 2-2-9 所示。

1）半球形燃烧室。半球形燃烧室结构紧凑，火花塞布置在燃烧室中央，火焰行程短，故燃烧速率高、散热少、热效率高。这种燃烧室结构上允许气门双行排列，进气口直径较大，故充气效率较高，虽然使配气机构变得较复杂，但有利于排气净化，在轿车发动机上被广泛地应用。

2）楔形燃烧室。楔形燃烧室结构简单、紧凑，散热面积小，热损失小，能保证混合气在压缩行程中形成良好的涡流运动，有利于提高混合气的混合质量，进气阻力小，提高了充气效率。它的气门排成一列，使配气机构简单，但火花塞置于楔形燃烧室高处，火焰传播距离长些，切诺基轿车发动机采用这种形式的燃烧室。

3）盆形燃烧室。盆形燃烧室的气缸盖工艺性好，制造成本低，但因气门直径易受限制，进、排气效果要比半球形燃烧室差。捷达轿车发动机、奥迪轿车发动机采用盆形燃烧室。

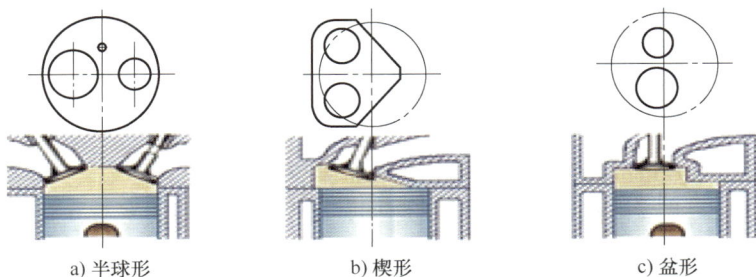

a) 半球形　　　　　　b) 楔形　　　　　　c) 盆形

图 2-2-9 燃烧室

二、活塞连杆组组件

1. 活塞

活塞的主要功用是承受燃烧气体压力，并将此力通过活塞销传给连杆以推动曲轴旋转。此外活塞顶部与气缸盖、气缸壁共同组成燃烧室。

活塞要求具有足够的刚度和强度，传力可靠、导热性能好，耐高温、高压、耐磨损、质量小，尽可能减小往复惯性力。

现代汽车发动机无论是汽油机还是柴油机广泛采用高强度铝合金活塞，只在极少数低速柴油发动机采用铸铁或耐热钢活塞。

活塞由活塞顶部、活塞头部和活塞裙部 3 部分构成，如图 2-2-10 所示。

（1）活塞顶部　汽油机活塞顶部的形状与燃烧室形状和压缩比大小有关。其顶部可分为平顶、凸顶和凹顶 3 种。大多数汽油机采用平顶活塞，其优点是受热面积小，加工简单。采用凸顶活塞，能起导向作用，有利于改善换气。采用凹顶活塞，可以通过改变活塞顶上凹坑的尺寸来调节发动机的压缩比。

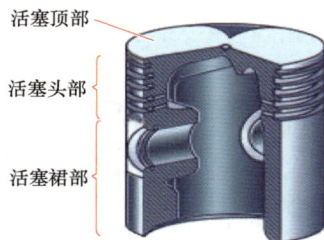

图 2-2-10　活塞结构

（2）活塞头部　活塞顶部至活塞最后一道活塞环之间的部分为活塞头部。在活塞头部开有环槽用来安装气环和油环，起到密封和传热的作用，汽油机一般有 3 个环槽，其中两个为气环槽，一个为油环槽，在油环槽底部还加工有回油孔或横向切槽。油环从气缸壁上刮下来的多余机油经回油孔或横向切槽流回油底壳。柴油机由于压缩比较高，安装了 4 个环槽，其中有 3 个为气环槽，一个为油环槽。

活塞环槽的磨损是影响活塞使用寿命的重要因素。在强化程度较高的发动机中，第一道环槽温度较高，磨损严重。为了增强环槽的耐磨性，通常在第一环槽或第一、二环槽处镶嵌耐热护圈。

（3）活塞裙部　活塞裙部是指油环槽以下的活塞部分。活塞裙部的形状应该保证活塞在气缸内得到良好的导向，其次，活塞裙部应使气缸与活塞之间在任何工况下都保持均匀的、适宜的间隙。若间隙过大，活塞会敲缸；若间隙过小，活塞可能被气缸卡住。此外，裙部应有足够的实际承压面积，以承受侧向力。

发动机工作时，活塞在气体力和侧向力的作用下发生机械变形，而活塞受热膨胀时会发生热变形，这两种变形的结果都是使活塞裙部（在活塞销孔中心线方向）和活塞顶部的尺寸增大。因此，为了使活塞在正常工作温度时保持较均匀的间隙，避免出现在气缸内卡死或加大磨损的现象，应采取以下措施：

1）预先在冷状态下把活塞裙部加工成特定的形状。

2）预先给活塞裙部开槽。

3）活塞裙部铸入热膨胀系数低的恒范钢片。

4）实现活塞冷却。

5）采用活塞销孔偏移结构。

2. 活塞环

活塞环是具有弹性开口的环，活塞环可分气环和油环两种。

（1）气环　气环（图 2-2-11）的主要功用是密封和传热，保证活塞与气缸壁间的密封，防止气缸内的可燃混合气和高温燃气窜入曲轴箱，并将活塞顶部接收的热传给气缸壁，避免活塞过热。

气环的密封原理：当活塞环装入气缸后，在其自身的弹力作用下环的外圆面与气缸壁贴紧形成第一密封面，气缸内的高压气体不可能通过第一密封面泄漏。高压气体可能通过活塞顶部与气缸壁之间的间隙进入活塞环的侧隙和径向间隙中。

气环的种类：气环按断面的形状可分为矩形环、扭曲环、锥面环、梯形环和桶面环等。

图 2-2-11　气环

（2）油环　油环的主要功用是刮除飞溅到气缸壁上的多余的机油，并在气缸壁上涂布一层均匀的油膜。这样既可以防止机油窜入气缸燃烧，又可以减少活塞、活塞环与气缸壁的摩擦阻力，还可以起到封气的辅助作用。

油环分为普通油环和组合油环（钢片组合油环、螺旋撑簧油环）两种。组合油环如图 2-2-12 所示。

普通油环：这种油环应用最广泛，在环的外表面中间有环形槽，槽中钻有长方形或圆形小孔，刮下的机油经小孔流回油底壳，以便减少环与气缸壁的接触面积，增大接触压力。

1）钢片组合油环。这种油环由衬环和刮片环组成。它具有对气缸壁接触压力高而均匀、刮油能力强、密封良好、使用寿命长等优点；但其加工费时，成本高。

2）螺旋撑簧油环。这种油环是在普通油环内径环面内安装一个螺旋弹簧，以增大对气缸壁的接触压力，当油环磨损后弹簧能够自动补偿，使油环仍能保持良好的刮油性能。这种油环制造和安装较方便。

图 2-2-12　组合油环

3. 活塞销

（1）活塞销的功用和工作条件　活塞销用来连接活塞和连杆，并将活塞承受的力传给连杆或相反。活塞销在高温条件下承受很大的周期性冲击负荷，且由于活塞销在销孔内摆动角度不大，难以形成润滑油膜，因此润滑条件较差。为此活塞销必须有足够的刚度、强度和耐磨性，质量应尽可能小，销与销孔应该有适当的配合间隙和良好的表面质量。

（2）活塞销内孔形状分类　活塞销内孔形状分为圆柱形、两段截锥形和组合型 3 类，如图 2-2-13 所示。

（3）活塞销的连接方式　活塞销与活塞销座孔及连杆小头衬套孔的连接方式有全浮式和半浮式两种，如图 2-2-14 所示。

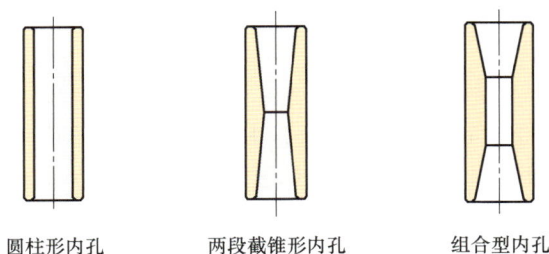

圆柱形内孔　　两段截锥形内孔　　组合型内孔

图 2-2-13　活塞销内孔形状

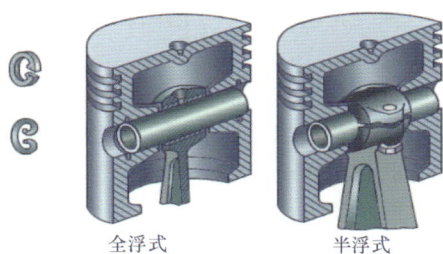

全浮式　　半浮式

图 2-2-14　活塞销的连接方式

4. 连杆

连杆包括连杆杆身、连杆轴承盖、连杆螺栓和连杆轴承等零件，如图 2-2-15 所示。

连杆的功用是将活塞承受的力传给曲轴，并将活塞的往复运动转变为曲轴的旋转运动。连杆小头与活塞销连接，同活塞一起做往复运动；连杆大头与连杆轴颈连接，同曲轴一起做旋转运动，因此在发动机工作时连杆做复杂的平面运动。连杆组主要受压缩、拉伸和弯曲等交变负荷。最大压缩载荷出现在做功行程下止点附近，最大拉伸载荷出现在进气行程上止点附近。因此，连杆杆身和连杆轴承盖一般采用高强度的优质中碳钢或中碳合金钢制造。

（1）连杆小头　连杆小头的结构形状取决于活塞销的尺寸及其与连杆小头的连接方式。在汽车发动机中，连杆小头与活塞销的连接方式有全浮式和半浮式两种。

（2）连杆杆身　连杆杆身断面为工字形，其刚度大、质量小，适于模锻。有的连杆在连杆杆身内加工有油道，用来润滑连杆小头衬套或冷却活塞。如果要冷却活塞，须在连杆小头顶部加工

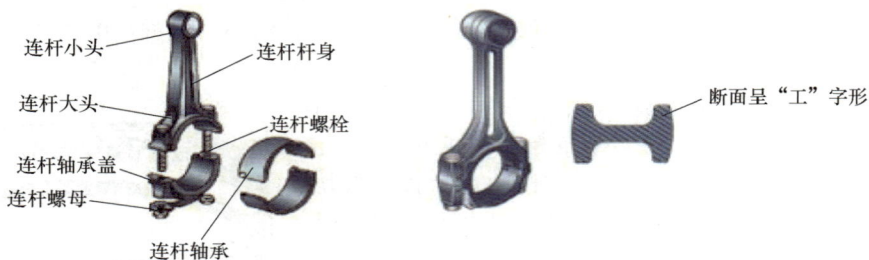

连杆小头
连杆杆身
连杆大头
连杆螺栓
连杆轴承盖
连杆螺母
连杆轴承
断面呈"工"字形

图 2-2-15　连杆

出喷油孔。

（3）连杆大头　连杆大头与曲轴的连杆轴颈相连，连杆大头除应具有足够的刚度外，还应外形尺寸小、质量小，拆卸发动机时应能从气缸上端取出。连杆大头分为整体式和分开式，分开式连杆大头分为平分式和斜分式两种。

（4）连杆螺栓　连杆轴承盖和连杆大头用连杆螺栓连在一起，工作时连杆螺栓承受交变载荷，因此在结构上应尽量增大连杆螺栓的弹性，而在加工方面要精细加工过渡圆角，消除应力集中，以提高其疲劳强度。连杆螺栓用优质合金钢制造。

（5）连杆轴承　连杆大头内的瓦片式滑动轴承也称为连杆轴瓦。它分为上、下两个半片，在自由状态下为非半圆形，所以安装在连杆大头内时，两个半片均匀地紧贴在连杆大头壁孔上。连杆轴承材料目前多采用薄壁钢背轴瓦，且在其内表面浇铸有减摩合金层，因此在连杆工作时具有很好的承受载荷和导热能力。

三、曲轴飞轮组组件

曲轴飞轮组组件主要由曲轴、飞轮及其他一些附件组成。

1. 曲轴

曲轴的功用是把活塞、连杆传来的气体力转变为转矩，用以驱动汽车的传动系统和发动机的配气机构以及其他辅助装置。曲轴在周期性变化的气体力、惯性力及其力矩的共同作用下工作，承受弯曲和扭转交变载荷。因此，曲轴应有足够的抗弯曲、抗扭转的疲劳强度和刚度；轴颈应有足够大的承压表面和耐磨性；曲轴的质量应尽量小；对各轴颈的润滑应该充分。

曲轴一般由中碳钢和中碳合金钢模锻而成，轴颈表面经高频淬火或氮化处理，最后进行精加工。现代汽车发动机广泛采用球墨铸铁曲轴。

曲轴一般由主轴颈、连杆轴颈、曲柄、平衡块等组成，如图 2-2-16 所示。一般由两个主轴颈、一个连杆轴颈、两个曲柄组成一个曲拐。单缸发动机的曲轴只有一个曲拐，多缸直列式发动机曲轴的曲拐数与气缸数相同，V 形发动机曲轴的曲拐数等于气缸数的一半。

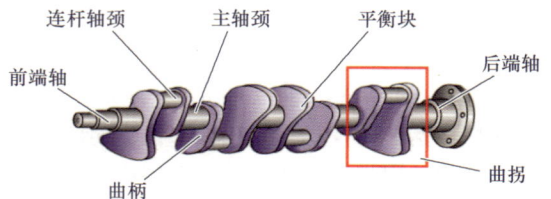

连杆轴颈　主轴颈　平衡块
前端轴　　　　　　　　后端轴
曲柄　　　　　　　　　曲拐

图 2-2-16　曲轴的结构

（1）主轴颈　主轴颈是曲轴的支承部分，通过主轴承支承在曲轴箱的主轴承座中。主轴承的数目不仅与发动机气缸数目有关，还取决于曲轴的支承方式。曲轴的支承方式一般有两种，一种是全支承曲轴，另一种是非全支承曲轴。

（2）连杆轴颈　它是曲轴与连杆的连接部分。

（3）曲柄 曲柄是主轴颈与连杆轴颈的连接部分。一般为了平衡惯性力，曲柄处一般铸有平衡块，从而使曲轴旋转平稳。

（4）前端轴和后端轴 前端轴是第一道主轴颈之前的部分，通常制有键槽和螺纹，用来安装正时齿轮、带轮及扭转减振器等，以驱动配气机构及水泵、风扇、发电机等附属装置工作。

后端轴是最后一道主轴颈之后的部分，一般在其后端设有凸缘盘，用以安装飞轮。有的曲轴后端没有凸缘盘，飞轮用螺栓紧固于曲轴后端面上。

（5）曲轴前、后端的密封 由于曲轴的前、后端都伸出曲轴箱，为了防止润滑油沿主轴颈外漏，在曲轴的前、后端都设有防漏装置。常见的防漏装置有挡油盘（图 2-2-17）、回油螺纹（图 2-2-18）、油封等。为了保证密封可靠，一般都采用两种密封装置。

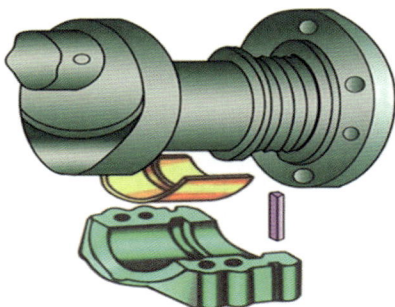

图 2-2-17　挡油盘

图 2-2-18　回油螺纹

（6）曲拐的布置 曲轴的形状和各曲拐的相对位置（即曲拐的布置），取决于发动机的气缸数、气缸的排列形式和点火顺序。在安排多缸发动机的点火顺序时，应注意以下几点：

1）连续做功的两气缸相距应尽可能远些，以减轻主轴承的负荷，同时避免可能发生的进气重叠现象（即相邻两气缸的进气门同时开启）。

2）各气缸做功应力求均匀，即在一个工作循环内，每个气缸均应点火做功一次，而且各气缸点火的间隔时间（以曲轴转角表示，称为点火间隔角）应力求均匀。

3）V 形发动机左、右两列气缸应交替做功。

对于气缸数为 i 的四冲程直列发动机而言，点火间隔角为 $720°/i$，即曲轴每转过 $720°/i$ 时，就有 1 个气缸做功，以保证发动机运转平稳。

几种常见的多缸发动机曲拐布置及点火顺序如下：

1）四冲程直列四缸发动机。发火间隔角为 $720°/4 = 180°$。其曲拐布置如图 2-2-19 所示，其 4 个曲拐布置在同一平面内，点火顺序一般为 1→3→4→2 或 1→2→4→3 两种，其工作循环（1→3→4→2）见表 2-2-1。

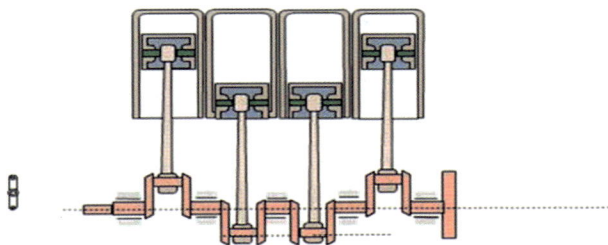

图 2-2-19　四缸发动机曲拐布置

表 2-2-1　四缸发动机工作循环（1→3→4→2）

曲轴转角（°）	1缸	2缸	3缸	4缸
0~180	做功	排气	压缩	进气
180~360	排气	进气	做功	压缩
360~540	进气	压缩	排气	做功
540~720	压缩	做功	进气	排气

2）四冲程直列六缸发动机。其点火间隔角为 720°/6＝120°。其曲拐布置如图 2-2-20 所示，其 6 个曲拐分别布置在 3 个平面内，各平面夹角为 120°。其点火顺序一般为 1→5→3→6→2→4，其工作循环见表 2-2-2。

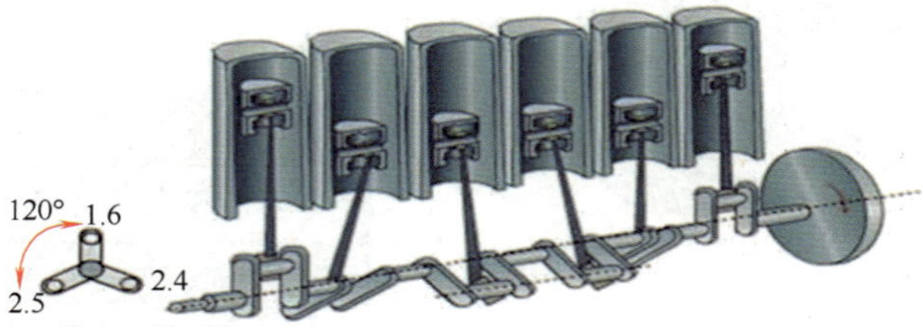

图 2-2-20　六缸发动机曲拐布置

表 2-2-2　六缸发动机工作循环（1→5→3→6→2→4）

曲轴转角（°）		1缸	2缸	3缸	4缸	5缸	6缸
0~180	60			进气	做功	压缩	
	120	做功	排气				进气
	180			压缩	排气		
180~360	240		进气			做功	
	300	排气					压缩
	360			做功	进气		
360~540	420		压缩			排气	
	480	进气					做功
	540			排气	压缩		
540~720	600		做功			进气	
	660	压缩					排气
	720		排气	进气	做功	压缩	

2. 飞轮

飞轮如图 2-2-21 所示，它是转动惯量很大的盘形零件，其作用如同一个能量存储器。在做功行程中发动机传输给曲轴的能量，除对外输出外，还有部分能量被飞轮吸收，从而使曲轴的转速不会升高很多。在排气、进气和压缩 3 个行程中，飞轮将其储存的能量放出来补偿这 3 个行程所消耗的功，从而使曲轴转速不会

图 2-2-21　飞轮

降低太多。除此之外，飞轮还有以下功用：飞轮是摩擦式离合器的主动件；在飞轮轮缘上镶嵌有供起动发动机用的飞轮齿圈；在飞轮上刻有上止点标记，用来校准点火正时或喷油正时以及调整气门间隙。

【知识拓展】

中国制造——BlueCore 发动机

BlueCore 发动机是长安公司自主创新研发的新一代清洁高效直喷稀燃发动机——智能复合燃烧直喷发动机（ICCS）。该发动机是在长安 D20 发动机的基础上，成功集成应用了双可变气门正时（DVVT）、两级可变气门升程（VVL）、内部和外部废气再循环（i-EGR 和 e-EGR）、燃油缸内直喷（GDI）、稀薄燃烧、CAI 燃烧及低摩擦技术等先进节油技术，是一款高新技术密集的先进发动机。

高集成度先进技术的应用使得该款发动机成了名副其实的"绿色发动机"。该发动机的怠速油耗相对基础机可降低 30% 以上，部分负荷（2000r/min）油耗相对降低 20% 以上，低速转矩（2000r/min）可提升 10%，最大功率与该发动机的基础机型相当。

如今长安汽车的 1.6L、2.0L、1.5T、1.8T 等发动机都属于这一系列，该发动机基体由长安汽车自主研发，而涡轮增压器采购自美国博格华纳公司，ECU、火花塞由德国博世公司提供。

【任务实施】

仪器设备及工具准备

1）设备：奥迪 A6 AWL 发动机拆解模型；捷达发动机裸机。
2）工具：发动机拆装工具套装、扭力扳手等。

曲柄连杆机构拆装

任务实施内容

拆装发动机曲柄连杆机构。

步骤	操作方法	操作示意图
拆卸发动机外部机件	拆卸曲柄连杆机构机件时，应先将发动机外部机件拆卸，如分电器、发电机及 V 带、水泵、汽油泵、起动机和机油滤清器等	
分解同步带机构	先拆下同步带护罩，检查正时标记，最后拆下张紧装置，拆下同步带 注意事项：转动曲轴使 1 缸活塞处于压缩行程上止点 标准：凸轮轴正时同步带轮上标记须与气缸盖罩平面对齐	
拆下气缸盖	旋出气缸盖罩的螺栓，取下气缸盖罩和挡油罩	

（续）

步骤	操作方法	操作示意图
拆下气缸盖	拧松张紧轮螺母，取下张紧轮	
	按要求的顺序分2~3次旋松气缸盖螺栓，并取下气缸盖和气缸盖衬垫 注意事项：按右图所示顺序，旋松气缸盖螺栓	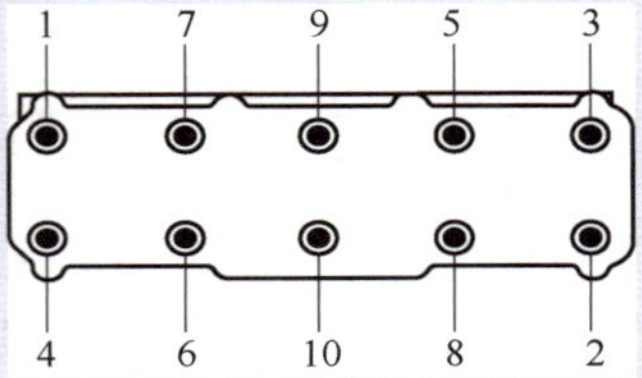
拆下并分解曲柄连杆机构	拆下油底壳	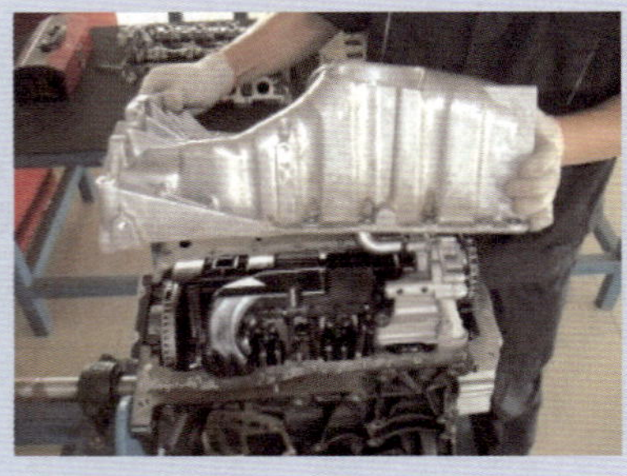
	拆下机油滤网、浮子和机油泵	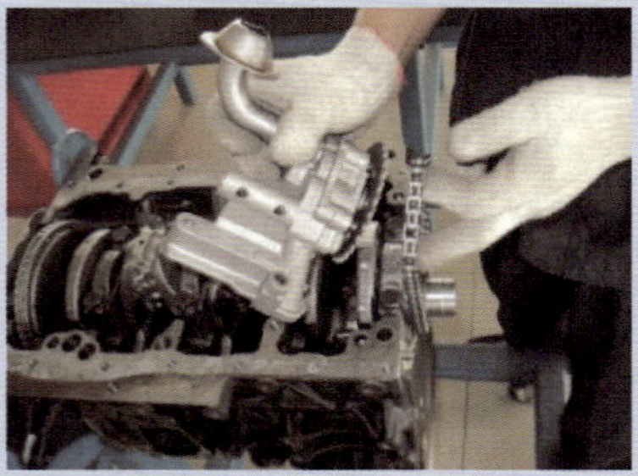
	拆下前油封和前油封凸缘	

（续）

步骤	操作方法	操作示意图
拆下并分解曲柄连杆机构	拆下活塞连杆组：拆下连杆轴承盖，将活塞连杆组从气缸中抽出	
	按规定顺序松开主轴承盖螺栓	
	拆下主轴承盖，取下曲轴	
	分解活塞连杆组组件 注意事项：拆下活塞连杆组后，注意连杆与连杆轴承盖和活塞上的标记应与气缸的序号一致。若无标记，则应重新打印	

（续）

步骤	操作方法	操作示意图
装配曲柄连杆机构	安装顺序一般和拆卸顺序相反 注意事项： ① 各零部件应彻底清洗，用压缩空气吹干，使油道孔保持畅通 ② 对于一些配合工作面（如气缸壁、活塞、活塞环、轴颈和轴承、挺杆等），装合前要涂上润滑油 ③ 对于有位置、方向和平衡要求的机件，必须注意装配标记和平衡标记，确保安装关系正确和动平衡符合要求，如正时链条、链轮、活塞、飞轮和离合器总成等 ④ 气缸盖螺栓应分 2～3 次拧紧，拧紧顺序与拆卸相反，拧紧力矩为 40N·m ⑤ 主轴承盖螺栓应分 2～3 次拧紧，拧紧力矩为 65N·m ⑥ 螺栓、螺母、垫片等应齐全，以满足其完整性和完好性要求	
安装发动机附属件	安装分电器、发电机及 V 带、水泵、汽油泵、起动机和机油滤清器等	

【评价反馈】

评价项目	评价标准	小组评价 （占总评分的40%）	教师评价 （占总评分的60%）
知识准备 （30分）	掌握发动机曲柄连杆机构结构、功用		
	了解曲柄连杆机构工作原理		
知识拓展 （10分）	养成自主学习的习惯，树立职业目标		
任务实施 （40分）	能正确、规范地使用工具及设备		
	能识别结构及零部件		
	能规范地完成拆装工作		
	无丢件、漏件、损坏零件等情况		
综合表现 （20分）	能与同学密切合作，积极实践，安全地完成学习活动，具备严谨规范的工作作风		
合计			
总评分			

教师评语：

日期： 年 月 日

【课后测评】

一、单项选择题

1. 对于铝合金气缸盖，为了保证它的密封性能，在装配时，必须在（　　　）状态下拧紧。

A. 热状态　　　　　　B. 冷状态　　　　　　C. 冷热均可　　　　　　D. 冷热均不可

2. 发动机油底壳内安装磁铁的主要作用是（　　　）。

A. 对发动机进行配重   B. 吸附机油中的铁屑

C. 防止机油振荡   D. 弥补油底壳的质量不均匀

3. 活塞连杆组由活塞、（   ）和活塞销等主要机件组成。

A. 活塞环、连杆   B. 曲轴、连杆   C. 气缸、活塞环   D. 活塞、曲轴

4. 直列式发动机的全支承曲轴的主轴颈数等于（   ）。

A. 气缸数   B. 气缸数的一半   C. 气缸数的一半加 1   D. 气缸数加 1

二、多项选择题

1. 关于燃烧室，以下说法正确的是（   ）。

A. 燃烧室的冷却面积要尽量小，以减少热量损失并缩短火焰行程

B. 燃烧室结构应使混合气在压缩终了时能够具有一定的涡流运动，以提高混合气的混合质量和燃烧速度，保证混合气能够及时和充分燃烧

C. 燃烧室的表面应足够光滑，这样不易产生积炭

2. 关于飞轮，以下说法正确的是（   ）。

A. 飞轮的作用是将做功行程的部分能量储存起来，以便在其他行程带动曲柄连杆机构工作

B. 飞轮可以提高曲轴运转的均匀性并克服发动机短时的超负荷

C. 飞轮的作用是将发动机的动力传给离合器

D. 飞轮是一个转动惯量很大的圆盘

三、判断题

1. 扭转减振器的作用是衰减扭转振动。（   ）

2. 按 1-5-3-6-2-4 顺序工作的六缸发动机，当 1 缸压缩到上止点时，5 缸处于进气行程。（   ）

四、简答题

1. 简述曲柄连杆机构的作用。

2. 简述曲柄连杆机构的组成。

任务 3   配气机构认知与拆装

【任务描述】

配气机构是控制发动机进气和排气的装置，其作用是按照发动机的工作顺序和各缸工作循环的要求，定时开启和关闭进、排气门，以便在进气行程尽可能多地使可燃混合气（汽油机）或空气（柴油机）进入气缸，在排气行程尽可能多地将废气快速排出气缸。你知道配气机构是如何工作的吗？

【学习目标】

素养目标：

1) 能与同学密切合作，规范、安全地完成学习活动。

2) 养成自主学习的习惯，培养规范的工作作风，树立职业目标。

【知识准备】

一、配气相位

配气机构是进、排气管道的控制机构，它按照气缸的工作顺序和工作过程的要求，准时地开闭进、排气门，向气缸供给可燃混合气（汽油机）或新鲜空气（柴油机）并及时排出废气。另外，当进、排气门关闭时，它保证气缸密封。

以曲轴转角表示的进、排气门开、闭时刻及其开启的持续时间称为配气定时或配气相位，如图 2-3-1 所示。

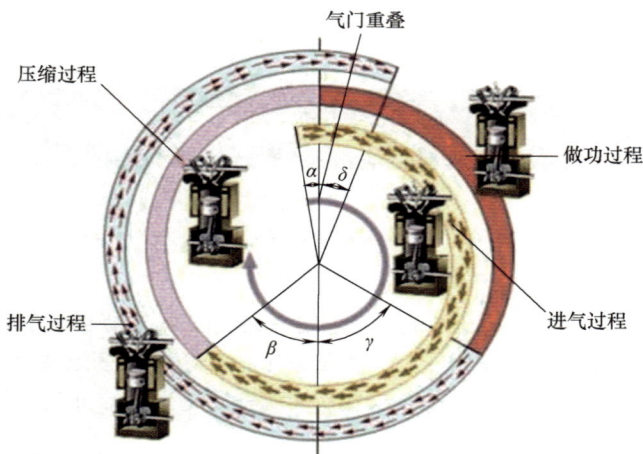

图 2-3-1　配气相位

理论上讲进气、压缩、做功、排气应各占 180°曲轴转角，也就是说进、排气门都是在上、下止点开闭，延续时间相同，但实际表明，简单配气相位对实际工作是很利的，它不能满足发动机对进、排气门的"进饱排净"要求。

实际上气门具有早开晚关的可能。进气门早开能增大进气行程开始时气门的开启高度，减小进气阻力，增加进气量。进气门晚关能延长进气时间，在大气压和气体惯性力的作用下，增加进气量。排气门早开能借助气缸内的高压自行排气，大大减小了排气阻力，使排气更干净。排气门

配气相位

晚关能延长排气时间，在废气压力和废气惯性力的作用下，使排气更干净。

进气门总开启角：$180°+\alpha+\beta$。

排气门总开启角：$180°+\gamma+\delta$。

当进气门早开和排气门晚关时，出现的进、排气门同时开启的现象，称为气门重叠。

重叠期间的曲轴转角 $\alpha+\delta$ 称为气门重叠角。

二、配气机构分类

1. 按气门安装位置分类

配气机构按照气门安装位置分为气门顶置式和气门侧置式，如图 2-3-2 所示。

1）气门顶置式。这种配气机构的气门位于气缸盖上，由凸轮、挺柱、推杆、摇臂、气门和气门弹簧等组成；其特点是进气阻力小、燃烧室结构紧凑、气流搅动大、能达到较高的压缩比。

目前国产汽车发动机都采用气门顶置式配气机构。

2）气门侧置式。其由凸轮、挺柱、气门和气门弹簧等组成，省去了推杆、摇臂等零件，简化了结构。

气门侧置式配气机构进、排气门都布置在气缸的一侧，结构简单、零件数目少。但气门布置在同一侧导致燃烧室结构不紧凑、压缩比受到限制、热量损失大、进气道曲折、进气阻力大，使发动机性能下降，已趋于淘汰。

2. 按凸轮轴的布置形式分类

配气机构按照凸轮轴的布置形式分为凸轮轴下置式、中置式、上置式，如图 2-3-3 所示。

1）凸轮轴下置式。其缺点是气门和凸轮轴相距较远，因而气门传动零件较多，结构较复杂，发动机高度也有所增加。

2）凸轮轴中置式。其凸轮轴位于气缸体的中部，由凸轮轴经过挺柱直接驱动摇臂，省去推杆。

3）凸轮轴上置式。其凸轮轴直接驱动气门或直接通过摇臂来驱动气门，既无挺柱，又无推杆，往复运动质量大大减小，此结构适用于高速发动机。

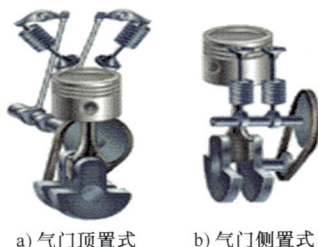

a) 气门顶置式   b) 气门侧置式

图 2-3-2   气门布置

a) 下置式   b) 中置式   c) 上置式

图 2-3-3   凸轮轴布置

配气机构
总体结构

三、配气机构零部件

1. 气门组

气门组包括气门、气门座、气门导管、气门弹簧、锁片等。

1）气门。气门用来控制进、排气管的开闭，承受高温、高压、冲击，且润滑困难。气门要有足够的强度、刚度，且应耐磨、耐高温、耐腐蚀、耐冲击。进气门一般采用合金钢（铬钢或镍铬钢等）制造，排气门一般采用耐热合金钢（硅铬钢等）制造。

气门由头部、杆身和尾部组成。

气门头部的结构形式如图 2-3-4 所示。平顶式气门结构简单，制造方便，吸热面积小，质量较小，进、排气门都可采用。凸顶式（球面顶）气门适用于排气门，其强度高，排气阻力小，废气的清除效果好，但球形的受热面积大，质量和惯性力大，加工较复杂。凹顶式（喇叭形顶）气门凹顶头部与杆部的过渡部分具有一定的流线型，可以减小进气阻力，但其顶部受热面积大，故适用于进气门，而不宜用于排气门。

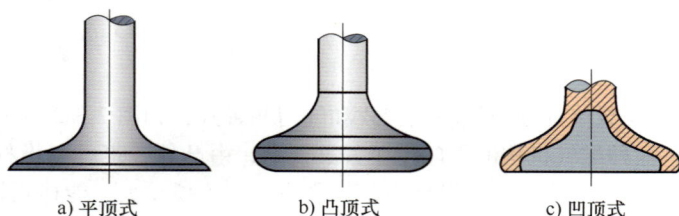

a) 平顶式　　　　b) 凸顶式　　　　c) 凹顶式

图 2-3-4　气门头部的结构形式

2）气门座。气缸盖的进、排气道与气门锥面相结合的部位称为气门座。其内锥面与气门锥面的紧密贴合能密封气缸。它接收气门传来的热量。气门座可以直接加工在气缸盖上或者作为单独的零件以较大过盈量镶嵌在气门座上，单独镶嵌的气门座称为气门座圈。镶嵌式气门座的优点是可提高气门座的使用寿命，便于更换；缺点是导热性差，加工精度高，脱落时易造成严重事故。

气门头部与气门座圈接触的锥面与气门顶部平面的夹角称为气门圆锥角（图 2-3-5）。

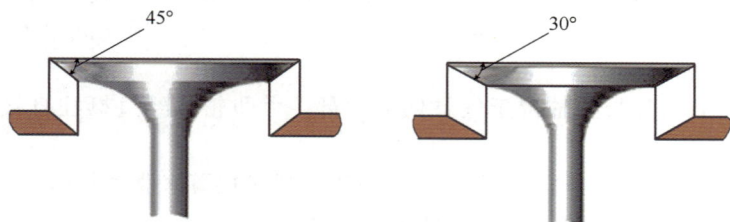

图 2-3-5　气门圆锥角

圆锥角的作用：①获得较大的气门座贴合压力，提高密封性和导热性；②气门落座时有较好的对中、定位作用；③避免气流拐弯过大而降低流速。

3）气门导管（图 2-3-6）。它在气门运动时起导向作用，兼起导热作用。其用含石墨较多的铸铁制成，以提高自润滑作用。其外表面加工精度较高，内表面精铰。

4）气门弹簧。它能保证气门的回位，吸收传动件惯性力，防止挺柱脱离凸轮。其材料一般为高锰碳钢、铬钒钢。气门弹簧、气门弹簧座、锁片如图 2-3-7 所示。

图 2-3-6　气门导管

气门弹簧座

锁片

气门弹簧

图 2-3-7　气门弹簧、气门弹簧座、锁片

2. 气门传动组

1）凸轮轴。凸轮轴是气门传动组的主要零件，其功用主要是利用凸轮控制气门的开启和关闭，使其符合发动机的工作顺序、配气相位及气门开度的变化规律等要求。此外，在有些发动机上，利用凸轮轴驱动分电器、汽油泵和机油泵。

凸轮轴的材料多为优质碳钢或合金钢，也有采用合金铸铁和球墨铸铁的，并对凸轮和轴颈表面进行高频淬火（中碳钢）或渗碳（低碳钢）处理，以提高其硬度和耐磨性。

凸轮轴的结构如图 2-3-8 所示。凸轮和轴颈是凸轮轴的基本组成部分，凸轮用来驱动气门开启，并通过其轮廓形状控制气门开启和关闭的规律，轴颈用来支承凸轮轴。凸轮轴上的偏心轮用来驱动汽油泵，斜齿轮用来驱动机油泵和分电器。有些发动机的凸轮轴上没有偏心轮和斜齿轮。凸轮轴的前端用以安装正时齿轮（正时链轮或正时带轮）。

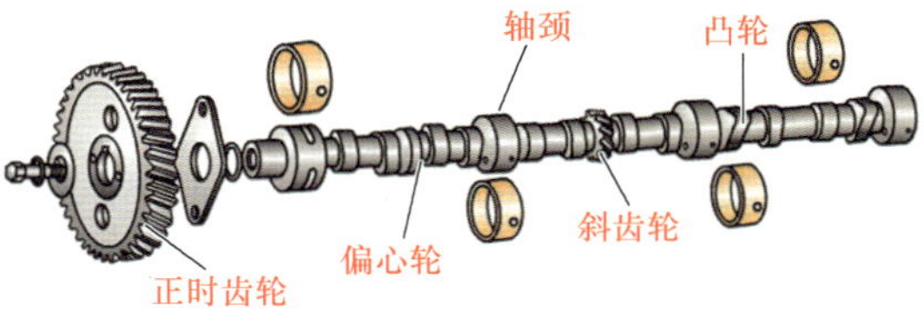

图 2-3-8　凸轮轴的结构

2）凸轮。每根凸轮轴上的凸轮数量因发动机结构形式而异，凸轮轴上同一缸的进、排气凸轮称为异名凸轮。异名凸轮相对角位置，取决于配气相位及凸轮轴旋转方向。

进、排气门开启和关闭的时刻、持续时间以及开闭的速度等分别由凸轮轴上的进、排气凸轮控制。凸轮的轮廓形状如图 2-3-9 所示，其轮廓线是对称的，同名凸轮的轮廓线相同，异名凸轮的轮廓线是不相同的。使用一段时间后，由于凸轮的磨损，气门开启时间会推迟，开启持续角减小，气门的升程降低，使发动机的进气量减少。凸轮的轮廓形状是由制造厂根据发动机工作需要设计的。

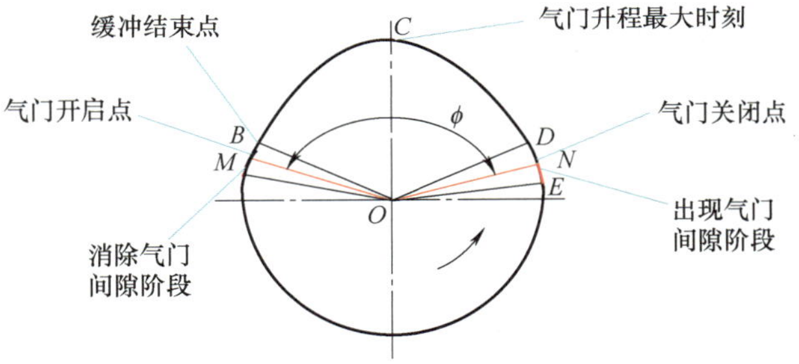

图 2-3-9　凸轮的轮廓形状

3. 挺柱

挺柱一般都是与凸轮轴直接接触，将凸轮的推力传给推杆或气门，在有些发动机上它只是摇臂的一个支点，有些发动机上没有挺柱，挺柱常用合金钢或合金铸铁制成，其摩擦表面经热处理后研磨。挺柱可分为普通挺柱和液力挺柱两种。

（1）普通挺柱　普通挺柱一般应用在凸轮轴下置式配气机构或凸轮轴中置式配气机构中。

（2）液力挺柱　液力挺柱能自动保持配气机构无间隙传动，从而减小噪声和磨损，而且不需调整气门间隙，在轿车发动机上应用非常广泛。常见的液力挺柱结构如图 2-3-10 所示。柱塞装在挺柱体内，压装在柱塞上端的推杆支座将柱塞内腔上端封闭；柱塞弹簧将柱塞向上顶起，通过卡环来限制柱塞的最高位置；柱塞下端的单向阀架内装有单向阀，碟形弹簧使单向阀封闭柱塞内腔下端。

发动机工作时，润滑油经油道供给液力挺柱，通过挺柱体和柱塞侧面的油孔使挺柱中的柱塞内腔经常充满油液。

4. 推杆

推杆位于挺柱与摇臂之间，其功用是将挺柱的推力传给摇臂，主要应用于凸轮轴下置式配气机构和凸轮轴中置式配气机构中。

推杆类型如图 2-3-11 所示，推杆为细长的杆件，杆身有空心和实心两种，推杆两端有不同形状的端头，以便与挺柱和摇臂上的支座相适应。推杆端头均经过磨光处理，以降低磨损。

5. 摇臂

摇臂（图 2-3-12）的功用是将气门传动组的推力改变方向并驱动气门开启。摇臂是一个两臂不等长的双臂杠杆，采用摇臂驱动气门开启的配气机构，虽机构比较复杂，但可通过选择摇臂两端的长度，在气门升程一定时减小凸轮升程，同时气门间隙的调整也比较方便。

四、气门间隙

发动机在冷态下，当气门处于关闭状态时，气门杆尾端与传动件的间隙称为气门间隙。其目的是给热膨胀留有余地，保证气门密封。气门间隙如图 2-3-13 所示。

图 2-3-10 常见的液力挺柱结构

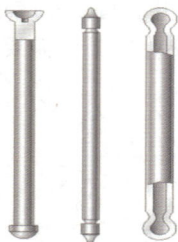

（标注：推杆、球座、挺柱体、柱塞、单向阀、碟形弹簧、柱塞弹簧、凸轮、机油）

图 2-3-11 推杆类型

图 2-3-12 摇臂
（标注：短臂、长臂）

图 2-3-13 气门间隙

【知识拓展】

中国第一汽车集团有限公司

中国第一汽车集团有限公司（简称一汽集团、中国一汽或一汽，英文名称缩写为 FAW），位于中国吉林省长春市绿园区，前身为第一汽车制造厂，由毛泽东主席亲笔题写厂名、饶斌创建，于 1953 年 7 月 15 日奠基。

中国一汽企业标识中心的数字"1"，代表中国一汽打造世界一流汽车企业的发展愿景和永争第一的企业精神；主体汉字"汽"，代表中国一汽立足主责主业，勇担开创新时代中国汽车产业创新发展新道路的使命；由"汽"字构成展翅雄鹰的形态，标志着中国一汽充满积极向上、奋斗奋进的力量。新企业标识中"鹰"的羽翼抽象为两个字母 E，分别代表 Environment 和 Enjoy，寓意中国一汽致力于绿色低碳、节能环保，努力为用户提供"美妙出行、美好生活"。

经过六十多年的发展，中国一汽已成为年产销 300 万辆级的国有大型汽车企业集团，产销总量始终位列行业第一阵营。

中国一汽业务领域包括汽车的研发、生产、销售、物流、服务、汽车零部件、金融服务、汽车保险、移动出行等，直接运营红旗品牌，同时拥有自主品牌一汽解放、一汽奔腾等品牌。近十年来，中国一汽科技研发成果累计获得国家及行业奖项 150 多个。

当前，中国一汽正积极整合全球优势资源，打造"三国五地"研发布局。

【任务实施】

仪器设备及工具准备

1）设备：奥迪 AWL 型 5 气门发动机若干台。

2）工具：气门拆装工具、常用拆装工具。

任务实施内容

配气机构拆装。

气门组拆装

步骤	操作方法	操作示意图
拆卸气缸盖罩及其他附属机构	拆卸气缸盖罩固定螺栓，按照先两边后中间、交叉对称的方式进行	
	拆卸霍尔式传感器	
	拆卸凸轮轴油封	

步骤	操作方法	操作示意图
拆卸凸轮轴及凸轮轴调整器（气门传动组）	按曲轴旋转方向拧曲轴同步带轮中央螺栓，使1缸位于上止点，如右图中箭头所示 用专用工具固定凸轮轴调整器，再次检测凸轮轴上止点位置。凸轮轴上的两个标记必须与轴承盖上的两箭头对齐。清洁轴承盖上箭头对面的凸轮轴传动链和链轮，并用彩色笔标出安装位置。两箭头或彩色标记之间的距离为16个链辊。排气凸轮轴上的缺口相对于链辊1略微向里安装 首先拆下进、排气凸轮轴第3、5道轴承盖，拆下双轴承盖，拆下进、排气凸轮轴链轮旁的两轴承盖，拧下凸轮轴调整器紧固螺栓，交叉松开并拆下进、排气凸轮轴第2、4道轴承盖，拆下带凸轮轴调整器的进、排气凸轮轴	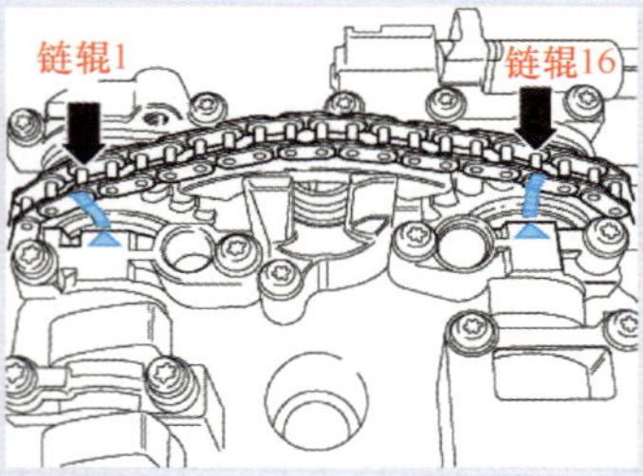 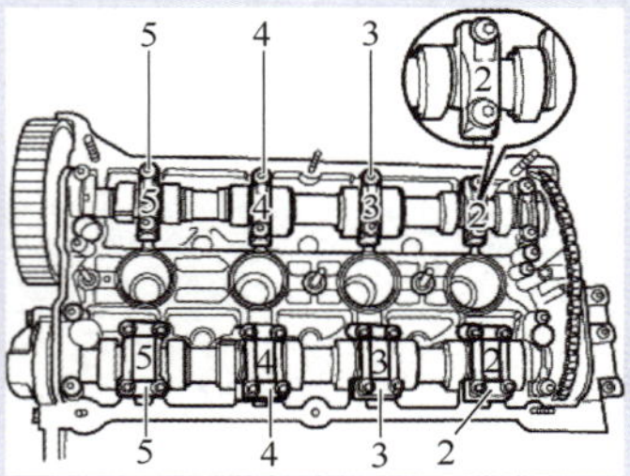
拆卸气门组	取下液压挺柱	
	用气门拆卸专用工具压下弹簧	
	用镊子取下锁块	

（续）

步骤	操作方法	操作示意图
拆卸气门组	取下弹簧座	
	取下弹簧	
	从气缸盖下方取下气门	
	取下气门油封及导管	
	注意事项：使用气门拆装工具时要注意安全，小心夹到手 标准：使用专用工具时，要在工具上安装气门拆装座圈	
安装气门组	用气门拆装工具按照与拆卸相反的顺序分别安装气门、气门弹簧、气门弹簧座及锁块 注意事项：使用气门拆装工具时要注意安全，小心夹到手 标准：锁块要完全锁死气门弹簧座	

（续）

步骤	操作方法	操作示意图
安装液压挺柱、凸轮轴及调整器	安装步骤与拆卸步骤相反 挺柱不可互换，安装时按与拆卸的相反顺序分别装入进、排气门液压挺柱。更换凸轮轴调整器的橡胶-金属密封垫，并轻涂一层润滑油。重新使用旧的传动链时，应将拆卸时用彩色笔标示的标记对齐。安装新传动链条时，凸轮轴上缺口 A 和 B 之间的距离应为 16 个链辊，用机油润滑凸轮轴工作面。按照与拆卸相反的顺序安装各轴承盖 注意事项：安装轴承盖时，从气缸盖进气一侧应能看见标记。拧紧凸轮轴调整器（注意定位装置），交叉拧紧进、排气凸轮轴的第 2、4 道轴承盖（注意定位装置），检查凸轮轴位置。在双轴承盖内侧区域轻涂一层润滑油，然后装上轴承盖（注意定位装置位置） 标准：凸轮轴上缺口 A 和 B 之间的距离应为 16 个链辊	
安装气缸盖罩及其他附属机构	安装顺序与拆卸顺序相反，安装气缸盖罩固定螺栓，按照先中间后两边、交叉对称的方式进行安装 注意事项：油封的安装一定要到位 标准：霍尔式传感器壳体与气缸盖螺栓拧紧力矩为 10N·m，气缸盖螺栓拧紧力矩为 10N·m	

【评价反馈】

评价项目	评价标准	小组评价 （占总评分的 40%）	教师评价 （占总评分的 60%）
知识准备 （30 分）	掌握发动机配气系统结构、功用		
	掌握配气相位概念		
	掌握配气系统的工作原理		
知识拓展 （10 分）	养成自主学习的习惯，树立职业目标		
任务实施 （40 分）	能正确、规范地使用工具及设备		
	能识别结构及零部件		
	能规范地完成拆装工作		
	无丢件、漏件、损坏零件等情况		
综合表现 （20 分）	能与同学密切合作，积极实践，安全地完成学习活动，具备严谨规范的工作作风		
	合计		
	总评分		

教师评语：

日期： 年 月 日

【课后测评】

一、单项选择题

1. 气门开启是由（   ）完成的。

A. 气门弹簧

B. 曲轴

C. 凸轮轴上的凸轮

D. 传动带

2. 进气门开启对应曲轴转角为（　　　）。

A. $\alpha+180°+\beta$　　　B. $180°$　　　C. $\gamma+180°+\delta$　　　D. $90°$

3. 气门弹簧的作用是使气门同气门座保持（　　　）。

A. 间隙　　　　　　　　　　　　B. 开度

C. 紧密闭合　　　　　　　　　　D. 一定距离

4. 直列四缸发动机凸轮轴上相邻做功两缸的同名凸轮之间夹角为（　　　）。

A. $60°$　　　　B. $90°$　　　　C. $120°$　　　　D. $180°$

二、多项选择题

气门顶面的形状一般有平顶、凹顶和凸顶 3 种，但绝大多数发动机均采用平顶气门，是因为（　　　）。

A. 结构简单　　　　　　　　　　B. 制造容易

C. 质量小　　　　　　　　　　　D. 吸热面积较小

三、判断题

1. 直接与气缸盖一体的气门座散热效果好，使用过程中不会发生气门座圈脱落事故，所以应用普遍。（　　　）

2. 气门导管的作用是引导气门运动并帮助气门散热。（　　　）

3. 气门油封安装在气门导管上方。（　　　）

4. 采用了液力挺柱，气门间隙就不需要调整了。（　　　）

四、简答题

简述什么是配气相位。

任务 4　燃料供给系统认知与拆装

【任务描述】

　　汽油发动机燃料供给系统负责将一定量的汽油与空气的混合气在恰当的时刻送入气缸燃烧，混合气的比例和总量如何控制，又怎样确定供给时刻呢？本次任务我们一起来了解。

【学习目标】

素养目标：

1）能与同学密切合作，规范、安全地完成学习活动。

2）养成自主学习的习惯，培养规范的工作作风，树立职业目标。

知识目标：

1）掌握汽油特性及混合气浓度表达方法。

2）掌握发动机燃料供给系统的结构、功用。

3）掌握燃料供给系统的工作原理。

🔧 技能目标：

1）具备识别燃料供给系统零部件的能力。
2）具备描述汽油发动机燃料供给系统的基本工作原理的能力。
3）具备描述燃料供给系统在整车上的位置及其与其他系统的关系的能力。
4）具备规范拆装燃料供给系统的能力。

【知识准备】 ┃••▶

一、汽油

汽油的基本成分主要是碳氢化合物。

1. 主要使用性能指标

1）蒸发性：可以通过燃料的蒸馏试验和饱和蒸气压试验来确定燃料的蒸发性好坏。

2）热值：1kg 燃油完全燃烧所放出的热量。

汽油：约为 44000kJ/kg（低热值）。

柴油：一般为 42500～44000kJ/kg（低热值）。

3）抗爆性：抵抗爆燃的能力，一般用辛烷值大小来衡量。

以前为了提高汽油的抗爆性能，常在里面加入四乙铅，但有毒，并且会使氧传感器中毒，所以现改用甲基叔丁基醚（MTBE）等醇类物质来提高汽油的抗爆性。

2. 汽油牌号及选用依据

汽油牌号根据汽油辛烷值的体积百分比标定。

汽油牌号选用依据是汽油机的压缩比，压缩比大则选标号高的汽油，反之则选标号低的汽油。

二、可燃混合气浓度表示方法

1. 过量空气系数（α）

定义：燃烧 1kg 燃料实际供给的空气质量与完全燃烧 1kg 燃料理论上所需空气质量之比。

2. 空燃比（A/F）

定义：可燃混合气中空气与燃料的质量比。

三、汽油机燃油喷射系统

汽油机燃油喷射是用喷油器将一定压力和数量的汽油喷入进气管道或气缸内与空气形成混合气。其目的是提高汽油雾化质量，改进燃烧条件，改善汽油机性能。

电控燃油喷射是采用电动汽油泵、喷油器等，根据发动机运行工况和使用条件将适量的燃油喷入进气管道或气缸内，由电控系统实现对发动机油量的精确控制。

汽油机燃油喷射系统可按以下几种方式分类。

1. 按控制原理分

（1）机械控制式　其喷油器的工作由供油管路中的油压控制。

（2）电子控制式　即电控燃油喷射（EF2）系统，其喷油器由电磁驱动，喷油量的大小和时机完全由电控单元（ECU）控制。

2. 按喷油器的布置分

汽油机燃油喷射系统按喷油器布置分为单点喷射（SPI）系统和多点喷射（MPI）系统。

3. 按喷油器工作时间分

（1）连续喷射式　连续喷射是指整个发动机的工作循环都进行喷射。

（2）间歇喷射式

1）异步喷射：喷油器的开启时间与发动机各缸工作循环之间没有固定的关系。

2）同步喷射：喷油器的开启时间与发动机各缸工作循环之间保持一定的相对关系。

① 顺序喷射：各缸喷油器分别按各自的做功顺序进行喷射，用于精确控制。

② 同时喷射：发动机每转 1 周，所有的气缸喷油器同时喷射 1 次，每个工作循环喷射 2 次。

③ 分组喷射：将气缸分成两组，发动机每转 1 周只有 1 组喷油器喷射，两组轮流喷射。

4. 按进气量的测量方式分

（1）直接测量式　直接测量是指利用空气流量传感器直接测量吸入进气管的空气流量。

（2）间接测量式

1）绝对压力测量法：用绝对压力传感器测量进气总管的绝对压力，并据此和发动机转速计算出进气量，从而确定燃油喷射量。

2）节气门开度测量法：用节气门位置传感器测定节气门开度，并根据发动机的转速计算出进气流量，从而确定燃油喷射量。

四、电控汽油机燃料供给系统组成

电控汽油机燃料供给系统由空气供给系统、燃油供给系统、电子控制系统及排放系统组成，如图 2-4-1 所示。

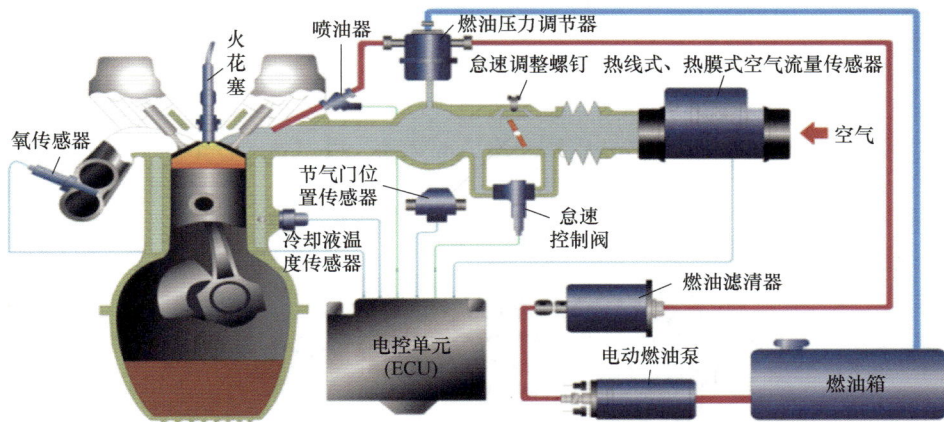

图 2-4-1　电控汽油机燃料供给系统组成

电控燃料
供给系统的
结构与原理

1. 空气供给系统

其为发动机提供正常燃烧必需的空气量，并且能够通过电控单元对进气量进行测量和控制。空气供给系统由进气总管、进气歧管、节气门总成、空气流量传感器等组成。

2. 燃油供给系统

其为发动机提供燃烧所需要的燃油，由电动汽油泵、燃油滤清器、燃油压力调节器、喷油器等组成。

3. 电子控制系统

它搜集发动机工况信号并确定最佳燃油量、最佳点火时刻，由各传感器、电控单元（ECU）、各执行元件等组成。

4. 排气系统

它将燃料燃烧产生的废气排出气缸，并对废气中有害物质进行处理，由排气歧管及总管、消声器、三元催化转化器等组成。

五、电控燃油供给系统主要零部件

1. 燃油箱

燃油箱是用来储存燃油的，其容积大小与车型和发动机排量有关。其形状随车型而异，这主要是为了适应在车上的布置与安装。

传统的燃油箱采用薄铜板冲压焊接制成，现代轿车的燃油箱多数采用耐油硬塑料制成，其结构如图 2-4-2 所示。一般燃油箱盖上设计有重力阀、通风阀。重力阀的作用是靠其自重，在正常情况下允许空气进入燃油箱以消除负压，当车辆倾斜 45°或翻车时，此阀会将通风口关闭，以防止燃油漏出，发生火灾。

2. 电动燃油泵

电动燃油泵的作用是向发动机输送充足的燃油并维持足够的压力，以保证在所有工况下有效地喷射。

根据电动燃油泵的安装位置其可分为内置式和外置式两种。内置式将电动燃油泵安装在燃油箱内，外置式将电动燃油泵安装在燃油箱外。现在绝大多数轿车采用内置式电动燃油泵。

电动燃油泵的结构如图 2-4-3 所示。只要发动机工作，电动燃油泵就一直工作，其过程是电动燃油泵通电，电动机工作，带动泵体转动，吸入燃油；燃油通过泵体、电动机、单向阀由出油口泵出。其中单向阀的作用是防止燃油倒流。当发动机停机时，电动燃油泵也停止工作，使燃油管路和燃油导轨内保存有一定残余压力的燃油，以便发动机下次容易起动，并可防止由于温度较高而产生的气阻现象。

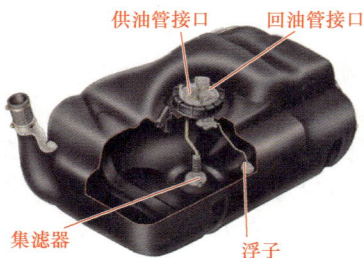

图 2-4-2　燃油箱的结构

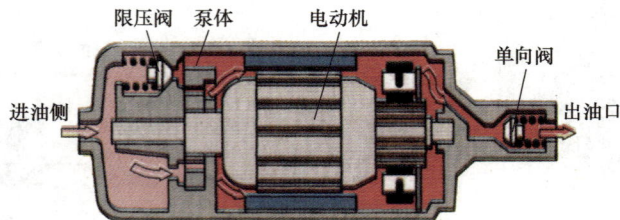

图 2-4-3　电动燃油泵的结构

限压阀起到电动燃油泵过载限压保护的作用。一般如果电动燃油泵输出压力超过 400kPa，则限压阀打开，多余的高压油流回燃油箱。

泵体一般有滚柱泵、内啮合齿轮泵、涡轮泵和侧槽泵等。

3. 燃油滤清器

图 2-4-4 所示为燃油滤清器的结构，其作用是将燃油中的氧化铁、粉尘等杂质滤去，防止燃油

系统堵塞，减少机件的磨损，确保发动机稳定工作，提高可靠性。

燃油滤清器安装在电动燃油泵的出口一侧，它是一次性使用的。滤芯一般由滤纸制成，可滤去直径大于 0.01mm 的杂质。

4. 燃油压力调节器

其作用是调节系统油压（燃油总管油压），保持喷油器的喷油绝对压力恒定，使喷油器的燃油喷射量只取决于喷油时间。燃油压力调节器一般安装在燃油导轨上。一般系统油压在 250～300kP 之间。

燃油压力调节器的结构如图 2-4-5 所示，当系统油压超过规定值时，燃油压力克服弹簧压力，将膜片向下压，打开阀门，与回油通道接通，使系统压力降低，回到规定值。

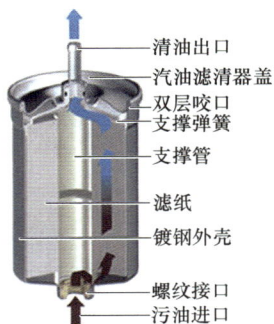

图 2-4-4　燃油滤清器的结构　　　图 2-4-5　燃油压力调节器的结构

如果进气歧管的真空度变大，为了维持燃油导轨内部与进气歧管内部的压力差恒定，就必须降低系统油压。把进气歧管真空度引入弹簧室，能够减少膜片上弹簧的作用力，进而减小打开阀门的压力，使系统油压下降到规定值。反之，亦然。

当电动燃油泵停止工作时，在膜片和弹簧的力的作用下，阀将关闭，保持油路中的残余压力。

5. 喷油器

喷油器是供油系统中非常重要的部件。它是一个电磁阀，由发动机电控单元控制。

电磁喷油器按喷油口形式分为轴针式、球阀式和片阀式3种；按用途分为单点式和多点式两种。图 2-4-6 所示为轴针式电磁喷油器的结构。当电磁线圈不通过电流时，针阀在弹簧的作用下处于关闭状态，当发动机电控单元发出喷油脉冲信号时，电磁线圈通过电流并产生电磁吸力，打开针阀（针阀上升约 0.1mm），压力燃油通过针阀与针阀体之间的间隙喷出，进入进气管。

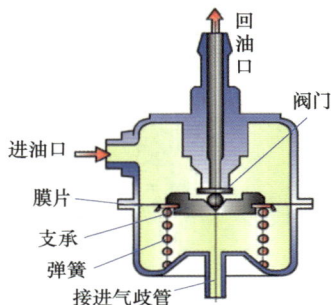

图 2-4-6　轴针式电磁喷油器的结构

6. 空气滤清器

图 2-4-7 所示为空气滤清器滤芯，其主要作用是过滤流向进气道的空气，防止空气中的灰尘进入气缸，减少气缸、活塞、活塞环等零件的磨损，延长发动机的使用寿命。

空气滤清器常用的种类有纸质干式空气滤清器和油浴式空气滤清器。其中，纸质干式空气滤清器的优点是滤清效率高、结构简单。

图 2-4-7　空气滤清器滤芯

7. 节气门体

节气门体（图 2-4-8）安装在进气管中，用以控制发动机正常工况下的进气量。节气门体主要由节气门和怠速空气道等组成。由于电控燃油喷射发动机怠速运转时，一般将节气门完全关闭，所以专门设有怠速空气道，以供给发动机怠速时所需的空气。怠速空气道由 ECU 通过怠速控制阀控制。

8. 进、排气管

进气歧管的作用是将可燃混合气或新鲜空气送到各个气缸；排气歧管的作用是汇集各缸的废气，经排气消声器后排出。

进气歧管多数由铝合金或铸铁制造，有些采用复合塑料制作，如图 2-4-9 所示。

图 2-4-8　节气门体

图 2-4-9　进气歧管

为了消除进气压力脉动，保证各缸混合气分配均匀，进气歧管的形状、容积都进行了专门的设计，以充分利用吸入空气的惯性增压作用增大充气量，提高发动机功率。图 2-4-10 所示排气歧管多数采用铸铁制造。为了便于对进气歧管预热，有些发动机的进、排气歧管安装在同一侧。

9. 排气消声器

排气消声器（图 2-4-11）的作用是降低排气噪声，并消除废气中的火星及火焰。

排气消声器有吸收、反射两种基本的消声方式。吸收式消声器是通过废气在玻璃纤维、钢纤维和石棉等吸声材料上的摩擦而减少其能量。反射式消声器是由多个串联的谐调腔与长度不同的多孔反射管相互连接在一起组成的，废气在其中经过多次反射、碰撞、膨胀、冷却而降低压力，减轻振动。汽车上实际使用的排气消声器，多数是综合利用不同的消声原理组合而成的。

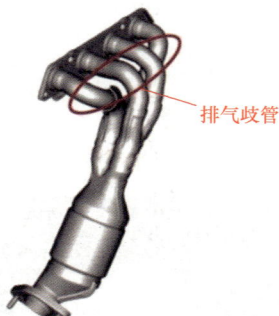

图 2-4-10　排气歧管

图 2-4-11　排气消声器

10. 传感器

电控燃油供给系统主要传感器及其作用见表 2-4-1。

表 2-4-1　主要传感器及其作用

分类	部件名称	功能
传感器	进气歧管压力传感器	检测发动机吸入的空气量
	空气流量传感器	检测发动机吸入的空气量
	空气温度传感器	检测进气温度，用以计算空气量
	冷却液温度传感器	检测发动机的温度
	发动机转速与曲轴位置传感器	检测发动机转速及曲轴位置
	节气门位置传感器	检测节气门开度
	氧传感器	检测空燃比
	车速传感器	测量车速
	爆燃传感器	检测有没有爆燃产生
	开关量及其信号发生装置	向 ECU 提供各用电设备的开关状态

11. 电控单元

电控单元是系统控制核心，它根据传感器搜集的发动机运行工况信息及数据，计算喷油量的大小等参数，并对喷油器等执行元件进行控制。

【知识拓展】 ▶ ⋯⋯⋯⋯⋯⋯⋯⋯⋯⋯⋯⋯⋯⋯⋯⋯⋯⋯⋯⋯⋯⋯⋯ ▶

中国第二汽车制造厂

中国第二汽车制造厂，也称"二汽"，最早于 1952 年底提出，但正式开始建设已到 1969 年，其间经历了前后 17 年、"两下三上"的漫长波折。它生产"东风牌"货车、"富康牌"轿车以及后来的"爱丽舍"轿车等。

二汽原属国务院计划单列管理，1992 年 9 月 1 日更名为东风汽车集团有限公司（以下简称东风汽车公司），从那时起，东风汽车公司先后通过与法国 PSA 集团、日本日产和本田等公司合资，大规模生产、销售乘用车。

东风汽车公司是中国四大汽车集团之一，中国品牌 500 强。经过多年的建设，东风汽车公司已陆续建成了十堰（主要以中型和重型商用车、零部件、汽车装备事业为主）、襄阳（以轻型商用车、乘用车为主）、武汉（以乘用车为主）、广州（以乘用车为主）四大基地。除此之外，东风汽车公司在上海、广西柳州、江苏盐城、四川南充、河南郑州、新疆乌鲁木齐、辽宁朝阳、浙江杭州、云南昆明等地设有分支企业。

【任务实施】 ▶ ⋯⋯⋯⋯⋯⋯⋯⋯⋯⋯⋯⋯⋯⋯⋯⋯⋯⋯⋯⋯⋯⋯⋯ ▶

仪器设备及工具准备

1）设备：宝来发动机实验台 5 台、部件识别标签若干。

2）工具：发动机拆装工具 5 套、火花塞套筒 5 个、吹风机 5 把等。

任务实施内容

认知汽油机燃料供给系统。

步骤	操作方法	操作示意图
熟知电控汽油机燃料供给系统的结构	在发动机实验台或实训车辆上寻找和认知电控汽油机燃油供给系统零部件，并将正确的标签名称贴在零件上	
认知电控汽油机燃料供给系统主要零部件	认知燃油供给系统的部件	 连接气压平衡口 连接燃油加注口 连接活性炭罐 汽油泵总成安装孔 回油管 电路连接插孔 出油管 汽油泵电动机 油量传感器 油量浮子

（续）

步骤	操作方法	操作示意图
认知电控汽油机燃料供给系统主要零部件	认知空气供给系统部件	
	认知排气系统部件	
	认知电子控制系统部件	
拆卸燃油滤清器	拆下燃油泵继电器；旋开燃油箱盖总成，释放燃油箱内的燃油蒸气，降低燃油箱内的压力，然后重新装上燃油箱盖总成 起动发动机，释放燃油压力，直到将管路内剩余燃油消耗完毕。此时，燃油管路处于安全维修状态 举升车辆，在燃油滤清器总成的下方放一个接油盘	

（续）

步骤	操作方法	操作示意图
拆卸燃油滤清器	拆下护板，露出燃油滤清器	
	用专用卡钳拆下油路中的燃油滤清器总成，松开两端的一次性卡箍，拔出软管，将剩余的燃油滴在接油容器中。松开燃油滤清器支架螺栓，取下燃油滤清器总成	
拆卸喷油器	检查发动机燃油管路、喷油器和发动机燃油分配管结合处有无漏油痕迹；检查喷油器插接件是否完好、连接是否松动	
	断开线束与各喷油器的插接头；从燃油分配管上取下进、出油管；拧开燃油分配管与进气歧管的连接螺栓；将燃油分配管取下	
	从燃油分配管的喷油器上拆下喷油器夹子；将喷油器从燃油分配管拆下	
安装燃油滤清器	安装步骤与拆卸步骤相反，注意燃油滤清器箭头标记方向	
安装喷油器	安装步骤与拆卸步骤相反	

（续）

步骤	操作方法	操作示意图
更换空气滤清器滤芯	打开空气滤清器上盖（卡扣式或螺栓式）	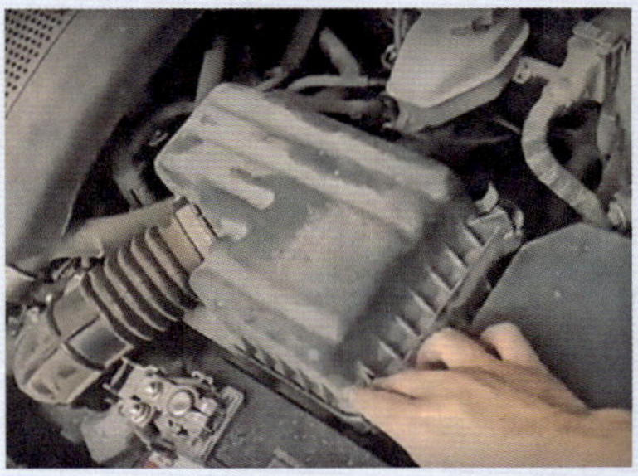
	取出旧滤芯，将新滤芯放入滤清器内卡槽；安回空气滤清器盖	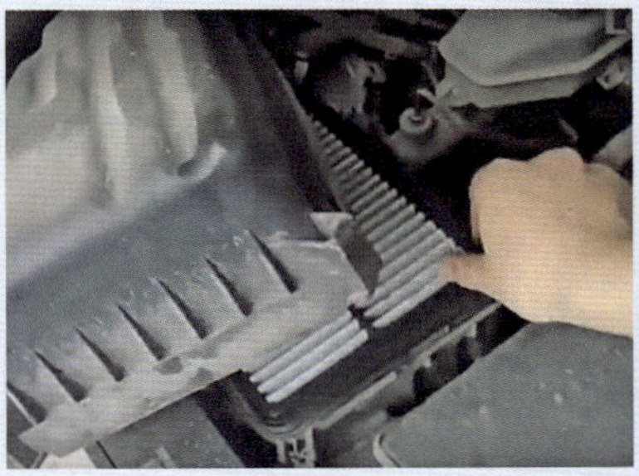

【评价反馈】

评价项目	评价标准	小组评价（占总评分的 40%）	教师评价（占总评分的 60%）
知识准备（30 分）	掌握汽油机燃油供给系统的结构、功用		
	掌握电控汽油机的工作原理		
	掌握混合气浓度的表达方法		
知识拓展（10 分）	养成自主学习的习惯，树立职业目标		
任务实施（40 分）	能正确、规范地使用工具及设备		
	能识别结构及零部件		
	能规范地完成拆装工作		
	无丢件、漏件、损坏零件等情况		
综合表现（20 分）	能与同学密切合作，积极实践，安全地完成学习活动，具备严谨规范的工作作风		
合计			
总评分			

教师评语：

日期：　　年　　月　　日

【课后测评】 ▶••▶

一、单项选择题

1. 多点喷射的电控燃油喷射系统是通过控制喷油器的（　　）来控制喷油量大小的。

A. 喷油压力　　　　　　B. 喷油时间　　　　　　C. 喷孔大小　　　　　　D. 针阀行程

2. 过量空气系数小于 1 的混合气为（　　）混合气。

A. 浓　　　　　　　　　B. 稀　　　　　　　　　C. 理论　　　　　　　　D. 功率

3. 汽油机工作时用来完成汽油输送的主要总成是（　　）。

A. 空气滤清器　　　　　B. 机油滤清器　　　　　C. 汽油泵　　　　　　　D. 汽油滤清器

4. 汽油机工作时用来提供清洁空气的主要总成是（　　）。

A. 空气滤清器　　　　　　　　　　　　　　　B. 机油滤清器

C. 汽油泵　　　　　　　　　　　　　　　　　D. 汽油滤清器

二、多项选择题

1. 汽车发动机电控燃油喷射系统由（　　）组成。

A. 传感器　　　　　　　B. ECU　　　　　　　　C. 执行器　　　　　　　D. 控制器

2. 电子节气门控制单元包括（　　）等。

A. 节气门体　　　　　　　　　　　　　　　　B. 节气门

C. 节气门驱动电机　　　　　　　　　　　　　D. 节气门位置传感器

三、判断题

1. 汽油的标号表示的是其内部辛烷值的含量。（　　　）

2. 燃油压力调节器使油管中的燃油压力与进气歧管中的压力差保持恒定的目的是 ECU 只控制喷油时间（喷油脉宽）即可控制喷油量。（　　　）

3. 空气流量传感器的信号是燃油喷射和点火控制的主控制信号。（　　　）

四、简答题

试述电控燃油喷射系统混合气的形成过程。

任务 5　润滑系统认知与机油及机油滤清器更换

【任务描述】 ▶••▶

　　零部件相对运动会造成零件磨损，润滑系统可以为有相对运动的零部件提供润滑剂从而减轻磨损。润滑系统是如何将润滑剂送到需要润滑的高速运动的零件表面或内部的呢？本次任务一起来探讨。

【学习目标】 ▶••▶

🚩 素养目标：

　　1）能与同学密切合作，规范、安全地完成学习活动。

　　2）养成自主学习的习惯，培养规范的工作作风，树立职业目标。

1）掌握发动机润滑系统的结构、功用。
2）掌握润滑系统的工作原理。
3）了解发动机用润滑剂的种类。

技能目标：

1）具备识别润滑系统零部件的能力。
2）具备描述汽油发动机润滑系统的基本工作原理的能力。
3）具备描述润滑系统在整车上的位置及其与其他系统的关系的能力。
4）具备规范更换机油及机油滤清器的能力。

【知识准备】

一、发动机润滑方式

发动机零部件因相对运动速度不同和载荷差异，采用了不同的润滑方式。

1. 压力润滑

压力润滑是发动机中最重要的一种润滑方式。它是通过机油泵，将一定压力和一定流量的发动机润滑油（以下简称机油），连续循环地提供给相对速度高、工作载荷大的重要运动件表面，使发动机能正常工作。采用压力润滑的发动机零部件有曲轴主轴颈和连杆轴颈的轴承、配气凸轮轴轴承、摇臂轴轴承等。有的发动机连杆小头轴承、摇臂与气门端接触面等也采用压力润滑。发动机工作时，必须监视机油压力，怠速暖机情况下的机油压力一般不能低至 $0.15 \sim 0.20$ MPa。

2. 飞溅润滑

飞溅润滑是依靠运动的零部件将机油飞溅到零部件的摩擦表面上，或从专门的油孔中将机油喷射到零部件的摩擦表面上。飞溅润滑用于负荷较轻的部位，如活塞与气缸壁、凸轮与挺杆、活塞销与衬套等。

3. 润滑脂润滑

部分附件如水泵轴、起动机轴承、发电机轴承及分电器轴等，应定期涂抹润滑脂润滑。
实际发动机运行过程中，上述几种润滑方式都存在，称为复合润滑。

二、机油油路

现代发动机机油油路布置方案如图 2-5-1 所示，不同发动机由于润滑系统的工作条件和具体结构的不同而略有不同。

三、润滑系统的组成

润滑系统由油底壳、机油集滤器、机油泵、机油滤清器、机油油道、机油散热器、机油压力表、机油温度表组成。润滑系统的结构如图 2-5-2 所示。
油底壳：用来储存机油。
机油泵：将足够量的机油以足够的压力供给主油道，以克服机油滤清器及管道的阻力。
集滤器：安装在机油泵前，并置于油底壳内，用来滤除机油中较大直径的杂质。

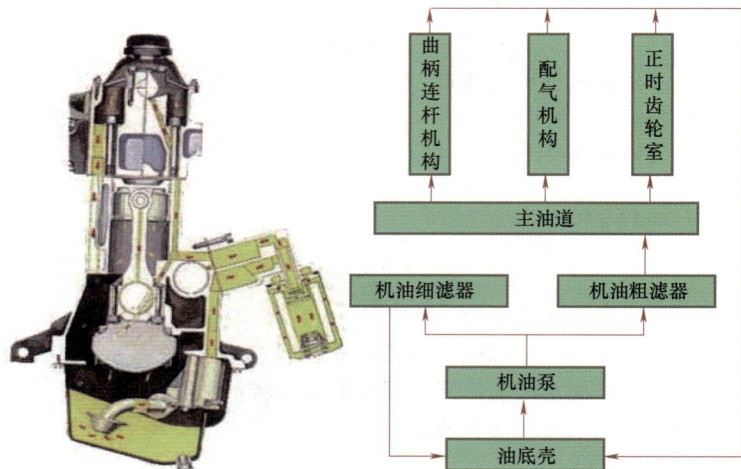

图 2-5-1　机油油路布置方案

机油滤清器：通过机油滤清器过滤杂质。

机油散热器：冷却机油，使机油温度保持在一定范围内。

机油压力表、机油温度表：监视机油的压力和温度。

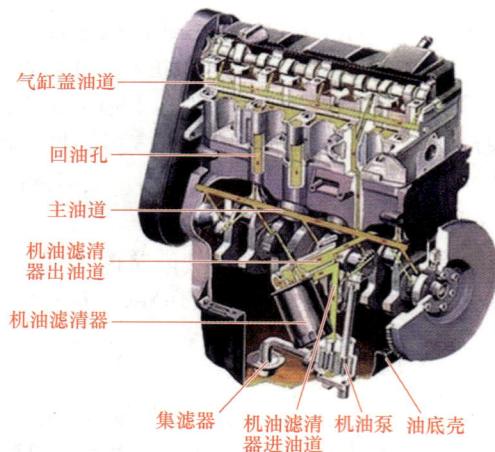

图 2-5-2　润滑系统的结构

润滑系统
结构与原理

四、润滑系统主要零部件

1. 机油泵

机油泵的作用是将一定数量的机油压缩并输送到各摩擦表面。

齿轮式机油泵有外啮合齿轮式和内啮合齿轮式两种。

1）外啮合齿轮式机油泵。机油泵主动齿轮由凸轮轴驱动旋转，从动齿轮按图 2-5-3 所示方向转动，进油腔容积因齿轮向脱离啮合方向旋转而增大，腔内产生一定真空，机油便从进油口进入进油腔。齿轮旋转时，将机油带到出油腔，而出油腔的容积因齿轮进入啮合而减小，油压随即升高，机油便从出油腔被压送到发动机油道。

2）内啮合齿轮式机油泵。内啮合齿轮式机油泵如图 2-5-4 所示，当主动外齿轮（外转子）带动从动内齿轮（内转子）旋转时，在齿轮脱离啮合的一端，进油腔容积逐渐增大，产生吸力，把机油从油底壳经集滤器吸入机油泵。在齿轮进入啮合的一端，出油腔容积不断减小，油压升高，将机油压出机油泵。

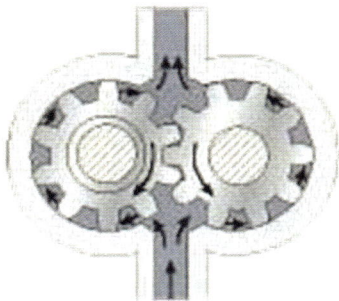

图 2-5-3　外啮合齿轮式机油泵

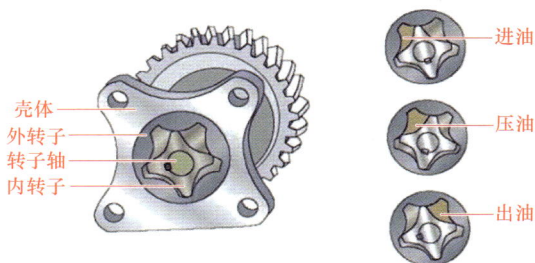

图 2-5-4　内啮合齿轮式机油泵

2. 机油滤清器

发动机在运转过程中，由于金属磨屑、灰尘、水及积炭等进入润滑系统，以及燃烧气体和空气对机油的氧化作用，将致使机油变脏，这将加速运动零件的磨损及机油道堵塞，造成供油不足而加速机件的磨损和损伤。为了减少或清除杂质，保持机油的清洁，延长机油的使用寿命，在发动机润滑系统中均装有机油滤清器。

发动机润滑系统采用的机油滤清器一般有全流式和分流式两种，如图 2-5-5 所示。

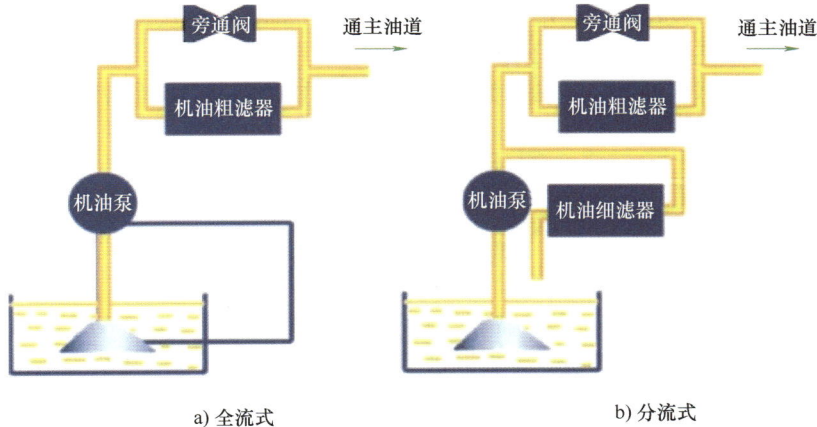

a) 全流式

b) 分流式

图 2-5-5　机油滤清器连接方式

3. 集滤器

集滤器如图 2-5-6 所示，它装在机油泵之前的吸油端，多采用滤网式，目的是防止粒度大的杂质进入机油泵。发动机使用的集滤器目前分为浮式集滤器和固定式集滤器两种。

4. 机油滤清器

机油滤清器串联于机油泵与主油道之间，属于全流式滤清器，多用缝隙式滤清方法，如图 2-5-7 所示。

从机油泵输出的压力油经上盖的进油孔进入粗滤器与滤芯之间，经滤芯过滤后，进入滤芯筒并经端盖上的出油孔进入主油道。旁通阀装于端盖上，当滤芯发生堵塞而阻力增大时，旁通阀打开,外壳内的机油经旁通阀和上盖出油孔进入主油道。

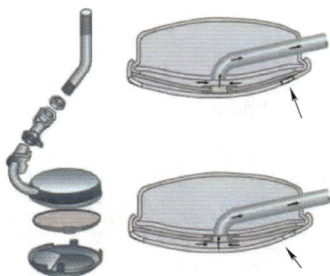

图 2-5-6　集滤器

图 2-5-7　机油滤清器

增强其滤芯过滤程度即可成为细滤器,还有依靠离心原理进行过滤的离心式细滤器。由于细滤器过滤较细致,阻力较大,为保证油路供油,细滤器需并联在油路中。

5. 机油散热器

若机油温度太高,则黏度下降,会影响润滑效果,并导致机油高温变质,因此需对机油进行冷却。

水冷式机油散热器:机油散热器的冷却介质使用冷却系统的冷却液,由于冷却液温度限制,使热交换能在温度较高的机油和温度较低的冷却液间进行。反之,起动时迅速升高的冷却液温度有助于机油温度的迅速上升而缩短暖机时间。

风冷式机油散热器:发动机直接用冷却风扇的对流风冷却机油。这种机油散热器采用内管式,为了强化散热、增大散热面积,管的周围焊有散热片。管和散热片常用导热性好的黄铜制造。机油滤清器流出的机油流入机油散热器的内管中,与散热器中的散热片进行热交换,温度降低后流出的机油或进入主油道,或流回油底壳。

【知识拓展】

上海汽车集团股份有限公司

1958 年 9 月 30 日,上海生产的第一辆轿车——凤凰牌轿车在位于安亭的上海汽车装配厂试制成功,实现了上海汽车工业轿车制造"零的突破",上海自主制造轿车的历史篇章由此揭开,上海汽车工业开始起步。

经过多年的发展,上海汽车集团股份有限公司(以下简称上汽集团)拥有全球最完整的新能源产品型谱,包括插电式混合动力汽车、纯电动汽车和燃料电池电动汽车;上汽集团自研的燃料电池系统技术性能已是全球领先水平,相关技术均已率先实现产品化落地。

上汽集团已自主掌控国内领先的三电(蓄电池、电驱、电控系统)核心技术;对新一代锂离子蓄电池、固态蓄电池、IGBT 电驱动模块等关键技术实现了全球布局。

2020 年,上汽集团全年销售整车 560 万辆,连续 15 年销量保持国内第一。其中,上汽集团自主品牌销售 260 万辆,在总销量中占比达到 46.4%,创出新高;新能源汽车销量为 32 万辆,海外市场销量为 39 万辆,实现全面领跑。2021 年 8 月,上汽集团以上一年度 1075.552 亿美元的合并销售收入,名列《财富》杂志世界 500 强第 60 位,已经连续 8 年进入百强名单,在此次上榜的全球汽车企业中名列第 8。

【任务实施】

仪器设备及工具准备

1）设备：宝来发动机实验台若干台、整车若干辆、举升机、部件识别标签若干。

2）工具：机油收集桶、机油滤清器专用拆装工具若干、发动机拆装工具若干套、抹布、机油、新机油滤清器。

任务实施内容

认知发动机润滑系统。

步骤	操作方法	操作示意图
识别润滑系统零部件	在宝来发动机台架上找出润滑系统相应的部件，并用部件识别标签标记	
更换机油及机油滤清器	举升车辆，旋松放油螺塞，拧掉放油螺塞，向机油收集桶中释放机油	
	机油放尽后，更换放油螺塞垫片并安装放油螺塞	
	用机油滤清器专用拆装工具拧松机油滤清器，待机油滤清器处机油流尽后取下机油滤清器	
	用抹布清洁机油滤清器底座	

（续）

步骤	操作方法	操作示意图
更换机油及机油滤清器	在新机油滤清器密封圈处涂抹机油并安装新密封圈	
	下降车辆至车轮与地面轻微接触，加注机油	
	拧上机油加注盖，起动发动机，再次举升车辆，观察是否有机油泄漏	
	完全降下车辆，熄火，观察机油尺油位是否在最高线与最低线之间	
检查机油		 检查机油

【评价反馈】 ▶ • ▶

评价项目	评价标准	小组评价 （占总评分的40%）	教师评价 （占总评分的60%）
知识准备 （30分）	掌握发动机润滑系统的结构、功用		
	掌握润滑系统的工作原理		
	掌握不同润滑方式		

（续）

评价项目	评价标准	小组评价 （占总评分的40%）	教师评价 （占总评分的60%）
知识拓展 （10分）	养成自主学习的习惯，树立职业目标		
任务实施 （40分）	能正确、规范地使用工具及设备		
	能识别结构及零部件		
	能规范地完成拆装工作		
	无丢件、漏件、损坏零件等情况		
综合表现 （20分）	能与同学密切合作，积极实践，安全地完成学习活动，具备严谨规范的工作作风		
合计			
总评分			

教师评语：

日期： 年 月 日

【课后测评】

一、单项选择题

1. 活塞通常采用的润滑方式是（　　　）。

A. 压力润滑　　　　　　　　　　B. 飞溅润滑

C. 润滑方式不确定　　　　　　　D. 两种润滑方式都有

2. 机油粗滤器上装有旁通阀，当滤芯堵塞时，旁通阀打开使机油（　　　）。

A. 不经过滤芯，直接流回油底壳　　B. 直接流入细滤器

C. 直接进入主油道　　　　　　　　D. 流回机油泵

3. 发动机常用的润滑剂是（　　　）。

A. 机油　　　　　B. 汽油　　　　　C. 石墨　　　　　D. 锡

二、多项选择题

发动机润滑系统的作用是（　　　）。

A. 清洗　　　　　B. 密封　　　　　C. 防锈　　　　　D. 加热

三、判断题

1. 发动机润滑系统只起润滑作用。（　　　）

2. 发动机润滑系统主油道中的压力越大越好。（　　　）

3. 发动机润滑系统技术状况的好坏经常用机油压力大小和机油的品质来确定。（　　　）

4. 机油粗滤器串联在机油泵与主油道之间，属于全流式滤清器。（　　　）

5. 更换机油时应同时更换或清洗机油滤清器。（　　　）

四、简答题

试述机油油路布置方案并绘出简图。

任务6　冷却系统认知与拆装

【任务描述】

　　燃料燃烧转变成机械能的同时产生了很多热量，机体内部零部件相对运动也会产成热量，过多的热量会导致零部件过热损坏或导致机油浓度降低而使零件过度磨损。是不是温度越低越好？发动机是如何控制其温度的？本次任务一起来探讨。

【学习目标】

素养目标：

1）能与同学密切合作，规范、安全地完成学习活动。
2）养成自主学习的习惯，培养规范的工作作风，树立职业目标。

知识目标：

1）掌握发动机冷却系统的结构、功用。
2）掌握冷却系统的工作原理。
3）掌握大小循环路径。

技能目标：

1）具备识别冷却系统零部件的能力。
2）具备描述冷却系统的基本工作原理的能力。
3）具备描述冷却系统在整车上的位置及其与其他系统的关系的能力。
4）具备规范拆装冷却系统零部件的能力。

【知识准备】

一、功用

　　冷却系统使发动机得到适度冷却，保持发动机在适宜工作温度范围内工作。现代发动机采用水冷式冷却系统，通过冷却液在发动机水道中循环流动而吸收多余的热量，将此热量散发到大气中从而对发动机进行冷却。

二、冷却系统的基本组成及水路循环

　　水冷式冷却系统的组成如图2-6-1所示。该冷却系统利用水泵提高冷却液的压力，使其在发动机冷却系统中循环流动。

水冷式发动机的气缸盖和气缸体中都铸有相互连通的水套。冷却液在水泵的作用下，流经气缸体及气缸盖的冷却水套而吸收热量，然后沿水管流入散热器。通过汽车行驶产生的空气流动及冷却风扇的强力抽吸，空气流将由前向后高速通过散热器，不断地将流经散热器的高温冷却液的热量散到大气中，从而使冷却液温度下降。冷却后的冷却液流至散热器的底部后，被水泵再次压入发动机的水套中，如此循环即可将发动机工作时产生的大量热量不断带走，从而保证发动机正常工作。

为使发动机在低温时减少热量损失、缩短暖机时间、在低速大负荷情况下加快散热，冷却系统中设有调节温度的装置，如节温器、冷却风扇离合器及百叶窗等。

图 2-6-1　水冷式冷却系统的组成

冷却系统
结构与原理

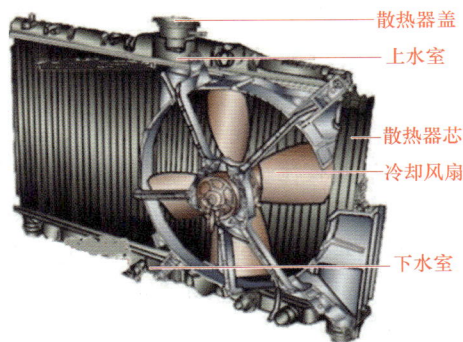

三、冷却系统主要零件

1. 散热器

散热器俗称水箱，能帮助冷却液散热，由上水室、下水室、散热器芯和散热器盖等组成。在上、下水室上分别装有进水管及出水管，它们分别与发动机气缸盖上的出水管口及水泵用软管连接。下水室常设有放水开关，如图 2-6-2 所示。

常用散热器芯的结构形式有管片式和管带式两种，如图 2-6-3 所示。

管片式散热器芯由若干扁形冷却水管构成，也有使用圆管的，散热片套装在扁形冷却水管周围以增大散热面积及增加整个散热器的刚度和强度。空气吹过扁形冷却水管和散热片，使管内流动的冷却液得到冷却。管片式散热器因结构刚度较好而广泛被汽车发动机所采用。

管带式散热器芯由扁平冷却水管及波纹状薄金属散热带焊接成蜂巢状。水管与散热带相间排列，在散热带上常开有形似百叶窗的孔 A，以破坏气流在散热带表面上的附面层，提高散热能力。管带式散热器芯的优点是散热能力强、制造工艺简单、质量小。

图 2-6-2　散热器

散热器盖（图 2-6-4）上有空气阀和蒸气阀，可自动调节内部压力，提高冷却效果。

发动机热状态正常时，两阀在弹簧力作用下均关闭而使冷却系统与大气隔绝。因蒸气的产生而使冷却系统内的压力稍高于大气压力，提高了冷却液的沸点，改善了冷却效能。当散热器内的压力达到 126~137kPa 时（此压力下，水的沸点达 107.85℃），蒸气阀开启而使蒸气从通气管排出；当冷却液的温度下降，冷却系统内的真空度低于 1~20kPa 时，空气阀打开，空气从通气管进入冷却系统，以防散热器及芯管被大气压压坏。

2. 水泵

水泵安装在发动机前端，通常与冷却风扇一起用带轮同轴驱动。水泵的作用是对冷却液加压，使之在冷却系统中循环流动。

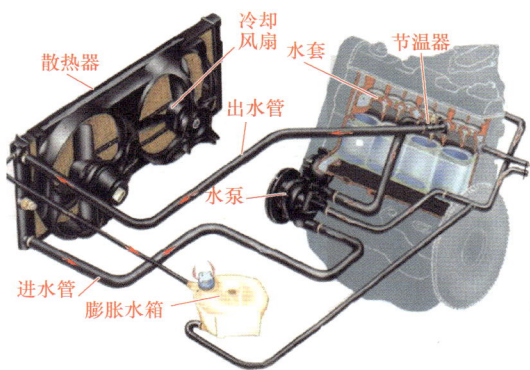

冷却水管
散热片
A
冷却水管
散热带

a) 管片式　　　　　　　　　　b) 管带式

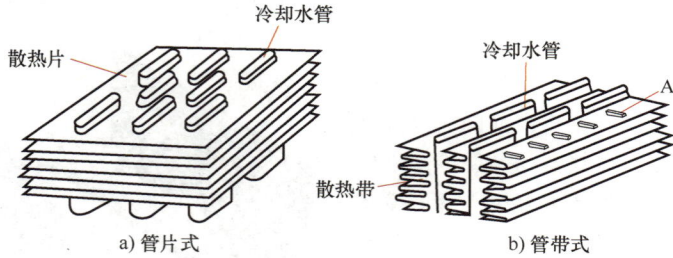

图 2-6-3　散热器芯

汽车发动机广泛采用离心式水泵，如图 2-6-5 所示。它具有结构紧凑、泵液量大及因故障而停止工作时不会妨碍冷却液在冷却系统内自然循环等优点。当叶轮旋转时，水泵内的冷却液被叶片推动一起旋转，在离心力的作用下甩向叶轮边缘，在轮廓线为对数螺旋线的水泵壳体内将动能转变为冷却液的压能，经叶轮切线方向的出水口压入发动机的冷却水套。与此同时，叶轮中心因具有负压而使散热器中的冷却液经进水口被吸入水泵。

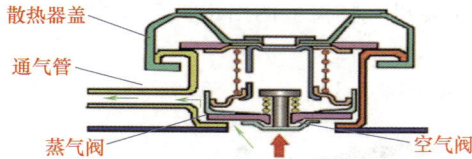

散热器盖
通气管
蒸气阀
空气阀

图 2-6-4　散热器盖

壳体
叶轮
出水口
进水口

图 2-6-5　离心式水泵

3. 节温器

节温器安装在水泵的进水口或气缸盖的出水口。其作用是根据发动机冷却液温度的高低，自动改变冷却液的循环路线及流量，以使发动机始终在最合适的温度下工作。目前汽车上多采用蜡式节温器，如图 2-6-6 所示，其核心部分为蜡质感温元件。中心杆的一端固定于支架上，另一端插入橡胶管的中心孔内，橡胶管与金属外壳间有精制石蜡，利用石蜡受热后由固态变为液态时体积膨胀的性质进行控制。

发动机工作后，因温度逐渐升高而使石蜡逐渐变为液态，体积开始膨胀。在发动机冷却液温度低于 84.85℃ 时，因石蜡产生的膨胀力小于主阀门弹簧的预紧力，主阀门在主阀门弹簧的作用下压在出水口上，从散热器来的低温冷却液不能进入发动机水套内。此时，从发动机气缸盖出水口流出的高温冷却液可以不经散热器而直接进入水泵，于是，未

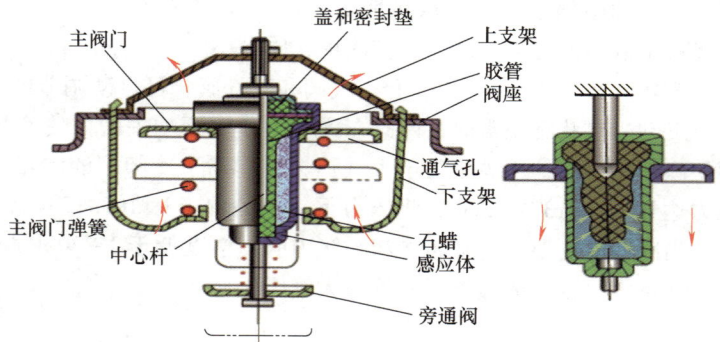

盖和密封垫
主阀门
上支架
胶管
阀座
通气孔
下支架
主阀门弹簧
中心杆
石蜡感应体
旁通阀

图 2-6-6　蜡式节温器

经散热的冷却液被水泵重新压入发动机水套内，因而减少了热量损失。此时冷却液的循环路线称为小循环，如图 2-6-7a 所示。当发动机冷却液温度超过 84.85℃ 时，石蜡产生的膨胀力克服了主阀门弹簧的预紧力，主阀门开始打开。当冷却液温度达到 104.85℃ 时，主阀门完全打开，而旁通阀则彻底关闭小循环通路。这时来自气缸盖出水口的高温冷却液全部进入散热器进行冷却，之后由水泵重新压入发动机的水套内。此时冷却液的循环路线称为大循环，如图 2-6-7b 所示。当冷却液的温度在 84.85 ~ 104.85℃时，主阀门和旁通阀都打开一定的程度，此时，冷却系统中的大、小循环同时进行。

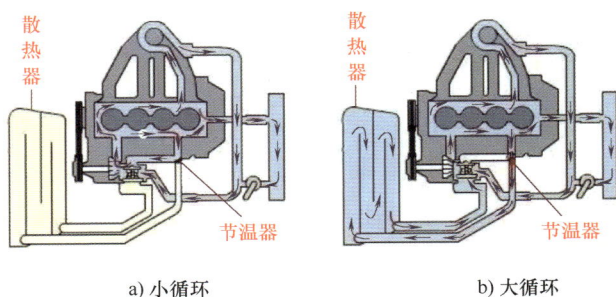

图 2-6-7　大小循环

4. 冷却风扇

冷却风扇通常安装在散热器的后面并与水泵同轴驱动，它用来提高流经散热器的空气流速，增强散热器的散热能力，同时对发动机其他附件有一定的冷却作用。

冷却风扇的扇风量主要取决于冷却风扇的直径、转速、叶片形状及安装角等。

目前车用水冷式发动机大多采用轴流式冷却风扇，如图 2-6-8 所示。冷却风扇叶片多用薄钢板压成，一般有 4~6 片。为减小叶片旋转时的振动和噪声，叶片之间的夹角一般不相等，叶片与其旋转平面的安装倾斜角为 30° ~ 45°，借以产生吸风能力，使空气沿轴向流动。在轿车及轻型汽车上还常使用翼形断面的整体冷却风扇，由铝合金、尼龙等材料制成，可提高冷却风扇的效率、减小功率消耗和噪声。

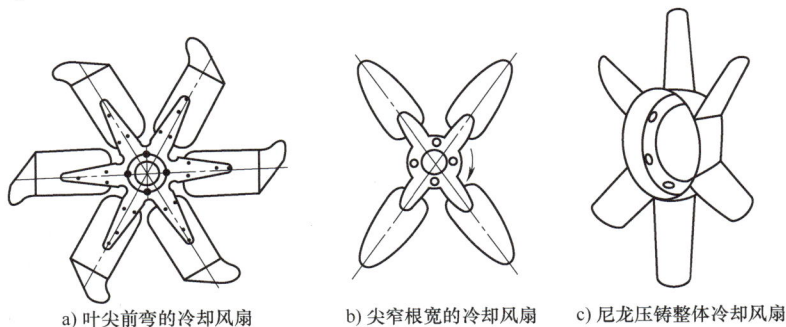

图 2-6-8　轴流式冷却风扇

在轿车上普遍采用以蓄电池为动力的电动冷却风扇，其转速与发动机的转速无关。电动机开关由位于散热器的温度传感器控制，需要冷却风扇工作时其自行起动。这种冷却风扇无动力损失，结构简单、布置方便。

5. 百叶窗

百叶窗能改变吹过散热器的空气流量，位于散热器前面，由许多片活动挡板组成。驾驶人通过手柄可以调节挡板的开度。

【知识拓展】 ▶ ▪▪▪ ▶

中国长安汽车集团股份有限公司

中国长安汽车集团股份有限公司（以下简称长安汽车）原名中国南方工业汽车股份有限公司，

成立于 2005 年 12 月，2009 年 7 月 1 日更为现名，是中国兵器装备集团公司对旗下汽车产业进行整合优化而成立的一家特大型企业集团，是中国四大汽车集团之一。

长安汽车具有完善的产品谱系。经过多年的发展，长安汽车已形成覆盖微车、轿车、客车、校车、重型货车、专用车等宽系列、多品种的产品谱系，拥有排量从 0.8L 到 2.5L 的发动机平台。长安汽车还拥有众多汽车零部件自主品牌，形成了整车、零部件、动力总成、商贸服务四大主业板块，拥有强大的整车制造和零部件供应能力。

【任务实施】 ▶ ••• ▶

仪器设备及工具准备

1）设备：发动机试验台。

2）工具：120 件套、冷却液、废液桶。

任务实施内容

认知汽车冷却系统。

步骤	操作方法	操作示意图
认知冷却系统结构	在发动机实验台或实训车辆上寻找和拆装、认知冷却系统零部件，并将正确的标签名称贴在零件上	
拆卸冷却系统零部件	放出冷却液：将冷却后的发动机的散热器下面的放液螺塞打开，用准备好的废液桶接冷却液	
	做标记：理清各根水管、线束的走向以及插接器的位置，做好标记，贴好标签或者拍照记录下来，以免忘记	

（续）

步骤	操作方法	操作示意图
拆卸冷却系统零部件	拆卸散热器：用 120 件套中的一字螺丝刀，拆卸大小水管，用手拔出节温器线束插接器。取下与发动机有连接的所有水管接头，将散热器与发动机分离	
	拆卸水泵：首先用专用夹具将飞轮锁死，在没松张紧轮的情况下，用扭力扳手将水泵带轮上的 3 颗螺钉拧松，再松张紧轮。取下传动带，取下水泵带轮。之后用套筒拧松水泵上的螺栓取下水泵	
	拆下电子节温器：用 120 件成套工具中的内六角扳手松下内六角头螺栓后取下电子节温器	
	检查气缸体与气缸盖中的冷却水套（气缸周围不规则孔即为水套）	

（续）

步骤	操作方法	操作示意图
安装冷却系统零部件	安装步骤与拆卸步骤相反。安装完成后，加注冷却液至规定刻度位置	
检查冷却液		检查冷却液

【评价反馈】

评价项目	评价标准	小组评价（占总评分的40%）	教师评价（占总评分的60%）
知识准备（30分）	掌握发动机冷却系统的结构、功用		
	掌握冷却系统的工作原理		
	掌握大、小循环路径		
知识拓展（10分）	养成自主学习的习惯，树立职业目标		
任务实施（40分）	能正确、规范地使用工具及设备		
	能识别结构及零部件		
	能规范地完成拆装工作		
	无丢件、漏件、损坏零件等情况		
综合表现（20分）	能与同学密切合作，积极实践，安全地完成学习活动，具备严谨规范的工作作风		
合计			
总评分			

教师评语：

日期：　　年　　月　　日

【课后测评】

一、单项选择题

1. 现代轿车发动机冷却系统正常工作温度一般在（　　　）。

A. 60～70℃ 　　B. 70～80℃ 　　C. 80～90℃ 　　D. 90～105℃

2. 冷却系统中提高冷却液沸点的装置是（　　　）。

A. 散热器盖　　　　　　B. 散热器　　　　　　C. 水套　　　　　　D. 水泵

3. 强制循环水冷系统利用（　　　）使冷却液在水套和散热器之间进行循环来完成对发动机的冷却。

A. 水泵　　　　　　　　　　　　　　B. 冷却风扇

C. 节温器　　　　　　　　　　　　　D. 冷却液温度传感器

二、多项选择题

1. 发动机的冷却必须适度，如果发动机冷却过度，低温运行时间过长，会产生（　　　　）等不良影响。

A. 燃烧不良、易发生爆燃　　　　　　B. 汽油雾化不良

C. 热量损失、功率下降　　　　　　　D. 润滑不良、磨损加剧

2. 汽车发动机冷却系统根据发动机温度状态，冷却液的循环流动分为（　　　　）状态。

A. 大循环　　　　　　B. 小循环　　　　　　C. 混合循环　　　　　　D. 不循环

3. 下列元件中控制发动机冷却强度的元件有（　　　　）。

A. 温控开关　　　　　B. 节温器　　　　　　C. 水泵　　　　　　D. 硅油离合器

三、判断题

1. 随着温度逐渐升高，发动机冷却系统冷却液的循环会在某一温度点由小循环立刻过渡到大循环。（　　　）

2. 发动机冷却液循环是从发动机上部到散热器上水室到下水室再到水泵进行循环的。（　　　）

3. 发动机正常工作时散热器上水室比下水室的温度高。（　　　）

四、简答题

试述发动机冷却系统大、小循环的路径。

任务 7　起动系统认知与起动机拆装

【任务描述】

　　燃料燃烧可以推动曲柄连杆机构做功并输出动力，那么发动机内部零件是如何从静止状态过渡到运行状态从而做功的呢？本任务一起来探讨。

【学习目标】

素养目标：

1）能与同学密切合作，规范、安全地完成学习活动。

2）养成自主学习的习惯，培养规范的工作作风，树立职业目标。

知识目标：

1）掌握发动机起动系统的结构、功用。

2）掌握起动系统的工作原理。

1) 具备识别起动机零部件的能力。
2) 具备描述起动系统的工作过程的能力。
3) 具备描述起动系统在整车上的位置及其与其他系统的关系的能力。
4) 具备规范拆装起动机的能力。

【知识准备】

要使发动机由静止状态过渡到工作状态,必须先用外力转动发动机的曲轴,使活塞做往复运动,接着气缸内的可燃混合气燃烧膨胀做功,推动活塞向下运动使曲轴旋转,发动机才能自行运转,工作循环才能自动进行。曲轴在外力作用下开始转动到发动机开始自动地怠速运转的全过程,称为发动机的起动。完成起动过程所需的装置,称为发动机的起动系统。

一、起动方式

发动机一般采用电动机起动,起动过程是用电动机作为机械动力,当电动机轴上的齿轮与发动机飞轮周缘的齿圈啮合时,动力就传到飞轮和曲轴,使之旋转。电动机用蓄电池作为电源。起动机在点火开关和起动继电器的控制下,将蓄电池的电能转化为机械能,带动发动机飞轮齿圈使曲轴转动,完成发动机的起动,这种方式称为电力起动。电力起动是目前汽车上广泛使用的一种起动方式。

二、起动系统的组成

起动系统由蓄电池、起动机、点火开关等组成,如图2-7-1所示。

起动系统结构及工作原理

三、起动原理

起动系统工作示意图如图2-7-2所示。起动时,点火开关接通,起动机电路通电,起动机电磁开关的吸引线圈和保持线圈通电,产生很强的磁力吸引铁心左移,并带动驱动杠杆绕其销轴转动,使齿轮移出与飞轮齿圈啮合。与此同时,由于吸引线圈的电流通过电动机的绕组,电枢开始转动,齿轮在旋转中移出,减小冲击。

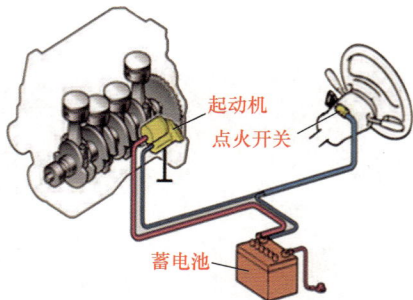

图 2-7-1 起动系统的组成

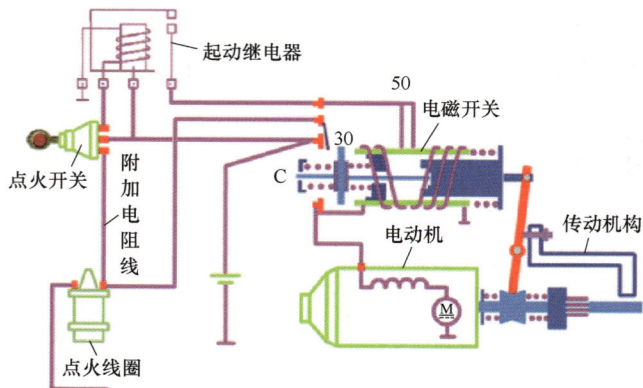

图 2-7-2 起动系统工作示意图

当铁心移动到使短路开关闭合的位置时,短路电路接通,吸引线圈被短路,失去作用,保持

线圈产生的磁力足以维持铁心处于开关吸合的位置。

四、起动系统的主要零部件

1. 起动机

起动机一般由直流电动机、传动机构和控制机构组成，如图 2-7-3 所示。

1）直流电动机的作用是产生转矩。

2）传动机构（或称啮合机构）的作用是在发动机起动时，使起动机驱动齿轮啮入飞轮齿环，将起动机转矩传给发动机曲轴；在发动机起动后，使驱动齿轮打滑与飞轮齿环自动脱开。

3）控制机构（即电磁开关）的作用是接通和切断起动机与蓄电池之间的电路。在有些汽车上，它还具有接入和隔除点火线圈附加电阻的作用。

2. 直流电动机

直流电动机常采用串激直流电动机，其特点是低速时转矩很大，随转速 n 增大，转矩 T 减小，这一特征非常适合发动机起动的要求。它利用通电导线在磁场中受力旋转的原理产生转矩。

直流电动机主要由电枢、磁极、电刷与电刷架等部件构成，如图 2-7-4 所示。

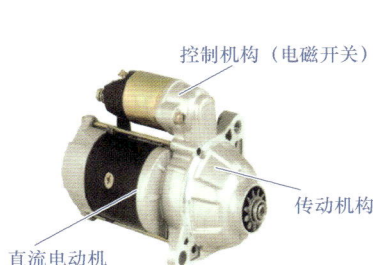

图 2-7-3　起动机的组成

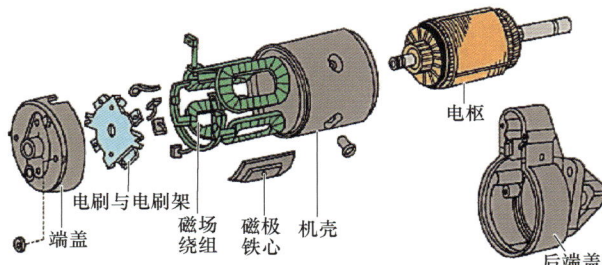

图 2-7-4　直流电动机的结构

1）电枢。电枢是直流电动机的旋转部分，包括电枢轴、换向器、电枢铁心、电枢绕组。为了获得足够的转矩，通过电枢绕组的电流一般为 200~600A，因此电枢绕组采用较粗的矩形裸铜线绕制。电枢绕组各线圈的端头均焊接在换向器片上，通过换向器和电刷将蓄电池的电流引进来。换向片和云母片叠压成换向器。

2）磁极。磁极一般是 4 个，两对磁极相对交错安装在电动机定子内壳上，低碳钢板制成的机壳也是磁路的一部分。也有用 6 个磁极的起动机。

3）电刷与电刷架。电刷架一般为框式结构，其中正极电刷架与端盖绝缘地固装在一起，负极电刷架直接搭铁。电刷置于电刷架中，电刷由铜粉与石墨粉压制而成，呈棕红色。电刷架上装有弹性较好的盘形弹簧。

3. 传动机构

起动机的传动机构（图 2-7-5）是起动机的主要组成部件。它包括单向离合器和拨叉两个部分。离合器的作用是将电动机的电磁转矩传递给发动机使之起动，同时能在发动机起动后自动打滑，保护起动机不致损坏。传动机构中的离合器分为滚柱式离合器、摩擦片式离合器和弹簧式离合器几种。拨叉的作用是使离合器轴向移动，将驱动齿轮啮入和脱离飞轮齿圈。发动机起动时，接通点火开关，线圈通电产生电磁力将铁心吸入，于是带动拨叉转动，由拨叉头推出离合器，使驱动齿轮啮入飞轮齿圈。发动机起动后，只要断开点火开关，线圈即断电，电磁力

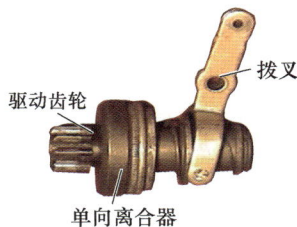

图 2-7-5　传动机构

消失，在回位弹簧的作用下，铁心退出，拨叉返回，拨叉头将打滑工况下的离合器拨回，驱动齿轮脱离飞轮齿圈。

4. 控制机构

发动机起动时，应将点火开关钥匙旋至起动档位，起动继电器通电后，接通了电磁开关线圈电路，起动机投入工作。发动机起动后，只需松开点火开关钥匙，点火开关自动转回到点火工作档位，起动继电器线圈断电，触点打开，电磁开关也随即断开，起动机停止工作。

利用起动继电器控制电磁开关，能减小通过点火开关起动触点的电流，避免烧蚀触点，延长使用寿命。有些汽车上的起动继电器在改进控制电路以后，能起到自动停止起动机工作及安全保护的作用。

5. 减速起动机

在起动机的电枢轴与驱动小齿轮之间装有齿轮减速器的起动机称为减速起动机。在采用小型、高速、低转矩的起动机时，可以靠装在电动机轴上的齿轮减速器将电动机转速降低后再驱动飞轮。减速起动机与同功率的起动机相比，具有体积小、质量小、驱动转矩大的优点。

【知识拓展】 ▶ ···▶

浙江吉利控股集团

浙江吉利控股集团（以下简称吉利集团）始建于1986年，1997年进入汽车行业，在浙江台州/宁波、湖南湘潭、四川成都、陕西宝鸡、山西晋中等地建有汽车整车和动力总成制造基地，并在白俄罗斯等国家和地区建有海外工厂。

吉利集团是中国著名的汽车制造商，立志成为最具竞争力和受人尊敬的中国汽车品牌。

吉利集团旗下现拥有吉利汽车品牌、领克汽车品牌、几何汽车品牌等，拥有宝腾汽车49.9%的股份及全部经营管理权，以及豪华跑车品牌路特斯51%的股份。

截至2020年10月底，吉利集团全球累计汽车销量突破1000万辆，成为首个实现乘用车产销1000万辆的中国品牌车企。

吉利集团以"自主突破创新，融合全球智慧，掌握核心技术"为研发理念，实施"产品平台化""安全第一""能源多元化""智能化技术"战略，自主研发的1.4T涡轮增压发动机，1.8TD、1.0TD增压直喷发动机被评为"中国心"年度十佳发动机，7DCT双离合自动变速器被评为世界十佳变速器；吉利汽车与沃尔沃汽车联合开发的1.5TD发动机，技术位居国际领先水平。"吉利战略转型的技术体系创新工程建设"荣获国家科技进步奖二等奖（一等奖空缺）；"吉利轿车安全技术的研发与产业化"荣获中国汽车工业科学技术一等奖；吉利集团获得2017年度浙江省政府质量奖。吉利集团秉承"快乐人生，吉利相伴"的核心价值理念，长期坚持可持续发展战略，通过领先的安全、智能、新能源、车联网及环保健康技术的应用，为用户提供高品质产品和高增值服务，致力于成为中国新能源节能技术引领者，打造具有全球影响力和国际竞争力、受人尊敬的中国汽车品牌，为实现中国汽车强国梦而不懈努力！

【任务实施】 ▶ ···▶

仪器设备及工具准备

1）设备：起动机若干台。

2）工具：常用拆装工具若干套。

任务实施内容

认知汽车起动系统。

步骤	操作方法	操作示意图
拆装前准备	起动机解体前，应清洁外部的油污和灰尘	
分解起动机	拆下电磁开关固定螺钉，取下电磁开关总成	
	拆下电动机夹紧螺栓和换向器端盖固定螺钉，取下换向器端盖	
	适当移动电刷架位置，以便检测电刷弹簧压力，拆下电刷总成	
	拆下电磁线圈与电动机壳体总成	
	拆下拨叉支点螺栓，取下拨叉、电枢总成和离合器	

（续）

步骤	操作方法	操作示意图
分解起动机	拆下电枢轴上的限位卡簧，将电枢总成与离合器分离	
	认知起动机零部件，了解部件之间的关系	
装复起动机	装复顺序与分解顺序相反	

【评价反馈】

评价项目	评价标准	小组评价（占总评分的40%）	教师评价（占总评分的60%）
知识准备（30分）	掌握发动机起动系统的结构、功用		
	掌握起动系统的工作原理		
知识拓展（10分）	养成自主学习的习惯，树立职业目标		
任务实施（40分）	能正确、规范地使用工具及设备		
	能识别结构及零部件		
	能规范地完成拆装工作		
	无丢件、漏件、损坏零件等情况		
综合表现（20分）	能与同学密切合作，积极实践，安全地完成学习活动，具备严谨规范的工作作风		
合计			
总评分			

教师评语：

日期：　　年　　月　　日

【课后测评】

一、单项选择题

1. 起动系统主要是将（　　　）。

A. 机械能转换为化学能　　　　　B. 热能转换为电能

C. 机械能转换为电能　　　　　　D. 电能转换为机械能

2. 下列说法错误的是（　　　）。

A. 起动机由定子、转子、整流器等组成

B. 起动机由电枢、磁极、换向器等组成

C. 起动机由直流串激电动机、传动机构、磁力开关等组成

D. 起动机由吸拉线圈、保持线圈、活动铁心等组成

3. 起动机的电磁开关工作时，是（　　　　）。

A. 先接通主电路后使小齿轮与飞轮啮合

B. 先使小齿轮与飞轮啮合，然后接通主电路

C. 接通主电路和小齿轮与飞轮啮合同时进行

D. 没有先后的要求

4. 当活动铁心被吸动并在电磁开关内使接触盘产生电接触时，电磁开关上被短路的线圈是（　　　　）。

A. 励磁绕组　　　　　　B. 保持线圈　　　　　C. 吸拉线圈　　　　　D. 前述都是

5. 起动机的传动机构的最大特点是（　　　　）。

A. 传动平稳　　　　　　　　　　　　　B. 噪声小

C. 单向传递转矩　　　　　　　　　　　D. 传动速比大

二、多项选择题

起动机使用注意事项有（　　　　）。

A. 起动时踩下离合器踏板，将变速器挂空档或停车档

B. 每次起动时间不得超过5s，两次之间应间隔15s以上

C. 一听到发动机起动，应马上松开点火开关

D. 发现起动机有打齿、冒烟现象，应及时诊断并排除故障后再起动

三、判断题

1. 电磁开关接通后起动机才开始运转。（　　　　）

2. 起动机都是减速起动机。（　　　　）

3. 滚柱式离合器传递转矩小，一般用于小功率的起动机。（　　　　）

四、简答题

试述汽车起动过程。

任务8　点火系统认知与火花塞拆装

【任务描述】

常温常压下汽油的燃点为427℃，气缸内部已在压缩行程中被压缩了的混合气仍需有火源引发其燃烧，完成这项工作的是发动机的点火系统。点火系统有哪些零部件？是如何引燃混合气的？本次任务一起来探讨。

【学习目标】

素养目标：

1）能与同学密切合作，规范、安全地完成学习活动。

2）养成自主学习的习惯，培养规范的工作作风，树立职业目标。

【知识准备】

一、点火系统的作用及分类

点火系统的作用是将汽车的低压电变为高压电，并适时送到点火气缸火花塞，击穿火花塞间隙，点燃混合气，使发动机做功。

点火系统按照初级电路的控制方式可分为传统点火系统、电子点火系统、微机控制点火系统3种。现代汽车广泛采用微机控制点火系统。

二、微机控制点火系统的组成及工作原理

微机控制点火系统主要由传感器、发动机电控单元（ECU）和点火执行器组成。

1. 传感器

传感器包括凸轮轴/曲轴位置传感器、空气流量传感器或进气歧管压力传感器、节气门位置传感器、冷却液温度传感器、爆燃传感器等。

2. 发动机电控单元（ECU）

发动机电控单元（ECU）的功用是根据自身存储的程序对发动机各传感器输入的各种信息进行运算、处理、判断，然后输出指令，控制有关执行器动作，达到快速、准确、自动控制发动机工作的目的。

3. 点火执行器

点火执行器包括点火模块、大功率晶体管、点火线圈、分电器、火花塞。如图2-8-1所示，发动机工作时，ECU根据接收到的传感器信号，按存储器中的相关程序和数据，确定出最佳点火提前角和通电时间，并以此向点火器发出指令。

点火控制器根据指令，控制点火线圈一次电路的导通和截止。当电路导通时，有电流从点火线圈中的一次电路通过，点火线圈将点火能量以磁场的形式储存起来。当一次电路被切断时，二次侧线圈中产生很高的感应电动势，经分电器或直接送至工作气缸的火花塞，火花塞产生电火花点燃气缸内的可燃气体。

三、点火系统主要零部件

1. 点火线圈

点火线圈由初级绕组、次级绕组和铁心等组成。它通过初级绕组的通断，在次级绕组处感应

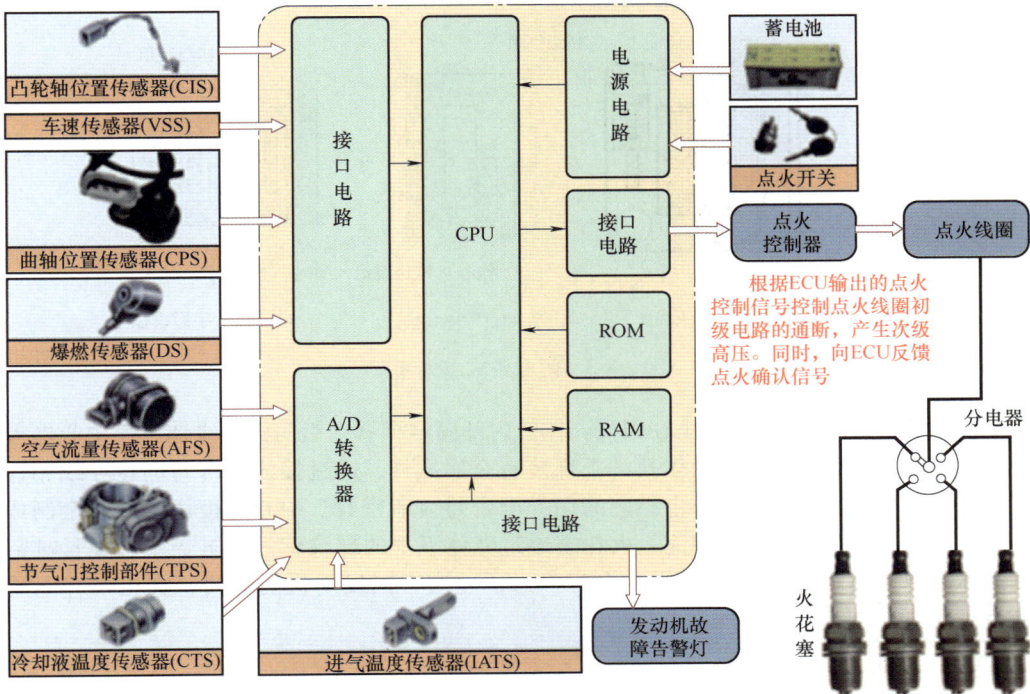

图 2-8-1　微机控制点火系统的组成及工作原理

出高压电以提供点火能量。

按磁路的结构形式不同,点火线圈可分为开磁路式和闭磁路式。

开磁路式点火线圈的结构如图 2-8-2 所示。点火线圈的中心是用硅钢片叠成的铁心,在铁心外部套有绝缘的纸板套管,套管上绕有次级线圈,用直径为 0.06 ~ 0.10mm 的漆包线绕 1000 ~ 23000 匝。初级绕组用直径为 0.5 ~ 10mm 的高强度漆包线,绕在次级绕组的外面以利于散热,一般绕 230 ~ 370 匝。绕组绕好后在真空中浸以石蜡和松香的混合物以增强绝缘。绕组和外壳之间装有导磁钢套,底部有瓷质绝缘支座,上部有绝缘盖,外壳内充满沥青等绝缘物,以加强绝缘并防止潮气侵入。

闭磁路式点火线圈在"口"字形或"日"字形铁心内绕有初级绕组,初级绕组外面绕有次级绕组,初级绕组在铁心中的磁通通过铁心闭合磁路,故称其为闭磁路式点火线圈,如图 2-8-3 所示。

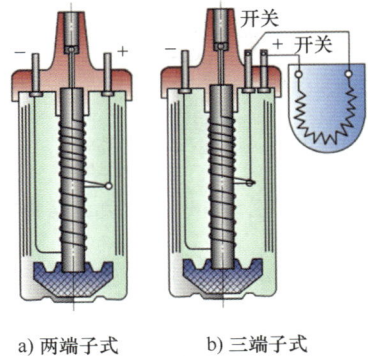

a) 两端子式　　b) 三端子式

图 2-8-2　开磁路式点火线圈的结构

与开磁路式点火线圈相比,闭磁路式点火线圈有漏磁少、转换效率高、体积小、质量小等优点,故已在点火系统中广泛采用。

2. 火花塞

火花塞的工作条件极其恶劣,它要受到高温高压以及燃烧产物的强烈腐蚀,因此,它必须有足够强度、能够承受冲击性高压电、能承受剧烈的温度变化并且具有良好的热特性、能抵抗燃气的腐蚀。

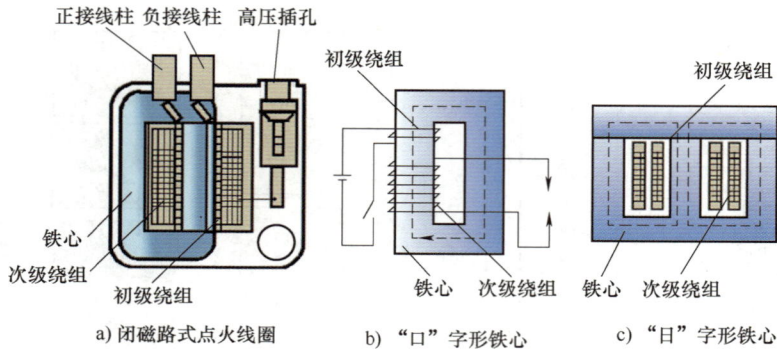

图 2-8-3　闭磁路式点火线圈

火花塞的结构如图 2-8-4 所示。在钢质壳体的内部固定有氧化铝陶瓷绝缘体，使中心电极与侧电极之间保持足够的绝缘性。绝缘体孔的上部装有金属螺杆，通过接线螺母与高压导线相连，下部装有中心电极。金属螺杆与中心电极之间用导电密封玻璃密封。中心电极用镍锰合金制成，具有良好的耐高温、耐腐蚀和导电性能。火花塞通过壳体下部的螺纹旋入气缸盖中，旋紧时密封垫圈受压变形保证壳体与气缸盖之间密封良好。为了适应不同发动机的需要，火花塞有不同类型（图 2-8-5）。

图 2-8-4　火花塞的结构

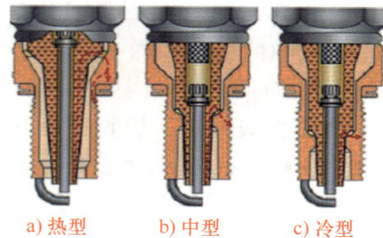

图 2-8-5　火花塞的不同类型

3. 凸轮轴/曲轴位置传感器

凸轮轴/曲轴位置传感器给 ECU 提供曲轴转角基准位置（1 缸压缩上止点）信号，作为燃油喷射控制和点火控制的主控信号。

凸轮轴/曲轴位置传感器有电磁式凸轮轴/曲轴位置传感器、霍尔式凸轮轴/曲轴位置传感器、光电式凸轮轴/曲轴位置传感器 3 种类型。其安装在曲轴、凸轮轴、飞轮或分电器处。两传感器有安装在一起的，也有分开安装的。

4. 爆燃传感器

爆燃传感器用来检测发动机燃烧时有无爆燃，并把爆燃信号送给发动机 ECU 作为修正点火提前角的重要参考信号。

爆燃传感器安装在气缸体侧面或火花塞座孔上，有电感式爆燃传感器和压电式爆燃传感器两种。

电感式爆燃传感器（图 2-8-6）利用电磁感应原理检测发动机爆燃。当传感器的固有振动频率与发动机爆燃时的振动频率相同时，传感器输出的信号电压最大。

压电式共振型爆燃传感器利用压电效应原理检测发动机爆燃。当发生爆燃时，振子与发动机共振，压电元件输出的信号电压明显增大，易于测量。

压电式非共振型爆燃传感器与共振式的区别是非共振式内部无震荡片，但设一个配重块，以一定的预紧压力压紧在压电元件上。当发动机发生爆燃时，配重块以正比于振动加速度的交变力施加在压电元件上，压力元件将此压力信号转变成电信号输送给 ECU。

图 2-8-6　电感式爆燃传感器

压电式火花塞座金属垫型爆燃传感器安装在火花塞的垫圈处，每缸一个，它根据各缸的燃烧压力直接检测各缸的爆燃信息，并转换成电信号输送给 ECU。

5. 点火提前与爆燃控制

点火提前是气缸活塞未达到压缩上止点时火花塞提前点火。从火花塞点火到气缸活塞达到压缩上止点，曲轴转过的角度称为点火提前角。

在发动机 ECU 中预存了发动机在各种工况下的最佳点火提前角。在车辆行驶中，发动机 ECU 根据发动机转速、节气门开度、进气量等信号作为主要参数判定发动机工况。凸轮轴位置、爆燃传感器信号、车速、冷却液温度、进气温度、大气压力等信号作为修正信号，辅助判定发动机工况。判定工况后，ECU 会根据预存的点火提前角控制点火线圈点火。另外，分电器点火的电控发动机，通常需要人工设定一个固定点火提前角。动态点火提前角由 ECU 控制。

现在的电控发动机基本上都有爆燃传感器。具有爆燃传感器的电控燃油喷射系统，可以对点火提前角实行闭环控制。

点火闭环控制是利用爆燃传感器的信号，对点火提前角进行调整。合适的点火提前角对发动机的动力、油耗、尾气排放有极大改善。但点火提前角过大会造成发动机工作粗暴，产生爆燃。

爆燃传感器的作用是当发动机产生爆燃时，向 ECU 发送爆燃信号，ECU 收到此信号即可判定已发生爆燃，这时 ECU 会逐渐推迟点火时间以消除爆燃，保护发动机。当爆燃消失后，ECU 逐渐提前点火时间，以获得最佳性能，如此往复循环调整。

汽车尾气及污染物

【知识拓展】 ▶ ·······························▶

奇瑞汽车股份有限公司

奇瑞汽车股份有限公司（以下简称奇瑞汽车）是一家从事汽车生产的国有控股企业，于 1997年 1 月 8 日注册成立，总部位于安徽省芜湖市。

奇瑞汽车已具备年产 90 万辆整车、90 万台发动机及 80 万台变速器的生产能力，建立了 A00、A0、A、B、SUV 五大乘用车产品平台，上市产品覆盖 11 大系列共 21 款车型。奇瑞以"安全、节能、环保"为产品发展目标，先后通过 ISO9001、德国莱茵公司 ISO/TS16949 等国际质量体系认证。

【任务实施】 ▶ ·······························▶

仪器设备及工具准备
1）设备：实训用车若干台。
2）工具：121 件套工具 1 套、工具车 1 个、汽车防护 5 件套 1 套。

任务实施内容
认知汽车点火系统并拆装火花塞。

步骤	操作方法	操作示意图
认知点火系统零部件	在实训车辆上找到点火系统零部件，并将对应标签贴在零部件上	
拆前准备	取下发动机罩	
拆卸火花塞	清理高压线附近的油污、尘土，拧下高压线接线柱固定螺钉	
	取下点火线圈及高压线	
	拧松火花塞	
	用高压线头部拔出火花塞	
安装火花塞	安装顺序与拆卸顺序相反	

【评价反馈】

评价项目	评价标准	小组评价 （占总评分的 40%）	教师评价 （占总评分的 60%）
知识准备 （30 分）	掌握发动机点火系统的结构、功用		
	掌握点火系统的工作原理		
	了解发动机的爆燃现象		
知识拓展 （10 分）	养成自主学习的习惯，树立职业目标		
任务实施 （40 分）	能正确、规范地使用工具及设备		
	能识别结构及零部件		
	能规范地完成拆装工作		
	无丢件、漏件、损坏零件等情况		
综合表现 （20 分）	能与同学密切合作，积极实践，安全地完成学习活动，具备严谨规范的工作作风		
合计			
总评分			

教师评语：

日期：　　年　　月　　日

【课后测评】

一、单项选择题

1. 发动机转速增大时，点火提前角应（　　　　）。

A. 增大　　　　　　　　B. 减小　　　　　　　C. 不变　　　　　　　　D. 与转速无关

2. 关于火花塞的说法正确的是（　　　　）。

A. 几个侧电极产生几个火花　　　　　　B. 多极火花塞是为节省电能

C. 多极火花塞击穿电压高　　　　　　　D. 几个侧电极只产生一个火花

3. 能够实现点火提前角闭环控制的传感器是（　　　　）。

A. 氧传感器　　　　　　　　　　　　　B. 曲轴位置传感器

C. 爆燃传感器　　　　　　　　　　　　D. 凸轮轴位置传感器

二、多项选择题

1. 点火线圈由（　　　　）组成。

A. 初级绕组　　　　　　　　　　　　　B. 次级绕组

C. 铁心　　　　　　　　　　　　　　　D. 外壳

2. 汽油发动机正常工作的要素有（　　　　）。

A. 浓度适合的混合气

B. 正确的点火正时和配气正时

C. 火花塞跳出足够强的电火花

D. 具备足够的气缸压力

三、判断题

1. 双缸点火系统，点火时一个火花塞从中心电极向侧电极跳火，另一个火花塞就是从侧电极向中心电极跳火。（　　　）

2. 单缸独立点火系统把点火线圈和高压线集成为一体，取消了点火控制器。（　　　）

3. 凸轮轴位置传感器为 ECU 提供 1 缸压缩上止点信号，所以也称为判缸传感器。（　　　）

4. 点火线圈实际上就是一个脉冲变压器。（　　　）

四、简答题

试述火花塞电火花的产生过程。

项目 **3**

汽车底盘认知

任务1　传动系统认知与拆装

【任务描述】

　　发动机产生的动力须经传动系统传递才能驱动汽车行驶。发动机转速较快，不适合等速传递到车轮；发动机不同的布置形式可能导致传动距离及传动角度的变化；动力需分配到所有的驱动车轮。传动系统是如何完成以上工作的？本次任务一起来了解。

【学习目标】

素养目标：

　　1）能与同学密切合作，规范、安全地完成学习活动。
　　2）养成自主学习的习惯，培养规范的工作作风，树立职业目标。

知识目标：

　　1）掌握汽车传动系统结构及功用。
　　2）掌握传动系统各零部件的结构及工作原理。
　　3）了解不同的传动系统布置形式及其特点。

技能目标：

　　1）具备识别传动系统零部件的能力。
　　2）具备描述传动系统各零部件的工作原理的能力。
　　3）具备描述传动系统在整车上的位置、内部零部件之间联系及其与其他系统的关系的能力。
　　4）具备规范拆装作业的能力。

【知识准备】

　　汽车发动机与驱动轮之间的动力传递装置称为汽车的传动系统。它应保证汽车在各种行驶条件下有所需的牵引力、车速，并根据它们之间的变化关系进行协调，使汽车有良好的动力性和燃油经济性；还应保证汽车能倒车，以及左、右驱动车轮能适应差速要求，并使动力传递根据需要平稳地接合或彻底、迅速地分离。

一、传动系统类型

1. 机械式传动系统

机械式传动系统主要由离合器、变速器、万向传动装置、主减速器、差速器和半轴组成，如

图 3-1-1 所示。

2. 液力机械式传动系统

液力机械式传动系统主要由液力机械变速器、万向传动装置、主减速器、差速器和半轴组成，如图 3-1-2 所示。

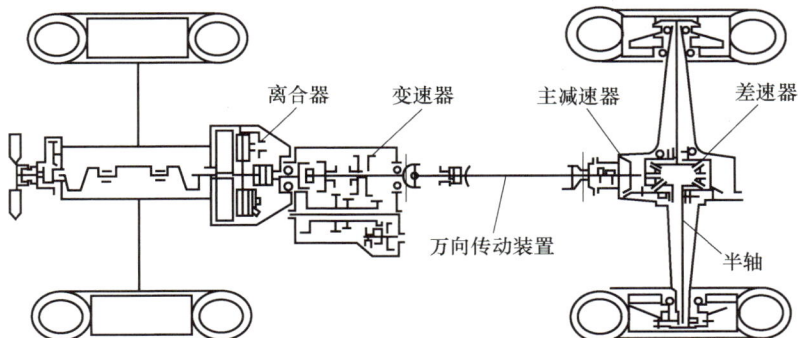

图 3-1-1　机械式传动系统

二、传动系统组成

传动系统包括离合器、变速器、万向传动装置、主减速器、差速器和半轴等部分，如图 3-1-3。

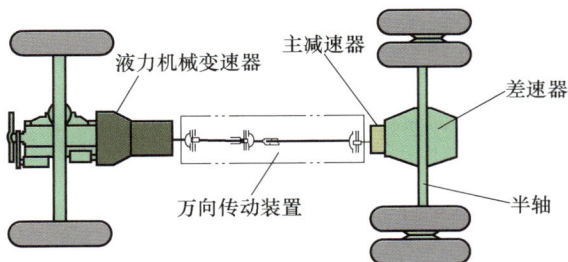

图 3-1-2　液力机械式传动系统

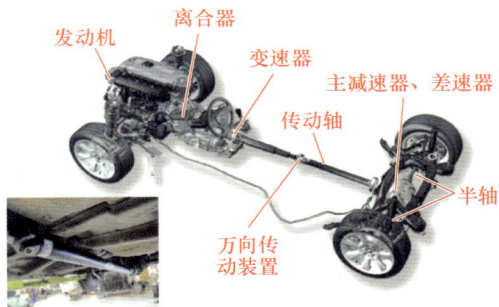

图 3-1-3　传动系统组成

（一）离合器

1. 功用

离合器的功用是平顺接合动力，保证汽车起步平稳；迅速、彻底地分离动力，便于换档；起保护作用，防止传动系统超载。

2. 类型

离合器可分为液力偶合器、电磁式离合器和摩擦式离合器。摩擦式离合器有干式和湿式两种。

（1）液力偶合器　液力偶合器靠液压油传递转矩。

（2）电磁式离合器　电磁式离合器靠线圈的通断电来控制离合器的接合与分离。

（3）摩擦式离合器　目前与手动变速器相匹配的离合器绝大多数为干式摩擦式离合器。干式摩擦式离合器按其从动盘的数目可分为单盘式、双盘式和多盘式等几种。

具有若干个螺旋弹簧作为压紧弹簧，并将这些弹簧沿压盘圆周分布的离合器，称为周布弹簧式离合器（图 3-1-4）。采用膜片弹簧作为压紧弹簧的离合器，称为膜片弹簧式离合器（图 3-1-5）。

图 3-1-4　周布弹簧式离合器

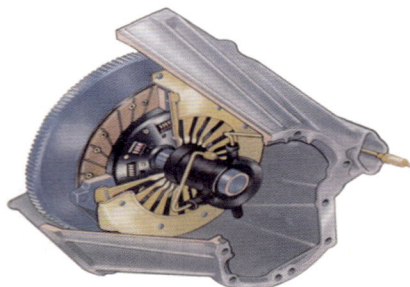

图 3-1-5　膜片弹簧式离合器

3. 摩擦式离合器的工作原理

摩擦式离合器的工作原理如图 3-1-6 所示。当压紧机构将从动部分压紧在主动部分上时，发动机的动力便通过摩擦力矩传给离合器的从动部分，并通过从动轴输送到传动系统中。压紧机构的压紧力越大，则离合器传递的转矩越大。欲使离合器分离，只需踩下离合器踏板，操纵机构便克服弹簧的压力向右移动，此时从动部分与主动部分分离，摩擦力矩消失，从而中断了动力传递。

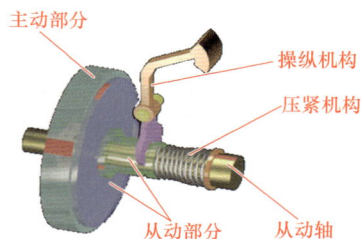

图 3-1-6　摩擦式离合器的工作原理

4. 摩擦式离合器的主要零部件

摩擦式离合器主要由主动部分、从动部分、压紧机构和操纵机构四部分组成。

1）主动部分。离合器的主动部分包括飞轮、离合器盖、膜片弹簧、压盘等，如图 3-1-7 所示。它们与发动机曲轴连在一起，并始终与曲轴一起转动。

离合器盖与飞轮用螺栓联接，压盘与离合器盖间靠 3~4 个传动片传递转矩。传动片用弹簧钢片制成，沿压盘周边均匀分布，沿切线方向安装，其两端分别被铆钉铆在离合器盖和压盘上。离合器分离时，传动片发生弯曲变形。

2）从动部分。从动部分即离合器从动盘，它由从动盘本体、摩擦片、减振器和从动盘毂等部分组成，如图 3-1-8 所示。

图 3-1-7　离合器的主动部分

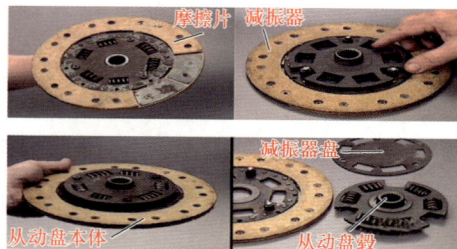

图 3-1-8　离合器的从动部分

离合器从动盘本体、从动盘毂和减振器盘都开有 6 个长方形孔，每个孔中装有一个减振器弹簧。从动盘本体和减振器盘上圆周方向的长方形孔边处设有翻边，能将减振器弹簧卡在长方形孔中。减振器盘与从动盘本体用铆钉铆接在一起，并将从动盘毂及其两侧的减振器阻尼片夹在中间。从动盘毂与从动盘本体间可转动一个角度。

离合器接合时，发动机输出的转矩经飞轮和压盘传到从动盘两侧的摩擦片，继而带动从动盘本体和减振器盘转动，然后通过 6 个减振器弹簧把转矩传给从动盘毂。因为有减振弹簧的作用，所以传动系统受的冲击在此得到缓和。

3）压紧机构。压紧机构主要是螺旋弹簧或膜片弹簧，它以离合器盖为依托，将压盘压向飞轮，从而将从动盘压紧。

膜片弹簧是近年来广泛采用的离合器压紧元件。膜片弹簧制作成碟形弹簧，其上有若干个径向开口，形成若干个弹性杠杆。弹簧中部两侧有钢丝支承圈，用支承铆钉将其安装在离合器盖上。

在离合器盖未固定到飞轮上时，膜片弹簧处于自由状态，离合器盖与飞轮接合面间有一个距离（图 3-1-9a）。用螺栓将离合器盖固定到飞轮上时，离合器盖通过后钢丝支承圈把膜片弹簧中部向前移动一段距离。由于膜片弹簧外端位置没有变化，所以膜片弹簧被压缩变形，其外缘通过压盘把从动盘压靠在飞轮后端面上，这时离合器为接合状态（图 3-1-9b）。离合器分离时，分离轴承前移（图 3-1-9c），膜片弹簧将以前钢丝支承圈为支点，其外缘向后移动，在分离钩的作用下，压盘离开从动盘后移，离合器处于分离状态。

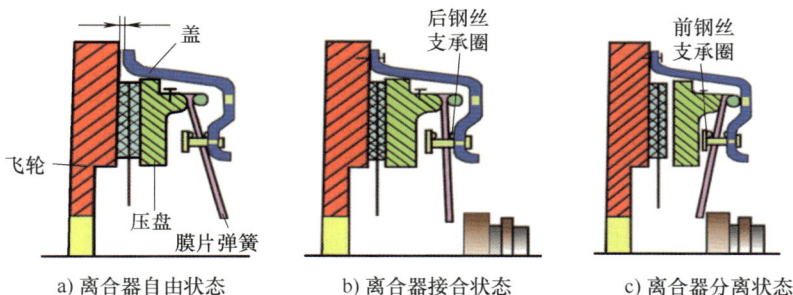

a) 离合器自由状态　　b) 离合器接合状态　　c) 离合器分离状态

图 3-1-9　膜片弹簧的工作原理

4）操纵机构。操纵机构是驾驶人操纵离合器分离与接合的机构，它由分离机构、离合器踏板、传动机构和助力机构等组成。

按传动方式划分，离合器操纵机构有机械式（图 3-1-10）、液压式（图 3-1-11）和气压式 3 种。

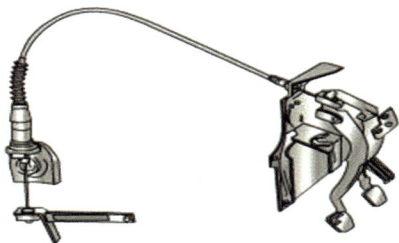

图 3-1-10　机械式操纵机构

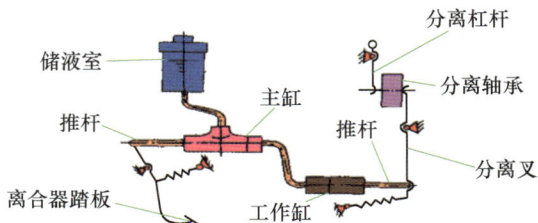

图 3-1-11　液压式操纵机构

（二）变速器

1. 变速器的功用

1）实现变速变矩。变速器通过改变传动比，扩大驱动轮转矩和转速的变化范围，以适应汽车经常变化的行驶条件，同时使发动机在有利的工况下工作。

2）实现汽车倒驶。利用变速器的倒档，汽车能实现倒向行驶。

3）必要时中断传动。利用变速器中的空档，能中断动力传递，使发动机能够起动和怠速运转，满足汽车暂时停车或滑行的需要。

4）实现动力输出，驱动其他机构。若有需要，可将变速器作为动力输出器，驱动其他机构，如自卸车的液压举升装置等。

2. 变速器的类型

（1）**按传动比变化方式分类**

1）有级变速器。它是目前使用最广的一种。它采用齿轮传动，具有若干个定值传动比，传动比呈阶梯式变化。轿车和轻、中型载货汽车变速器根据传动比通常有 3~6 个前进档和一个倒档，在重型载货汽车用的组合式变速器中有更多档位。

2）无级变速器。其传动比在一定范围内可连续地变化，常见的有电力式和液力式两种，多用液力式无级变速器。

3）综合式变速器。它是由液力变矩器和齿轮式有级变速器组成的液力机械式变速器，目前应用较多。

（2）**按操纵方式不同分类**

1）手动变速器。它是靠驾驶人直接操纵变速杆进行换档的。这种变速器的换档机构简单，工作可靠并且经济省油。

2）自动变速器。其传动比的选择和换档是自动进行的。所谓"自动"，是指机械变速器是借助反映发动机负荷和车速的信号系统来控制换档系统的执行元件实现换档的，驾驶人只需操纵加速踏板和制动踏板来控制车速。此种方式因操作简便，目前应用较多。

3）半自动变速器。此种变速器有两种形式：一种是几个常用档位可自动操纵，其余几个档位由驾驶人操纵；另一种是预选式的，即驾驶人先用按钮选定档位，在踩下离合器踏板或松开加速踏板时，接通自动控制和执行机构进行自动换档。

3. 手动变速器

（1）**手动变速器的工作原理**

1）变速、变矩原理。手动变速器即普通齿轮式变速器，它是利用不同齿数的齿轮啮合传动来实现转速与转矩的改变的。且其齿轮的转速与齿数成反比。

设主动轮转速为 n_1，齿数为 z_1，从动轮转速为 n_2，齿数为 z_2，则两轮的传动比（主动轮转速与从动轮转速之比）i_{12} 为

$$i_{12} = \frac{n_1}{n_2} = \frac{z_2}{z_1}$$

当小齿轮为主动轮（$z_1 < z_2$）时，其输出转速降低，即 $n_2 < n_1$，此时 $i > 1$，称为减速传动；当大齿轮为主动轮（即 $z_1 > z_2$）时，其输出转速高，即 $n_2 > n_1$，此时 $i < 1$，称为增速传动。齿轮传动的基本原理如图 3-1-12 所示。

一对齿轮传动只能得到一个固定的传动比，从而得到一种输出转速，并构成一个档位。为了扩大变速器输出转速的变化范围，普通齿轮变速器通常采用多组大小不同的齿轮啮合传动，这样就构成了多个不同的档位。对应于不同的档位，有不同的传动比值，从而可得到多种不同的输出转速。

2）换档、变向原理。变速器的换档原理是采用结合套、滑移齿轮或同步器等装置，使齿轮或齿圈啮合或脱开，从而使传动比改变，进而使输出轴的转速、转矩发生变化，实现换档。

图 3-1-12　齿轮传动的基本原理

变速器的变向原理是：一对相啮合的外齿轮旋向相反，每经过一个传动副，其轴改变一次转向。两轴式变速器在输入轴与输出轴之间加装了一根倒档轴和倒档齿轮，而三轴式变速器在中间轴与输出轴之间加装了一根倒档轴和倒档齿轮，从而使输出轴与输入轴转向相反，使汽车倒向行驶。

（2）**手动变速器的类型**　汽车上使用的手动变速器分为两轴式和三轴式两种。

两轴式手动变速器

1）两轴式变速器。在发动机前置前轮驱动（FF方式）或发动机后置后轮驱动（RR方式）的中级和普通级轿车上，由于总布置的需要采用了两轴式变速器，其结构如图3-1-13所示。这种变速器的特点是输入轴与输出轴平行，无中间轴，各前进档的动力分别经一对齿轮传递。

现以两轴式四档变速器为例对两轴式手动变速器的动力传递路线及换档过程进行说明。

两轴式四档变速器的1档动力传递路线如图3-1-14所示。1、2档同步器使1档从动齿轮与主减速器主动齿轮结合，将变速从动齿轮锁定到主减速器主动齿轮轴上。

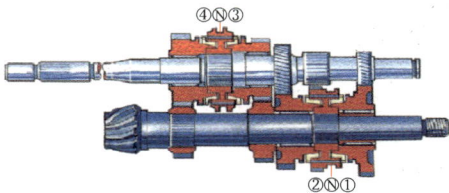

图 3-1-13　两轴式变速器的结构

1、2、3、4、N—相应档位同步器

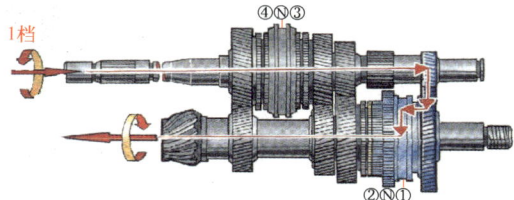

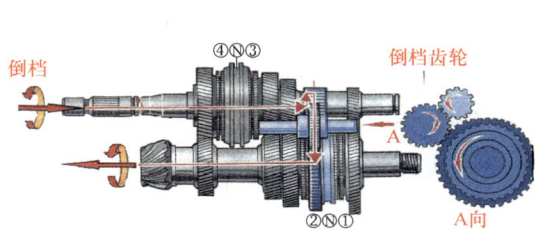

图 3-1-14　1 档动力传递路线

1、2、3、4、N—相应档位同步器

当从1档向2档换档时，1、2档同步器分离1档从动齿轮，并结合2档从动齿轮。2档动力传递路线如图3-1-15所示。

当从2档挂上3档时，1、2档同步器结合套返回空档，然后将3、4档同步器结合套锁定到主减速器主动齿轮轴上的3档齿轮上。3档动力传递路线如图3-1-16所示。

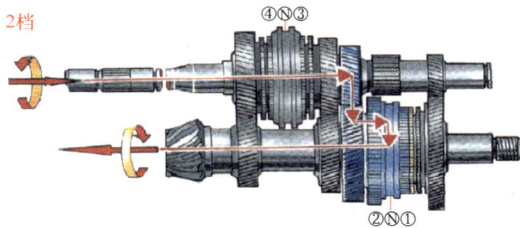

图 3-1-15　2 档动力传递路线

1、2、3、4、N—相应档位同步器

图 3-1-16　3 档动力传递路线

1、2、3、4、N—相应档位同步器

当从3档挂上4档时，将3、4档同步器结合套从3档齿轮移开，移向4档齿轮，将其锁定在主减速器主动齿轮轴上。4档动力传递路线如图3-1-17所示。

当变速杆挂上倒档时，倒档惰轮与倒档主动齿轮和倒档从动齿轮啮合，此时1、2档结合套成为倒档从动齿轮（结合套外加工有直齿），通过倒档惰轮改变了齿轮的转向，使汽车倒车。倒档动力传递路线如图3-1-18所示。

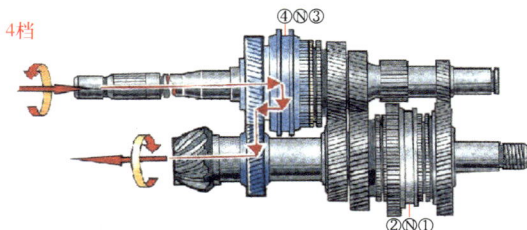

图 3-1-17　4 档动力传递路线

1、2、3、4、N—相应档位同步器

图 3-1-18　倒档动力传递路线

1、2、3、4、N—相应档位同步器

2）三轴式变速器。三轴式变速器适用于发动机前置后轮驱动的布置形式，多用于中型载货汽车。该种变速器设置有第一轴（输入轴）、第二轴（输出轴）和中间轴。第一轴前端通过离合器与发动机曲轴相连，第二轴后端通过凸缘连接万向传动装置，而中间轴则主要用来固定安装各档的变速传动齿轮，其结构如图 3-1-19。

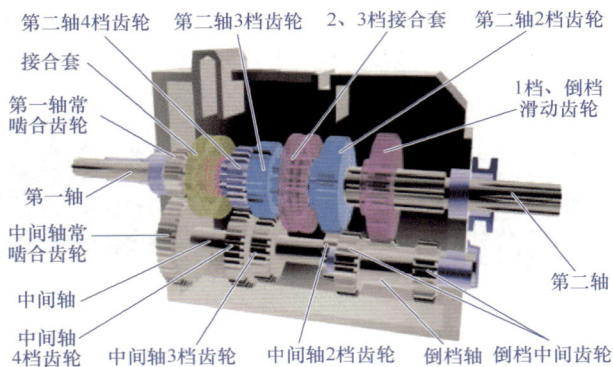

图 3-1-19　三轴式变速器的结构

现以三轴五档变速器为例对对三轴式手动变速器的动力传递路线及换档过程进行说明。三轴五档变速器的 1 档、2 档、3 档和 5 档的动力传递路线可用图 3-1-20 表示。

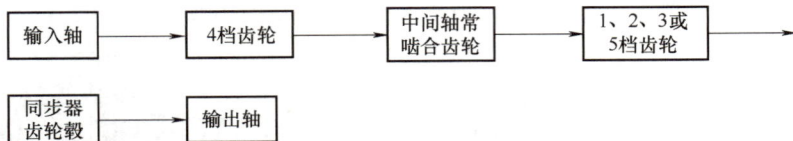

图 3-1-20　1 档、2 档、3 档和 5 档的动力传递路线

三轴五档变速器的 4 档的动力传递路线可用图 3-1-21 表示。

图 3-1-21　4 档的动力传递路线

三轴五档变速器的倒档的动力传递路线可用图 3-1-22 表示。

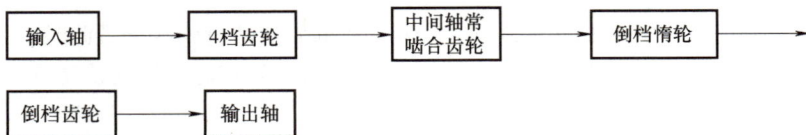

图 3-1-22　倒档的动力传递路线

（3）同步器　同步器的作用是使结合套与待啮合齿圈迅速同步，以缩短换档时间，并防止待啮合的齿轮达到同步前产生轮齿冲击。目前广泛采用的同步器为摩擦式惯性同步器（有锁环式和锁销式）。

锁环式惯性同步器的结构如图 3-1-23 所示。其花键毂通过内花键与第二轴连接，并用垫圈和卡环进行轴向定位。3 个滑块分别装在花键毂的 3 个轴向槽中，滑块可沿槽轴向移动。同步环的内孔加工成圆锥面，它与接合齿圈外锥面相配合，组成锥面摩擦副。通过这对锥面摩擦副的摩擦，可使转速不等的两齿轮在接合之前迅速达到同步。

锁销式惯性同步器的结构如图 3-1-24 所示，它以锁销代替锁环，锁销中部和接合套上相应的销孔两个端面的倒角产生锁止。

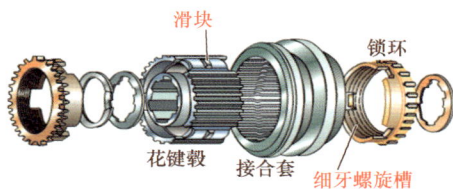

图 3-1-23 锁环式惯性同步器的结构

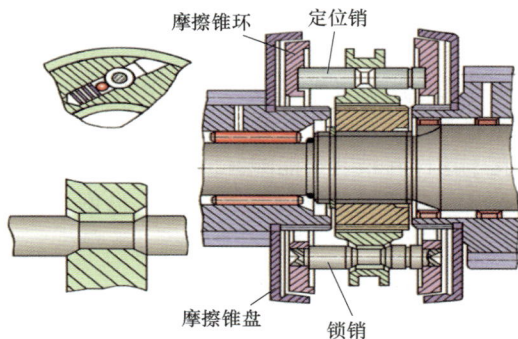

图 3-1-24 锁销式惯性同步器的结构

（4）变速器的操纵机构

1）功用与要求。变速器操纵机构的功用是保证驾驶人可根据汽车使用条件，随时将变速器换上或摘下某个档位。

为了保证在任何情况下变速器都能准确、安全、可靠地工作，对变速器操纵机构提出以下要求：

① 设自锁装置，防止变速器自动脱档，并保证轮齿以全齿宽啮合。

② 设互锁装置，防止变速器同时挂入两个档位，以免造成发动机熄火或损坏零部件。

③ 设倒档锁，防止误挂倒档，否则会发生安全事故。

2）分类。按变速杆与变速器的相互位置，变速器操纵机构可分为远距离操纵式和直接操纵式两大类。

① 远距离操纵式。当驾驶人座位离变速器较远或变速杆布置在转向盘下方的转向管柱上时，通常在变速杆与换档拨叉之间增加若干个传动件，组成远距离操纵机构，如图 3-1-25 所示。

② 直接操纵式。汽车的变速器布置在驾驶人座位附近，变速杆由驾驶室底板伸出，驾驶人可直接操纵的操纵机构为直接操纵式操纵机构（图 3-1-26）。这种操纵机构多集装于变速器上盖或侧盖内。

变速器操纵及定位锁止机构

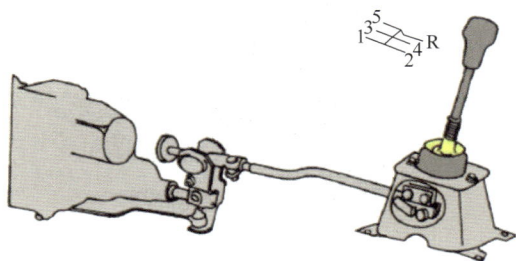

图 3-1-25 远距离操纵式操纵机构

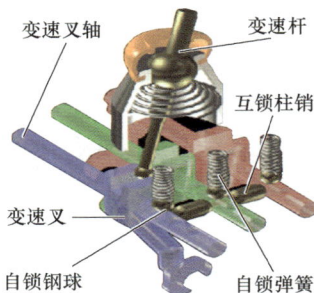

图 3-1-26 直接操纵式操纵机构

3）锁止装置。

① 自锁装置。多数变速器的自锁装置由自锁钢球和自锁弹簧组成。变速器的自锁和互锁装置如图 3-1-27 所示。每根拨叉轴的上表面沿轴向分布有 3 个凹槽，当任何一根拨叉轴连同拨叉轴向

移动到空档或某一工作档位的位置时，必有一个凹槽正好对准自锁钢球，于是自锁钢球在自锁弹簧压力作用下嵌入该凹槽，拨叉轴的轴向位置即被固定，从而将拨叉连同滑动齿轮（或接合套）固定在空档或某一工作档位上，不能自行脱出。

② 互锁装置。互锁装置的工作原理如图3-1-28所示。互锁装置主要由互锁钢球及互锁销组成。互锁销装在中间拨叉轴的孔中，互锁钢球装于变速器盖的横向孔中。在空档位置时，左、右拨叉轴在对着钢球处开有深度等于钢球半径的凹槽，中间拨叉轴左、右均开有凹槽，凹槽中开有装锁销的孔。这样互锁装置能够保证变速器只有在空档位置时，驾驶人才可以移动任何一个拨叉轴挂档。若某一拨叉轴被移动而挂档时，另两个拨叉轴便被互锁装置固定在空档位置而不能轴向移动了。

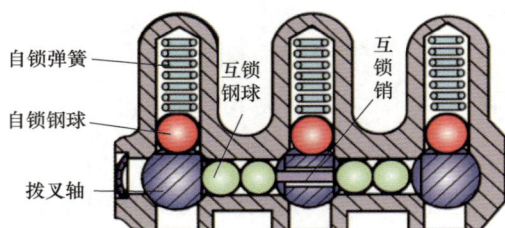

图 3-1-27　变速器的自锁和互锁装置

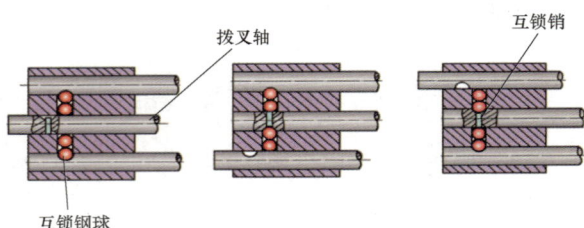

图 3-1-28　互锁装置的工作原理

③ 倒档锁。倒档锁装置用于防止误挂倒档。图3-1-29所示为常见的锁销式倒档锁装置。当驾驶人要挂倒档时，必须用较大的力使变速杆下端压缩弹簧，将锁销推入锁销孔内，才能使变速杆下端进入拨块的凹槽中进行换档。由此可见，倒档锁的作用是使驾驶人必须对变速杆施加更大的力，才能挂入倒档，起到警示注意作用，以防误挂倒档。

4. 液力自动变速器

自动变速器是一种能实现自动变速、连续变矩的动力传动装置，它能从低档自动换到高档，无须驾驶人进行离合器操作，具有操作方便、换档平稳、乘坐舒适、过载保护性好等特点。但其结构较复杂，成本较高，修理较麻烦。

液力自动变速器的基本组成如图3-1-30所示，它由液力变矩器、齿轮变速机构、液压控制系统、电子控制系统等组成，此外还有自动变速器油冷却和滤清装置。

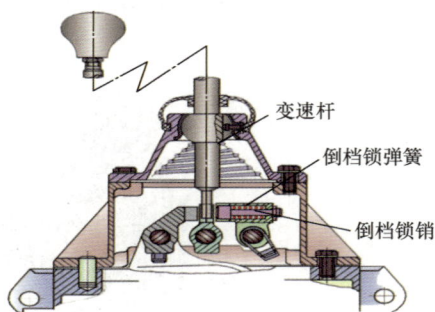

液力变矩器

图 3-1-29　常见的锁销式倒档锁装置

图 3-1-30　液力自动变速器的基本组成

1）液力变矩器：使发动机产生的转矩成倍增长；起到自动离合器的作用，传送发动机转矩至变速器；缓冲发动机及传动系统的扭转振动；兼起到飞轮的作用，使发动机转动平稳；驱动液压控制系统的油泵。

2）齿轮变速传动装置：根据行车条件及驾驶人所需，提供几种传动比，以获得适当的转矩及转

动速度；为倒车提供倒档档位；提供停车时所需要的空档档位，以使发动机急速运转。

3）液压控制系统：向液力变矩器提供自动变速器油；控制油泵产生的液压；根据发动机载荷及车速等调节系统压力；对离合器及制动器施加液压，以控制行星齿轮机构动作；用自动变速器油润滑转动部件及为液力变矩器等部件散热。

4）电子控制系统：利用传感器采集各种数据，并且将其转换为电信号；ECU 根据传感器的信息确定换档正时及锁止正时，并发出指令操纵阀体中的电磁阀，调节管道压力、控制换档阀和锁止控制阀的动作，实现自动换档和液力变矩器锁止控制。

万向传动装置
结构与功用

（三）万向传动装置

万向传动装置的作用是连接不在同一直线上的变速器输出轴和主减速器输入轴，并保证在两轴之间的夹角和距离经常变化的情况下，仍能可靠地传递动力。

它主要由万向节、传动轴和中间支承组成。安装时，必须使传动轴两端的万向节叉处于同一平面。

1. 万向节

万向节是万向传动装置中实现变角度传动的主要部件，用于需要改变传动轴轴线的地方。万向节有刚性万向节和挠性万向节两种。刚性万向节分为不等速万向节（十字轴式）、准等速万向节（双联式、三销轴式等）和等速万向节（球笼式、球叉式等）。

（1）十字轴式不等速万向节　十字轴式不等速万向节的结构如图 3-1-31 所示。它主要由十字轴、万向节叉和滚针轴承（包括滚针和套筒）组成，允许相邻两轴的夹角为 15°~20°。万向节的两对孔通过 4 个滚针轴承分别与十字轴的两对轴颈相铰接。这样，当主动轴转动时，从动轴既可随之转动，又可绕十字轴中心朝任意方向摆动。

（2）双联式准等速万向节　双联式准等速万向节的结构如图 3-1-32 所示。它是将双十字轴万向节中的传动轴长度缩短至最小而得到的一种万向节。双联叉即相当于处于同一平面上的两个万向节叉及传动轴。欲使两轴的角速度相等，应保证两轴间的夹角相等，即 $\alpha_1 = \alpha_2$。为此，有的双联式万向节中装有分度机构，以使双联叉的轴线平分所连两轴的夹角。

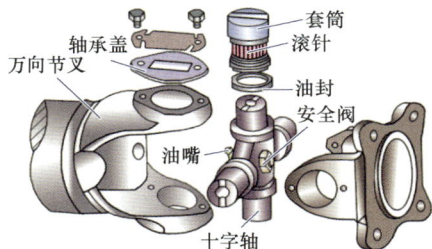

图 3-1-31　十字轴式不等速万向节的结构

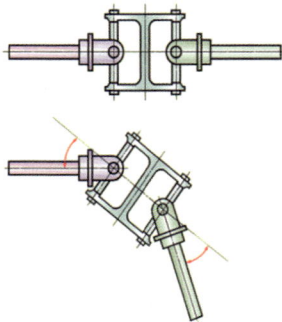

图 3-1-32　双联式准等速万向节的结构

（3）三销轴式准等速万向节　三销轴式准等速万向节一般用于转向驱动桥中，其结构如图 3-1-33 所示。它主要由主动偏心轴叉、从动偏心轴叉和 2 个 3 销轴组成。主、从动偏心轴叉分别与转向驱动桥的内、外半轴制成一体。叉孔中心线与叉轴中心线互相垂直但不相交。两轴叉由两个三销轴连接。三销轴的大端有 1 个贯通的轴承孔，其中心线与小端轴颈中心线重合。靠近大端两侧的 2 个轴颈，其中心线与小端轴颈中心线垂直并相交。装配时，每根偏心轴叉的两叉孔与一个三销轴大端的两轴颈配合，而两个三销轴小端的轴颈互相插入对方的大端轴承孔内，形成了 Q_1-Q_1'、Q_2-Q_2'、$R-R'$ 3 根轴线。

（4）球笼式等速万向节　球笼式等速万向节的结构如图 3-1-34 所示。它主要由星形套、球形壳、保持架（球笼）和钢球组成。星形套以其内花键与主动轴连接，传力钢球分别位于 6 条由星形套和球形壳形成的凹槽内，由保持架保持在同一平面内。动力由主动轴输入，经钢球和球形壳输出。

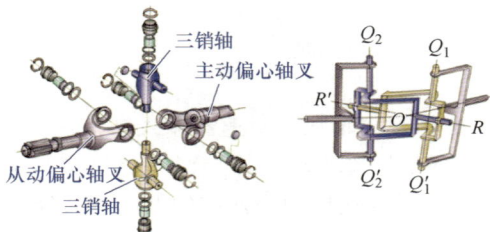

图 3-1-33　三销轴式准等速万向节的结构

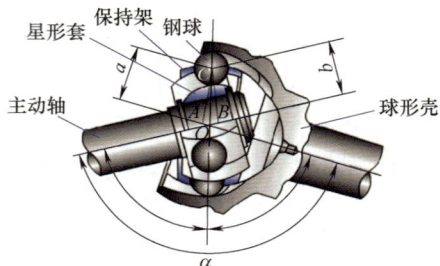

图 3-1-34　球笼式等速万向节的结构

外滚道的中心 A 与内滚道的中心 B 分别位于万向节中心 O 的两侧，并且到 O 点的距离相等。钢球中心 C 到 A、B 两点的距离相等。保持架的内、外球面，内环的外球面和外环的内球面均以万向节中心为球心。当两轴夹角变化时，保持架可沿内、外球面滑动，以保持 6 个钢球在同一平面。由几何关系可知传力钢球 C 始终处于角 α 的角平分面上，因此钢球中心到主动轴与从动轴的距离 a 和 b 始终相等，从而使主动轴和从动轴以相等的角速度旋转。

（5）球叉式等速万向节　球叉式等速万向节的结构如图 3-1-35 所示。它主要由主动叉、从动叉、传力钢球和中心钢球等组成。在主、从动叉上各有 4 个弧形凹槽，2 个叉对合后形成 4 个钢球的滚道。4 个传力钢球分别放置在此滚道之中。主、从动叉中心的凹槽中放置中心钢球以定中心。

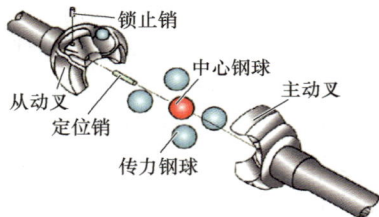

球叉式等速万向节的传动原理如图 3-1-36 所示。主动叉与从动叉钢球的圆弧形滚道的圆心分别是 O_1 与 O_2，两滚道中心圆弧半径相等，而且 $O_1O = O_2O$。由于传力钢球处于由

图 3-1-35　球叉式等速万向节的结构

主、从动叉共同形成的滚道中，因而无论两轴夹角如何变化，传力钢球中心都处于两圆弧滚道的交点处，亦即处在两轴夹角的平分面上。

（6）挠性万向节　挠性万向节一般用于夹角为 3°～5° 的两传动轴之间，它能够缓和动力传递过程中的冲击，防振性好，其结构如图 3-1-37 所示。

图 3-1-36　球叉式等速万向节的传动原理

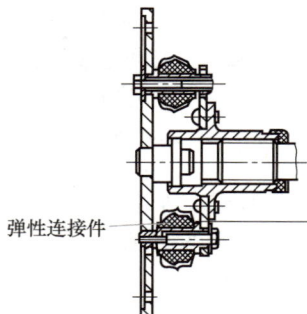

图 3-1-37　挠性万向节的结构

其大圆盘用螺栓固定在飞轮上，连接圆盘与花键毂相铆接，而大圆盘与连接圆盘则通过 4 副弹性连接件相连接。中心轴用来使花键毂与飞轮同心。

2. 传动轴和中间支承

传动轴的作用是把变速器的转矩传递到驱动桥上，一般以碳素钢为材料，为了轻量化，也有采用成本较高的碳纤维为材料的。现在的主流传动轴是三万向节式传动轴。中间支承安装在车架横梁上，可吸收来自汽车的振动。传动轴的组成如图 3-1-38 所示。

（四）驱动桥

驱动桥由主减速器、差速器、半轴和驱动桥壳等组成，其结构如图 3-1-39 所示。其功用是将万向传动装置传来的发动机动力经降速增矩并改变传动方向后分配给左、右驱动轮，并且允许左、右驱动轮以不同转速旋转。

图 3-1-38　传动轴的组成

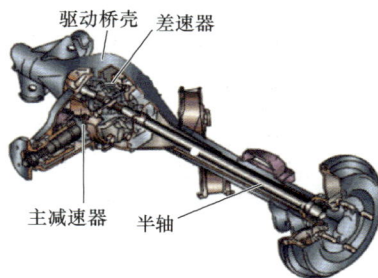

图 3-1-39　驱动桥的结构

驱动桥结构与类型

1. 驱动桥的分类

按驱动轮与驱动桥壳的连接关系，驱动桥分为非断开式驱动桥和断开式驱动桥两种。

（1）非断开式驱动桥　非断开式驱动桥的整个车桥通过弹性悬架与车架相连，驱动桥壳是刚性整体结构，两根半轴和驱动轮在横向平面内无相对运动。非断开式驱动桥如图 3-1-40 所示。

（2）断开式驱动桥　一些轿车或越野汽车为了提高汽车行驶的平顺性或通过性，在它们的全部或部分驱动轮上采用独立悬架，即两侧驱动轮分别用弹性悬架与车架相连，两驱动轮彼此可独立地相对于车架或车身上下跳动。其主减速器固定在车架或车身上，驱动桥壳制成分段并以铰链方式相连，同时半轴也分段且各段之间用万向节连接。断开式驱动桥如图 3-1-41 所示。

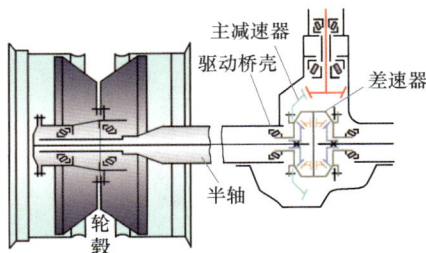

图 3-1-40　非断开式驱动桥

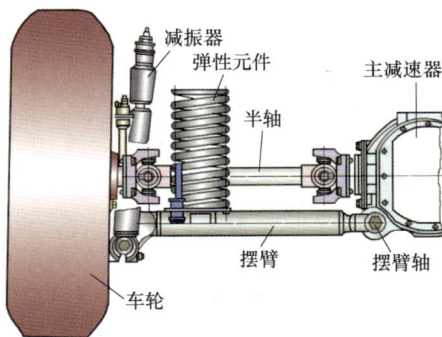

图 3-1-41　断开式驱动桥

2. 主减速器

主减速器的功用是将输入的转矩增大并相应降低转速，并可根据需要改变转矩的方向。

主减速器的类型很多，根据分类标准不同有单级式和双级式；单速式和双速式；直齿锥齿轮式、弧齿锥齿轮式、双曲线锥齿轮式；贯通式和轮边式等。

（1）单级主减速器　单级主减速器如图 3-1-42 所示，它只有一对锥齿轮传动，其结构简单、

主减速器

质量小、体积小、传动效率高。

（2）双级主减速器　当主减速器需要较大的传动比时，需要用由两对齿轮传动的双级主减速器。双级主减速器的结构如图 3-1-43 所示。

图 3-1-42　单级主减速器

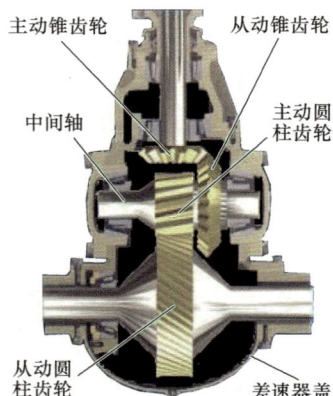

图 3-1-43　双级主减速器的结构

（3）贯通式主减速器　部分多轴驱动的越野汽车，在中桥与分动器之间共用一个万向传动装置传递动力，从而使通至中桥的一部分动力再经中桥至后桥的万向传动装置传至后桥。这种中驱动桥的主减速器称为贯通式主减速器。图 3-1-44 所示为 8×8 汽车的贯通式驱动桥示意图，图中两个中桥中的主减速器均为贯通式主减速器。

3. 差速器

汽车安装差速器后，左、右车轮能以不同的转速旋转，能够保证车轮在地面上做纯滚动。差速器能够把主减速器传来的转矩平均分配给左、右半轴，使左、右驱动轮产生相等的驱动力。

差速器按用途可分为轮间差速器和轴间差速器；按工作特性可分为普通锥齿轮差速器和防滑差速器。

（1）普通锥齿轮差速器　普通锥齿轮差速器的结构如图 3-1-45 所示。它主要由行星齿轮、十字轴（行星齿轮轴）、半轴齿轮及差速器左右外壳等组成。

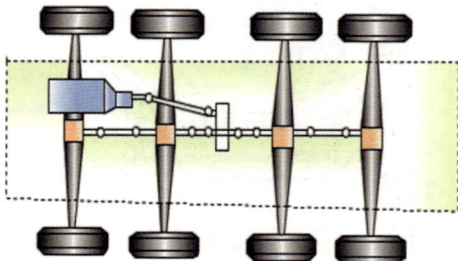

图 3-1-44　贯通式驱动桥示意图

图 3-1-45　普通锥齿轮差速器的结构

1—轴承　2—左外壳　3—垫片　4—半轴齿轮　5—垫圈
6—行星齿轮　7—从动齿轮　8—右外壳　9—十字轴　10—螺栓

差速器右外壳用螺栓或铆钉与主减速器从动齿轮相连接，差速器左外壳用螺栓与右外壳相连。十字轴的 4 个轴颈上通过滑动轴承（衬套）装着 4 个行星齿轮，4 个行星齿轮的两侧各与一个半轴齿轮相啮合，行星齿轮与半轴齿轮均装在差速器壳内。十字轴装在差速器左外壳和右外壳装配时形成的 4 个圆孔内。

　　来自主减速器的动力传给差速器壳、行星齿轮轴、行星齿轮、半轴齿轮，再经左、右半轴传至驱动轮。根据左、右驱动轮遇到的阻力情况不同，差速器分为等速转动或不等速转动工况。

　　汽车在平坦道路上直线行驶时，两驱动轮转速相等，两个行星齿轮与差速器壳一起旋转，此时行星齿轮不绕自轴旋转，半轴齿轮的转速与从动齿轮的转速相同。

　　汽车转弯时，内侧驱动轮（滚动阻力大）行驶路程较短，因而其转速也较外侧驱动轮慢。此时，行星齿轮除随差速器壳公转外，还在转得较慢的车轮的半轴齿轮上滚动。行星齿轮按顺时针方向绕十字轴自转，其速度增加值等于半轴齿轮的降低值，达到汽车转弯时，允许两驱动轮以不同速度旋转的目的。

　　若一侧半轴齿轮不动，差速器壳旋转时，行星齿轮将绕本身的轴线旋转并沿不动一边半轴齿轮滚动，而另一边的半轴齿轮以两倍于差速壳的转速旋转。因此，两驱动轮转速之和始终等于差速器壳转速的两倍。当差速器壳不动时，若一个车轮旋转，行星齿轮在原位旋转，并带着另一车轮以相同的转速反方向旋转。

　　目前使用的锥齿轮差速器，由于其转矩的分配几乎是平均的，因此，汽车在坏路面行驶时，其通过能力受到严重影响。若汽车一侧驱动轮在良好路面上行驶，而另一侧驱动轮在冰雪或泥泞路面行驶，由于在坏路面上车轮与地面的附着力小，产生的驱动力矩也小，因此，转矩的平均分配将不能使好路面上的汽车驱动，即会出现一侧的车轮转速为零，一侧车轮以差速器壳转速的 2 倍高速空转。

　　（2）防滑差速器　为了克服锥齿轮差速器的弊端，汽车制造商研制出了防滑差速器，即它可以在一侧的驱动轮空转的同时，将大部分或全部的转矩传递给不打滑的驱动轮，从而产生较大的驱动力矩使汽车行驶。目前使用的防滑差速器的种类很多，有高摩擦自锁式、粘性联轴节式、湿式离合器式、复合式、托森式等。

4. 半轴

　　半轴是差速器与驱动轮之间传递转矩的实心轴。其内端一般通过花键与半轴齿轮连接，外端以突缘与轮毂连接。

　　半轴分为全浮式半轴和半浮式半轴两种。

　　（1）全浮式半轴　全浮式半轴广泛用于载货汽车上，它只传递转矩，不承受任何的外力和弯矩，其示意图如图 3-1-46 所示。

　　其驱动桥壳用轮毂轴承支承在轮毂上，与半轴无直接联系，车轮的中心线通过两个轴承的中间。路面作用于驱动轮上的切向反力、侧向反力和垂直反力以及由它们形成的弯矩，由轮毂通过两个轮毂轴承传给驱动桥壳，而不经半轴传递，半轴仅承受差速器输出的转矩。可见这种支承形式的半轴除承受转矩外，两端均不承受任何反力和弯矩，故称为全浮式半轴。所谓"浮"是指卸除半轴的弯曲载荷而言。

　　（2）半浮式半轴　半浮式半轴的示意图如图 3-1-47 所示。

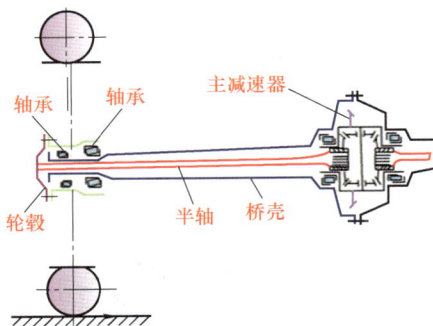

图 3-1-46　全浮式半轴的示意图

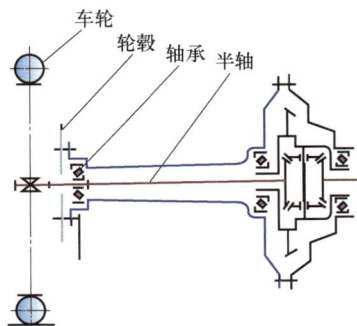

图 3-1-47　半浮式半轴的示意图

半浮式半轴除要承受转矩外，外端还要承受车轮传来的全部反力及弯矩。从图 3-1-47 中可看出，车轮与驱动桥壳无直接联系而支承于半轴外端，与支承轴承之间有一段悬臂，可见车轮的各种反力都要经过半轴传给驱动桥壳。这种半轴内端免受弯矩而外端却承受全部弯矩的半轴，称为半浮式半轴。

5. 驱动桥壳

驱动桥壳用以支承并保护主减速器、差速器和半轴等；与从动桥一起支承车架及其上的各总成；承受汽车行驶时由车轮传来的各种反力及力矩，经悬架传给车架。驱动桥壳有整体式和分段式两种，如图 3-1-48 所示。

（1）整体式驱动桥壳　整体式驱动桥壳的特点是驱动桥壳与主减速器壳分开制造，两者用螺栓连接在一起。

（2）分段式驱动桥壳　分段式驱动桥壳分为左、右两段，由螺栓连成一体。它由主减速器壳、盖、半轴套管及凸缘盘等组成。其易于制造，加工简单，但维修时需将驱动桥整体从车上拆下，目前较少使用。

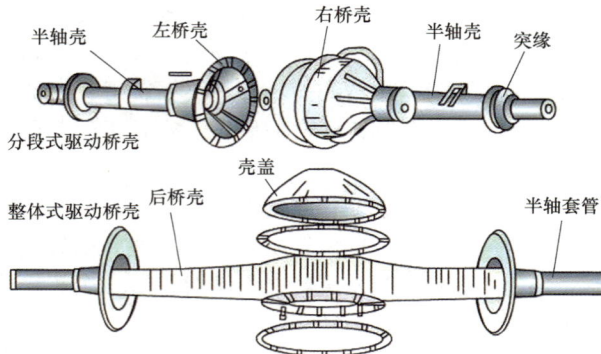

图 3-1-48　驱动桥壳

【知识拓展】

重庆青山工业有限责任公司

重庆青山工业有限责任公司是中国兵器装备集团公司所属的国有大型工业企业，是中国最大的专业变速器生产企业和世界前列的微型汽车变速器生产企业。

公司主要从事各类汽车变速器的研发、生产和销售，经过多年的发展建设，逐步形成了重庆、成都、柳州、郑州四大生产基地，年产能力达 220 万台，搭建了 MT-AMT-DCT-新能源四大产品平台，是迄今中国产销规模最大、产品谱系最全的乘用车变速器专业企业。

【任务实施】

仪器设备及工具准备

1）设备：012 型手动变速器若干台。

2）工具：常用拆装工具、放油螺塞拆卸工具 3357、轴承拉拔器 V. A. G. 1582、轴承压入工具、法兰盘取出及安装工具、卡簧钳子、收油槽 V. A. G. 1306 等。

任务实施内容

拆装 012 型手动变速器。

步骤	操作方法	操作示意图
拆卸手动变速器	排放手动变速器齿轮油　将手动变速器平置于工作台，在变速器下部放置收油槽 V. A. G. 1306，使用专用工具 3357 的套筒扳手拆下变速器壳体下表面的放油螺塞，泄放齿轮油，直至没有齿轮油从放油孔中流出，按规定力矩旋紧放油螺塞	

（续）

步骤	操作方法	操作示意图
拆卸手动变速器	拆卸离合器分离附属机构 将离合器分离板连同分离轴承一起拆卸，旋松下导向套固定螺栓将其拆下，接着取下盘形弹簧	
	拆卸变速器一轴球轴承 拆下主动轴球轴承前面的卡簧。使用专用工具轴承拉拔器 V. A. G. 1582，将一轴的球轴承从变速器壳中拉出。采用卡簧钳子取出一轴轴承后的第 2 道卡簧	
	拆卸变速器上壳体 将变速器输入轴端垂直向下，竖起变速器，用内梅花扳手按顺序拆下左、右箱体之间的连接螺栓，将变速器壳体取下	
	拆卸变速器附属件 拆下多功能开关的固定螺栓，将多功能开关取下，拆卸车速传感器，拆下换档横轴的 2 个止动螺栓，拆卸倒档锁、自锁装置	

（续）

步骤	操作方法	操作示意图
拆卸手动变速器	拆卸变速机构及换档操纵机构 　　用双手紧握住输入、输出轴以及换档操纵机构的换档轴、换档横轴和内换档轴，将其一同从壳体内拔出。拆下内换档轴座的紧固螺栓，取出轴座	
	拆卸左、右法兰盘及法兰盘后端盖 　　使用法兰盘专用取出工具将左、右半轴法兰拉出，拆下法兰盘后端盖固定螺栓，使用铜棒和锤子将法兰后端盖敲击取下	
	拆卸差速器总成 　　用双手握住差速器，将差速器总成取出，放置于指定位置	
安装手动变速器	安装顺序与拆卸顺序相反 　　离合器分离机构导向套管螺栓的紧固力矩为15N·m；变速器壳体螺栓的紧固力矩为25N·m（铝质，长度45mm）或20N·m（镁质，长度48mm）；多功能开关3个螺栓紧固力矩为10N·m；换档横轴止动螺栓紧固力矩为40N·m；倒档锁螺栓紧固力矩为10N·m；自锁装置螺栓紧固力矩为25N·m；内换档轴座螺栓的紧固力矩为20N·m；法兰紧固力矩为25N·m	

【评价反馈】

评价项目	评价标准	小组评价 （占总评分的 40%）	教师评价 （占总评分的 60%）
知识准备 （30 分）	熟知传动系统的结构及功用		
	熟知传动系统各零部件的结构与工作原理		
	了解不同的传动系统布置形式及其特点		
知识拓展 （10 分）	养成自主学习的习惯，树立职业目标		
任务实施 （40 分）	能正确、规范使用工具及设备		
	能识别结构及零部件		
	能规范地完成拆装工作		
	无丢件、漏件、损坏零件等情况		
综合表现 （20 分）	能与同学密切合作，积极实践，安全地完成学习 活动，具备严谨规范的工作作风		
合计			
总评分			

教师评语：

日期：　　年　　月　　日

【课后测评】

一、单项选择题

1. 下面不属于机械式传动系统的是（　　　）。

A. 离合器　　　　　　　B. 制动器　　　　　　C. 差速器　　　　　　D. 主减速器

2. 无级变速指的是（　　）在一定范围内持续可变。

A. 齿轮的齿数　　　　　　　　　　　B. 自动变速器的控制油压

C. 传动比的级数　　　　　　　　　　D. 汽车行驶速度

3. 汽车转弯时，差速器中的行星齿轮（　　　）。

A. 只有公转，没有自转

B. 只有自转，没有公转

C. 既有自转，又有公转

二、多项选择题

1. 关于离合器功用，下列说法正确的是（　　　）。

A. 使发动机与传动系统逐渐接合，保证汽车平稳起步

B. 暂时切断发动机的动力传动，保证变速器换档平顺

C. 限制所传递的转矩，防止传动系统过载

D. 降速增矩

2. 变速器的功用包括（　　　　）。

A. 变速变矩　　　　　　　　　　　　B. 实现倒向行驶

C. 中断动力   D. 驱动其他机构

3. 驱动桥的结构包括（   ）。

A. 主减速器   B. 差速器   C. 半轴   D. 驱动桥壳

三、判断题

1. 变速器的档位越低，传动比越小，汽车的行驶速度越低。（   ）

2. 同步器能够保证：变速器换档时，待啮合齿轮的圆周速度迅速达到一致，以减少冲击和磨损。（   ）

3. 万向传动装置用于变角度动力传递。（   ）

四、简答题

试述差速器的差速过程。

任务 2 行驶系统认知与拆装

【任务描述】

　　行驶系统能接收传动系统传递过来的动力使汽车稳定行驶，还能缓和路面不平造成的冲击和振动，并为零部件提供安装位置使车辆成为一个整体。本次任务一起来了解行驶系统的结构及工作原理。

【学习目标】

素养目标：

1）能与同学密切合作，规范、安全地完成学习活动。

2）养成自主学习的习惯，培养规范的工作作风，树立职业目标。

知识目标：

1）掌握行驶系统的总体结构、功用、分类。

2）掌握行驶系统各零部件的结构及工作原理。

3）了解电控悬架。

技能目标：

1）具备识别行驶系统零部件的能力。

2）具备描述行驶系统的基本工作原理的能力。

3）具备描述行驶系统在整车上的位置、系统内部零部件之间关系及其与其他系统的关系的能力。

4）具备规范拆装作业的能力。

【知识准备】

一、汽车行驶系统的功用

1）通过驱动车轮与路面之间的附着作用，使传动系统传来的力矩变为汽车行驶的驱动力矩。

2）支承汽车总质量，传递路面作用于车轮上的各种力和力矩。

3）缓和冲击、衰减振动，保证汽车的行驶平顺性并与转向系统配合保证汽车的操纵稳定性。

行驶系统
结构与功用

二、行驶系统的组成

轮式行驶系统主要由车架、车桥、悬架和车轮等组成。

车架是全车的装配基体，将整个汽车连接成一个整体；车轮安装在车桥上，支承着车桥与汽车；悬架把车架与车桥连接在一起，减少汽车在行驶中受到的各种冲击与振动。

三、行驶系统的主要零部件

1. 车架

车架是连接在各车桥之间形似桥梁的一种结构，是整个汽车的安装基础。车架安装汽车的各总成和部件，使它们保持正确的相对位置，并承受来自车上和地面的各种静、动载荷。

车架应该满足以下要求：

1）车架的结构应满足汽车总体的布置要求。

2）应具有足够的强度和合适的刚度，以承受各种静、动载荷。

3）结构简单，质量应尽可能小，便于机件拆装、维修。

4）结构形状尽可能有利于降低汽车质心和获得大的转向角，以提高汽车行驶的稳定性和机动性（这一点对轿车和客车尤为重要）。

汽车车架按结构形式可分为边梁式车架、中梁式车架、综合式车架和承载式车身，如图 3-2-1 ~ 图 3-2-4 所示。许多轿车、公共汽车没有单独的车架，而以车身代替车架，主要部件连接在车身上，这种车身称为承载式车身。这种结构的车身底板用纵梁和横梁进行加固，车身刚度好、质量小，但制造要求高。

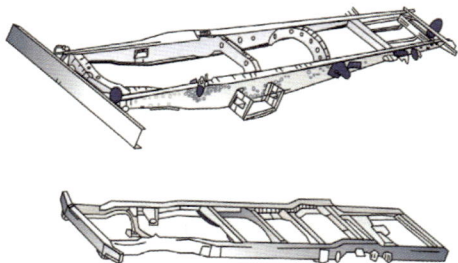

图 3-2-1　边梁式车架

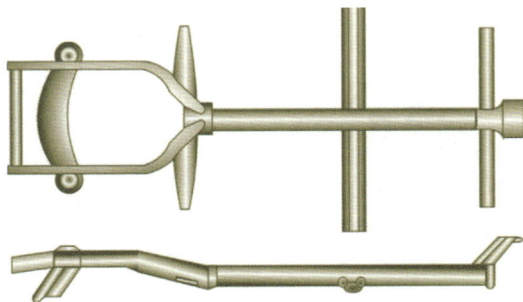

图 3-2-2　中梁式车架

2. 车桥

（1）车桥的作用及分类　车桥的功用是传递车架或承载式车身与车轮之间各方向的作用力。车桥分为转向桥、驱动桥和转向驱动桥。

（2）转向桥　转向桥利用转向节使车轮偏转一定角度以实现汽车的转向。它除承受垂直载荷外，还承受纵向力和侧向力及这些力造成的力矩。转向桥通常位于汽车前部，因此常被称为前桥。

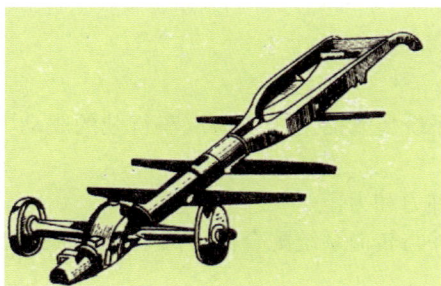

图 3-2-3　综合式车架

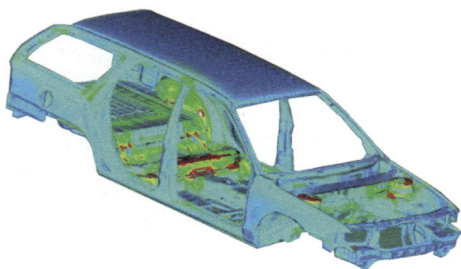

图 3-2-4　承载式车身

1）整体式转向桥。各类载货汽车的整体式转向桥结构基本相同，主要由转向节、主销等组成，如图 3-2-5 所示。转向桥通常位于汽车前部，能使装在其两端的车轮偏转一定的角度，以实现汽车转向。同时它要承受车架与车轮之间的作用力及其产生的弯矩和转矩。

2）断开式转向桥。在轿车和微型客车上通常采用断开式转向桥，它与独立悬架相配合组成了性能优良的转向桥。由于它有效地减小了非簧载质量，降低了发动机的高度，从而提高了汽车的行驶平顺性和操纵稳定性。图 3-2-6 所示为断开式转向桥的结构。

（3）转向驱动桥　越野汽车、前轮驱动汽车和全轮驱动汽车的前桥，既起转向桥的作用，又兼起驱动桥的作用，故称为转向驱动桥。

1）整体式转向驱动桥。整体式转向驱动桥如图 3-2-7 所示。它同一般驱动桥一样，由主减速器、差速器、半轴等组成。但由于转向时其转向车轮需要绕主销偏转一个角度，故与转向轮相连的半轴必须分成内、外两段（内半轴和外半轴），其间用万向节（一般多用等角速万向节）连接，主销也因此而分制成两段（或用球头销代替）。转向节轴颈部分做成中空的，以便外半轴穿过其中。

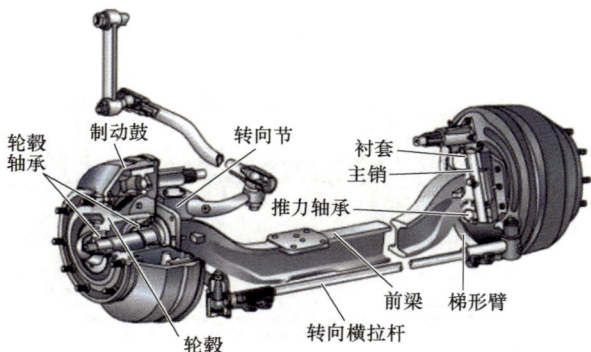

图 3-2-5　整体式转向桥

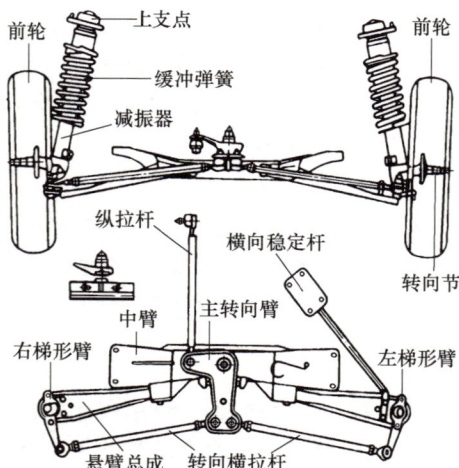

图 3-2-6　断开式转向桥的结构

2）断开式转向驱动桥。其车桥上端通过左、右悬架与承载式车身相连接，下端通过左、右下摆臂与固定在车身上的副车架相连接，如图 3-2-8 所示。悬架车轮轴承壳与下摆臂之间通过可移动球形接头连接，从而使前轮固定，并且通过下摆臂上的长孔可调整车轮外倾角。为了减小车辆转向时的车身倾斜，在副车架与下摆臂之间装有横向稳定杆。

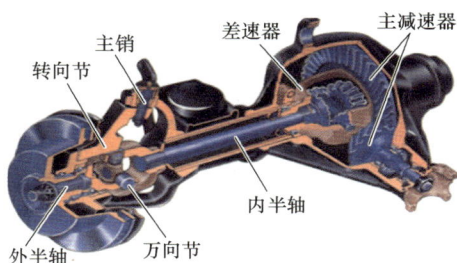

图 3-2-7　整体式转向驱动桥

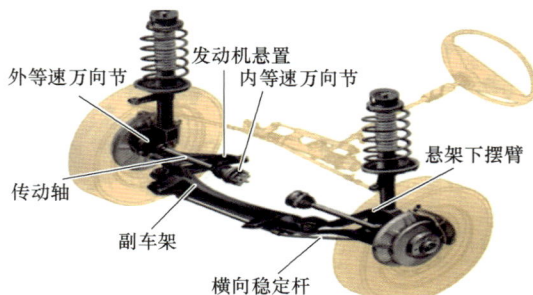

图 3-2-8　断开式转向驱动桥

3. 车轮与轮胎

（1）车轮　通常车轮由轮毂、轮辋以及轮辐（轮毂与轮辋之间的连接部分）组成。

1）车轮分类。车轮按照轮辐的结构可分为辐板式和辐条式。

车轮根据轮辋形式可分为组装轮辋式、可调式、对开式和可反装式。

车轮根据材质不同分为铝合金车轮、镁合金车轮和钢车轮。

辐板式车轮由挡圈、辐板、轮辋和气门嘴组成，如图 3-2-9 所示。辐板为钢质圆板，它将轮毂和轮辋连接为一体，大多是冲压制成的，少数是与轮毂铸成一体。后者多用于重型汽车。辐板与轮辋是铆接或焊接在一起的，对于采用无内胎轮胎的车轮，宜采用焊接法，可提高轮辋的密闭性。

轿车的辐板所用材料较薄，常冲压成各种起伏形状，以提高刚度。辐板上开有若干孔，以减小质量，同时有利于制动器散热。

辐条式车轮的轮辐是用轮毂铸成一体的铸造辐条（图 3-2-10）或者是钢丝辐条（图 3-2-11）。钢丝辐条车轮由于价格昂贵、维修安装不便，故仅用于赛车和某些高级轿车上。铸造辐条车轮多用于重型货车。在这种结构的车轮上，轮辋用螺栓和特殊形状的衬块固定在辐条上，为使轮辋与辐条对中好，在轮辋和辐条上都加工有配合锥面。

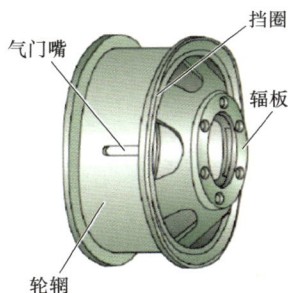

图 3-2-9　辐板式车轮

图 3-2-10　铸造辐条车轮

图 3-2-11　钢丝辐条车轮

2）轮辋结构及规格代号。轮辋按其断面结构形式分为深槽式轮辋、平底式轮辋和对开式轮辋，如图 3-2-12 所示。

深槽式轮辋（DC）多用于小轿车及越野汽车上，它易于装卸，一般都采用钢板冲压成形的整体结构。

平底式轮辋（WFB）主要用于中、重型载货汽车，自卸汽车和大客车。

对开式轮辋（对拆平底式轮辋）（DT）由左、右可分的两半轮辋组成。两部分轮辋可以是等宽度的，也可以是不等宽的，它们之间用螺栓紧固在一起。

（2）轮胎　轮胎作为汽车与道路之间力的支承和传递部分，它的性能对汽车行驶性能影响很

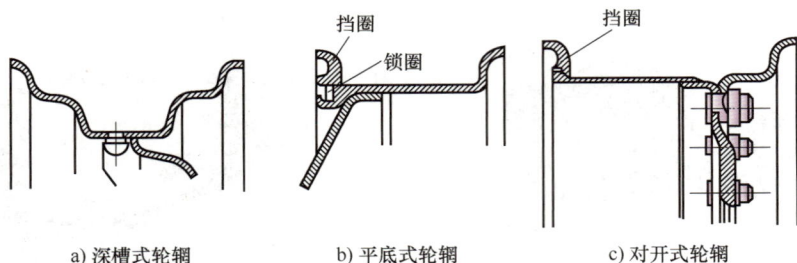

a) 深槽式轮辋   b) 平底式轮辋   c) 对开式轮辋

图 3-2-12   轮辋形式

大。轮胎的性能与其结构、材料、气压、花纹等因素有关。

轮胎总成是安装在轮辋上的，直接与路面接触。它的作用是：承受汽车的重力；汽车行驶时，与悬架共同起缓和冲击的作用；保证车轮和路面接触具有良好的附着性，传递驱动力和制动力，保持汽车行驶稳定性。

1）轮胎结构。轮胎主要由胎冠、胎肩、胎侧和胎圈等部分组成，如图 3-2-13 所示。

① 胎冠是指外胎两胎肩夹的中间部位，包括胎面、缓冲层（或带束层）和帘布层等。

胎面是指胎冠最外层与路面接触带有花纹的外胎胶层。其作用是保护胎体，防止其早期磨损和损伤。

缓冲层是指斜交轮胎胎面和胎体之间的胶布层。其作用是缓和并部分吸收路面对轮胎的冲击。

带束层是指在子午线轮胎和带束斜交轮胎的胎面基部下，沿胎面中心线圆周方向箍紧胎体的材料层。其作用是增强轮胎的周向刚度和侧向刚度，并承受大部分胎面的应力。

帘布层是指胎体中由覆胶平行帘线组成的布层，它是胎体的骨架，支承外胎各部分。

② 胎侧是指胎肩到胎圈之间的胎体侧壁部位上的橡胶层，其作用是保护胎体，承受侧向力。

③ 胎肩是胎冠与胎侧之间的过渡区。

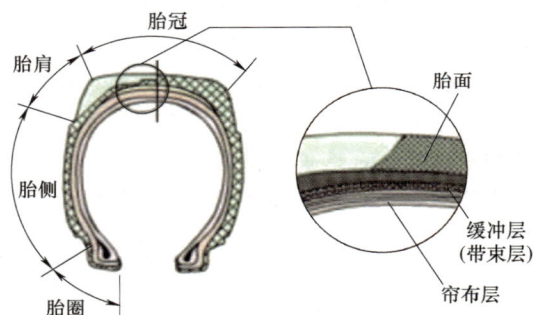

图 3-2-13   轮胎的组成

④ 胎体是由一层或数层帘布与胎圈组成整体的充气轮胎的受力结构。斜交轮胎的胎体帘线彼此交叉排列，子午线的胎体帘线互相平行。

⑤ 胎圈是指轮胎安装在轮辋上的部分，由胎圈芯和胎圈包布等组成。其作用是防止轮胎脱离轮辋。

2）轮胎分类。汽车轮胎按胎体结构不同可分为充气轮胎和实心轮胎。汽车上常用的汽车轮胎是充气轮胎。实心轮胎目前仅用于在沥青混凝土路面的干线道路上行驶的低压汽车或重型挂车。

充气轮胎按结构不同可以分为有内胎轮胎和无内胎轮胎两种；按帘布材料可分为棉帘布轮胎、人造线轮胎、尼龙轮胎、钢丝轮胎、聚酯轮胎、玻璃纤维轮胎和无帘布轮胎；按胎面花纹可分为普通花纹轮胎、越野花纹轮胎和混合花纹轮胎；按气压可分为高压轮胎、低压轮胎和超低压轮胎；按帘布层结构可分为斜交轮胎、带束斜交轮胎和子午线轮胎。

① 有内胎轮胎（图 3-2-14）。它主要由外胎、内胎和垫带组成。内胎中充满压缩空气，外胎用来保护内胎不受损伤且具有一定弹性；垫带放在内胎下面，防止内胎与轮辋硬性接触受损伤。

② 普通斜交轮胎（图 3-2-15）。它的特点是帘布层和缓冲层各相邻层帘线交叉排列，各帘布层与胎冠中心线成 35°~40°的夹角，因而称为斜交轮胎。

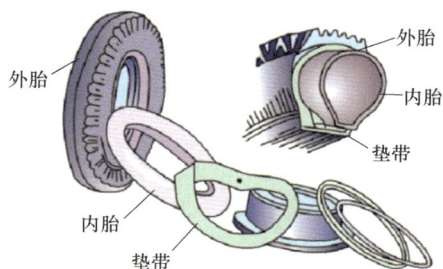

图 3-2-14 有内胎轮胎

图 3-2-15 普通斜交轮胎

③ 子午线轮胎（图 3-2-16）。这种轮胎的胎体帘布层与胎面中心线呈 90°或接近 90°角排列，帘线分布如地球的子午线，因而称为子午线轮胎。子午线轮胎帘线强度得到充分利用，它的帘布层数小于普通斜交轮胎帘布层数，使轮胎质量可以减小，胎体较柔软。子午线轮胎采用了与胎面中心线夹角较小（10°~20°）的多层缓冲层，用强度较高、变形小的钢丝帘布制造，可以承担行驶时产生的较大的切向力。带束层像钢带一样，紧紧箍在胎体上，能极大地提高胎面的刚性、驱动性以及耐磨性。

子午线轮胎高速旋转时，变形小、温升低、产生驻波的临界速度比斜交胎高，提高了行驶中的安全性。

④ 无内胎轮胎。其在外观上与普通轮胎相似，所不同的是无内胎轮胎的外胎内壁上附加了一层厚 2~3mm 的专门用来

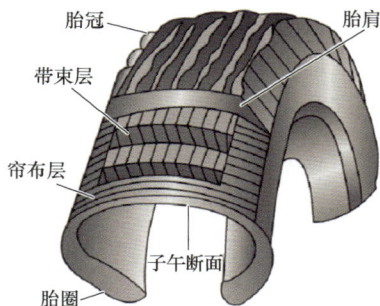

图 3-2-16 子午线轮胎

封气的橡胶密封层，它是用硫化的方法黏附上去的，密封层正对着的胎面下面，贴着一层未硫化橡胶的特殊混合物制成的自黏层。当轮胎穿孔时，自黏层能自行将刺穿的孔黏合。

无内胎轮胎在穿孔时，压力不会急剧下降，有利于安全行驶，无内胎轮胎不存在内、外胎之间的磨损，它的优点是气密性好、可直接通过轮辋散热、温升低、使用寿命长、结构简单、质量小；其缺点是修理困难。

3）轮胎气压。充气轮胎按胎内空气压力大小可分为高压胎（气压 0.49~0.69MPa）、低压胎（气压 0.147~0.49MPa）和超低压胎（气压 0.147MPa 以下）3 种。

现今，货车、轿车大都采用低压胎，因为低压胎弹性好、断面宽、与路面接触面积大、胎壁薄散热性好。这些性能使轮胎的使用寿命延长。

4）轮胎花纹。轮胎胎面花纹对轮胎的性能影响很大，目前主要有普通花纹、越野花纹和混合花纹，如图 3-2-17 所示。普通花纹的特点是花纹细而浅，花纹块接地面积大，因而耐磨性和附着性较好，适用于较好的硬路面。其中的纵向花纹，轿车和货车均可选用；横向花纹仅用于货车。越野花纹的特点是凹部深而宽，在软路面上与地面的附着性好，越野能力强，适用于经常在松软路面上使用的越野汽车。混合花纹的特点介于上述两者之间，兼顾了两者的使用要求，适用于在城乡之间的路面上行驶的汽车，现代货车驱动轮胎多采用这种花纹。

a）普通花纹   b）越野花纹   c）混合花纹

图 3-2-17 轮胎花纹

113

4. 悬架

汽车悬架是车架与车桥之间一切传递动力连接装置的统称。

汽车悬架弹性地连接车桥与车身，缓和行驶中车辆受到的由于不平路面引起的冲击力，保证乘坐舒适和货物完好；迅速减轻由于弹性系统引起的振动，传递垂直、纵向、侧向反力及其力矩；并起导向作用，使车轮按一定轨迹相对车身运动。

（1）悬架结构　悬架一般由弹性元件、减振器和横向稳定杆等组成，如图3-2-18所示。

1）弹性元件：用来承受并传递垂直载荷，缓和不平路面、紧急制动、加速和转弯引起的冲击或车身位置的变化。

弹性元件主要有钢板弹簧、螺旋弹簧、扭杆弹簧、气体弹簧、油气弹簧等。

2）导向装置：用来使车轮按一定的运动轨迹相对车身运动，同时传递力的作用。

3）减振器：用来减轻由于弹性系统引起的振动。

目前，汽车中广泛使用液压减振器，其基本工作原理如图3-2-19所示。当车架与车桥做往复相对运动时，减振器中的油液反复经过活塞上的阀孔，由于阀孔的节流作用及油液分子间的内摩擦力便形成了衰减振动的阻尼力，使振动的能量转变为热能，并由油液和减振器壳体吸收，然后散到大气中。

悬架结构
与类型

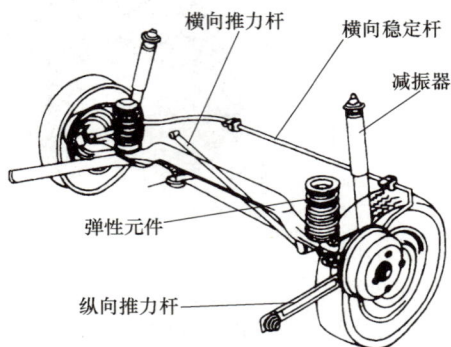

图 3-2-18　悬架的组成

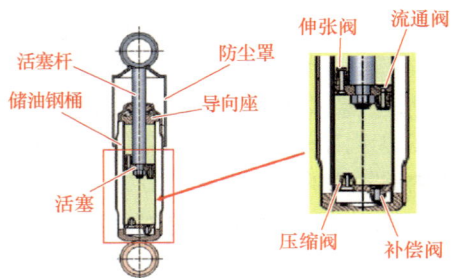

图 3-2-19　液压减振器的基本工作原理

阀门越大，阻尼力越小，相对运动速度越大，阻尼力越大。

4）横向稳定杆：目的是提高侧倾刚度，使汽车具有不足的转向特性，改善汽车的操纵稳定性和行驶平顺性。

（2）悬架的分类　按控制形式不同，悬架可分为被动式悬架和主动式悬架。目前多数汽车上采用被动式悬架。采用被动式悬架车辆的汽车姿态（状态）只能被动地取决于路面、行驶状况，以及汽车的弹性元件、导向装置以及减振器等机械零件。主动悬架可根据路面和行驶工况自动调整悬架刚度和阻尼，从而使车辆能主动控制垂直振动及其车身或车架的姿态。

按汽车导向装置的不同，悬架可分为非独立悬架和独立悬架，如图3-2-20所示。

（3）电子控制悬架系统　现代汽车电子控制悬架系统有多种形式，根据控制目的不同，可分为车高控制系统、刚度控制系统、阻尼控制系统、综合控制系统等；按悬架系统结构形式，可分为电控空气悬架系统和电控液压悬架

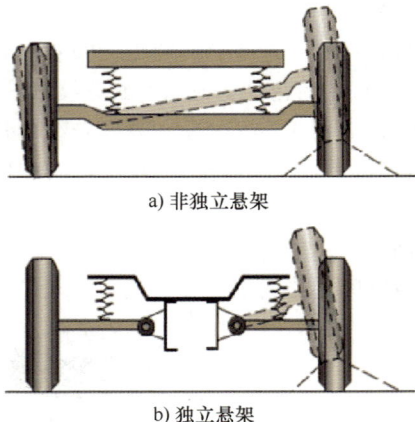

a）非独立悬架

b）独立悬架

图 3-2-20　非独立悬架与独立悬架

系统；根据控制系统有源和无源，可分为半主动悬架和主动悬架。

电子控制悬架系统一般由传感器、电控单元（ECU）和执行机构三部分组成。

传感器用来感受汽车运动状态（路况、车速，以及起动、加速、转向、制动等工况），并将各种状态转换为电信号输送给电控单元（ECU）。

电控单元（ECU）对传感器输入的电信号进行综合处理，向执行机构发出控制指令。

电子悬架控制系统的执行机构是电磁阀、步进电动机和空气压缩机。它们接收来自电控单元（ECU）的控制指令，准确、快速和及时地做出动作反应，实现对弹簧刚度、减振器阻尼和车身高度的调节。

【知识拓展】 ▶ • ▶

国产轮胎品牌

近年来，国产轮胎的品质不断提升，越来越多的车主开始选择国产轮胎。国产轮胎知名品牌主要有以下几个。

1. 朝阳轮胎

朝阳轮胎为中策橡胶集团股份有限公司下属品牌，产品已经覆盖了乘用车、商用车、载货汽车、客车、工程车、各种工业农业车辆专用轮胎，以及两轮车胎、橡胶履带、炭黑等系列。

2. 海大轮胎

海大轮胎是四川海大橡胶集团有限公司生产的，公司是国家定点集研发、经营和生产汽车轮胎为一体的大型企业，是四川省唯一研发、经营和生产汽车轮胎的大型骨干企业，中国西部最大的乘用车子午线轮胎制造基地和重要的商用车轮胎制造基地。

3. 三角轮胎

三角轮胎是三角集团有限公司旗下的产品，公司成立于 1976 年，其获得了来自全球 60 个国家或经济体官方产品认证，通过了沃尔沃等公司苛刻的技术性能测试。

4. 风神轮胎

风神轮胎股份有限公司，简称风神股份，是由中国化工集团公司控股的上市公司。风神轮胎股份有限公司是世界轮胎 20 强，也是中国最大的全钢子午线轮胎重点生产企业和最大的工程机械轮胎生产企业。

5. 回力轮胎和双钱轮胎

回力轮胎和双钱轮胎是上海轮胎橡胶股份有限公司生产的优质产品，公司其始创于 1990 年，由国内最早生产轮胎的原国家一级企业——上海大中华橡胶厂和上海正泰橡胶厂强强联合组建，是国内知名的轮胎制造、轮胎研究、轮胎出口的综合性大型企业。

6. 玲珑轮胎

山东玲珑橡胶有限公司位于山东招远市，公司创建于 1975 年，是中国轮胎行业前 3 强，世界轮胎企业前 20 强，属国家大型企业，是中国化工 100 强，山东省工业 100 强，中国百佳汽车零部件供应商。

【任务实施】 ▶ • ▶

仪器设备及工具准备

1）设备：捷达轿车。

2）工具：常用拆装工具、减振器拆装工具（97103）、减振器拆装工具（97102）、减振器弹簧拆装工具、减振器弹簧压缩工具。

任务实施内容

拆装前、后减振器。

步骤	操作方法	操作示意图
拆卸前减振器及弹簧	把车辆停放在举升机上，取下车轮装饰罩，旋松轮胎紧固螺栓，把车辆支起，取下车轮	
	取下发动机舱中的减振器盖罩，用减振器拆装工具（97102）和活扳手旋松减振器上端自锁螺母	
	用18mm、19mm的扳手拧下减振器下端两个自锁螺母，取下减振器总成	
	用减振器弹簧压紧工具把减振器弹簧固定好	
	用减振器拆装套筒旋松减振器弹簧固定螺栓，取下减振器悬架轴承、减振器弹簧上支承座，用活扳手慢慢旋松减振器弹簧压紧工具	

（续）

步骤	操作方法	操作示意图
拆卸前减振器及弹簧	当弹簧伸张到一定长度时，取下减振器弹簧工具，从减振器总成上取下减振器弹簧	
拆卸后减振器及弹簧	打开行李舱，找到座椅的固定钩，打开，然后打开后排座椅，打开后排装饰板，用减振器拆装工具（97103）和活扳手旋松减振器上端自锁螺母	
	用 2 个 17mm 扳手旋松后减振器下端固定螺栓（减振器和后桥之间），取下减振器总成。后减振器弹簧的拆卸方法与前减振器弹簧相同	
安装前、后减振器及弹簧	安装顺序与拆卸顺序相反。在装配时，注意弹簧座的安装位置。自锁螺母要更换新的。拆装悬架之后，要做四轮定位，调整定位参数	车轮定位参数

【评价反馈】

评价项目	评价标准	小组评价（占总评分的 40%）	教师评价（占总评分的 60%）
知识准备（30 分）	熟知行驶系统的总体结构、功用		
	熟知行驶系统各零部件的结构及工作原理		
	了解行驶系统零部件不同结构形式的特点		

（续）

评价项目	评价标准	小组评价 （占总评分的40%）	教师评价 （占总评分的60%）
知识拓展 （10分）	养成自主学习的习惯，树立职业目标		
任务实施 （40分）	能正确规范使用工具及设备		
	能识别结构及零部件		
	能规范地完成拆装工作		
	无丢件、漏件、损坏零件等情况		
综合表现 （20分）	能与同学密切合作，积极实践，安全地完成学习活动，具备严谨规范的工作作风		
合计			
总评分			

教师评语：

日期：　　年　　月　　日

【课后测评】

一、单项选择题

1. 转向轮绕着（　　　）摆动。

A. 转向节　　　　　　B. 主销　　　　　　C. 前梁　　　　　　D. 车架

2. 目前充气轮胎多采用（　　　）。

A. 低压胎　　　　　　B. 高压胎　　　　　C. 超低压胎　　　　D. 超高压胎

3. 既有缓冲减振功能，又有传力和导向作用的是（　　　）。

A. 钢板弹簧　　　　　B. 螺旋弹簧　　　　C. 扭杆弹簧　　　　D. 油气弹簧

4. 汽车减振器广泛采用的是（　　　）

A. 单向作用筒式　　　B. 双向作用筒式　　C. 阻力可调式　　　D. 摆臂式

二、多项选择题

行驶系的作用包括（　　　）。

A. 支承整个车身

B. 接收传动系统的动力使汽车正常行驶

C. 缓冲减振

D. 制动

三、判断题

1. 车架是汽车安装的基体。（　　　）

2. 车桥按作用可分为转向桥、驱动桥、转向驱动桥。（　　　）

3. 轮辐按结构可分为辐板式和辐条式两种。（　　　）

4. 任何汽车的悬架都必须设置弹性元件、减振器和导向机构。（　　　）

四、简答题

试述减振器的减振原理。

任务3　转向系统认知与拆装

【任务描述】

转向系统的作用是改变和恢复汽车的行驶方向。多数汽车是通过两前轮偏转的方式转向的，四轮转向汽车两后轮也会发生偏转参与转向工作。驾驶人转动转向盘后是如何带动车轮偏转从而使汽车转向的呢？本次任务一起来了解。

【学习目标】

素养目标：

1）能与同学密切合作，规范、安全地完成学习活动。
2）养成自主学习的习惯，培养规范的工作作风，树立职业目标。

知识目标：

1）掌握转向系统的总体结构、功用。
2）掌握转向系统零部件的结构及工作原理。
3）了解不同的转向形式。

技能目标：

1）具备识别转向系统零件的能力。
2）具备描述转向系统及各零部件的工作原理的能力。
3）具备描述转向系统在整车上的位置及其与其他系统的关系的能力。
4）具备规范拆装转向系统零部件的能力。

【知识准备】

一、转向系统的功用

用来改变或保持汽车行驶或倒退方向的一系列装置称为汽车转向系统。汽车转向系统的功能是按照驾驶人的意愿控制汽车的行驶方向。汽车转向系统对汽车的行驶安全至关重要，因此汽车转向系统的零件都称为保安件。汽车转向系统和制动系统是汽车安全必须要重视的两个系统。

转向系统
结构与功用

二、转向系统的分类

汽车转向系统分为两大类：机械转向系统和动力转向系统。
完全靠驾驶人手动操纵的转向系统称为机械转向系统。

液压助力动
力转向系统

借助动力来操纵的转向系统称为动力转向系统。动力转向系统可分为液压助力动力转向系统、电动助力动力转向系统和气压动力转向系统。

三、机械式转向系统的组成

机械式转向系统以驾驶人的体力作为转向能源，其中所有传力件都是机械的。机械式转向系统由转向操纵机构、转向器和转向传动机构三大部分组成，如图3-3-1所示。

1. 转向操纵机构

转向操纵机构由转向盘、转向轴、转向器等组成，如图3-3-2所示，它的作用是将驾驶人转动转向盘的操纵力传给转向器。

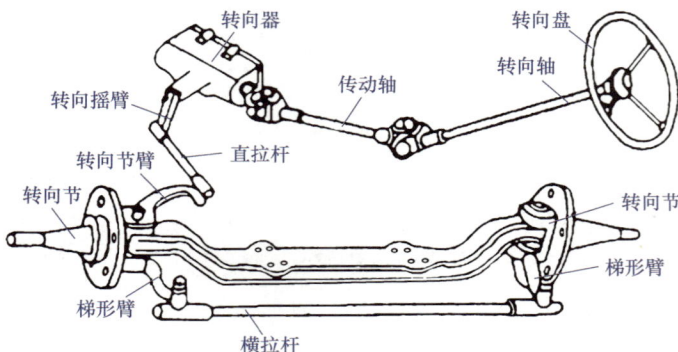

图 3-3-1　机械式转向系统的组成　　　　图 3-3-2　转向操纵机构

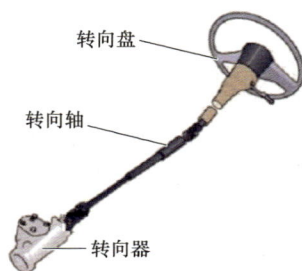

1）转向盘。转向盘一般用花键和螺母安装在转向轴的上端，其上装有喇叭的按钮，装有安全气囊的车型还安装有安全气囊的一些部件。转向盘由轮缘、轮辐和轮毂组成。

2）转向轴。转向轴从转向管柱中穿过，为转向盘和转向器的传动件。转向管柱安装在车身上，支承着转向盘。轿车转向轴要求为安全型，通常分为上、下两段，中间由过渡法兰连接。上转向轴的下端法兰上有两个销，而下转向轴的上端法兰上有两个孔，两法兰扣在一起，销装入孔中，上、下转向轴构成一体。当发生撞车事故时，人体胸部由于惯性撞向转向盘，安全转向轴的法兰在冲击力的作用下脱开，起到了缓冲作用。若车辆采用的是非安全转向轴，则当发生撞车事故时，转向管柱和仪表板的支架会让转向轴移动，以减轻驾驶人受伤程度。

大多数轿车的转向管柱上安装有点火开关、转向信号开关、刮水器开关和减光器开关，有的车型的变速杆也安装在转向管柱上。

2. 转向器

转向器（也常称为转向机）是完成由旋转运动到直线运动（或近似直线运动）的一组齿轮机构，同时是转向系统中的减速传动装置。较常用的转向器有齿轮齿条式、循环球曲柄指销式、蜗杆曲柄指销式、循环球齿条齿扇式、蜗杆滚轮式等。

转向器的输出功率与输入功率之比称为转向器传动效率。在功率由转向轴输入、由转向摇臂输出的情况下求得的传动效率称为正效率，而在传动方向与此相反时求得的效率称为逆效率。

逆效率很高的转向器很容易将经转向传动机构传来的路面反力传到转向轴和转向盘上，故称为可逆式转向器。可逆式转向器有利于汽车转向结束后转向轮和转向盘自动回正，但也能将坏路对车轮的冲击力传到转向盘，发生"打手"情况。经常在良好路面上行驶的汽车多用可逆式转向器。

逆效率很低的转向器称为不可逆式转向器。此种转向器使驾驶人无"路感"，并且转向结束后

转向轮和转向盘无自动回正能力。

由于在整个转向系统中，各传动件之间都必然存在着装配间隙，而且这些间隙将随着零件的磨损而增大，转向盘在空转阶段中的角行程称为转向盘自由行程。转向盘自由行程对于缓和路面冲击及避免驾驶人过度紧张是有利的，但不宜过大，以免过分影响转向灵敏性。转向盘从对应于汽车直线行驶的中间位置向任一方向的自由行程最好不超过 10°~15°，当零件磨损严重到使转向盘自由行程超过 30°时，则必须进行调整。

1）齿轮齿条式转向器。齿轮齿条式转向器结构简单、紧凑，质量小，制造方便，操纵灵敏度高，但传动比较小，属于可逆式转向器，适用于轿车转向系统中。其外观如图 3-3-3 所示。

齿轮是一根切有齿的轴，齿条是加工有齿的金属条，两者的齿相啮合。齿轮和齿条上的齿可以是直齿也可以是斜齿。齿轮轴上端与转向轴相连。为保证齿轮齿条无间隙啮合，补偿弹簧产生的压紧力通过压板将转向齿轮和转向齿条压靠在一起。弹簧的预紧力可以通过调整螺钉和螺母进行调节。

2）循环球式转向器。循环球式转向器分为循环球齿条齿扇式和循环球曲柄销式两种。其中循环球齿条齿扇式应用较广，如图 3-3-4 所示。它有两级传动副，第一级是螺杆螺母传动副，第二级是齿条齿扇传动副。转向螺母的下平面上加工成齿条，与齿扇部分啮合。通过转向盘和转向轴转动转向螺杆时，转向螺母不能转动，只能轴向移动，并驱使齿扇及摇臂轴转动。

为了减少转向螺杆和转向螺母之间的摩擦，二者的螺纹并不直接接触，其间装有许多钢球，以实现滚动摩擦。循环球齿条齿扇式转向器的正传动效率很高（最高可达 90%~95%），故操纵轻便，使用寿命长。但其逆效率也很高，容易将路面冲击力传到转向盘。对于较轻型的、前轴轴载质量不大而又经常在良好路面行驶的汽车而言，这一缺点影响不大。因此，循环球齿条齿扇式转向器广泛应用于各类各级汽车上。

图 3-3-3　齿轮齿条式转向器外观

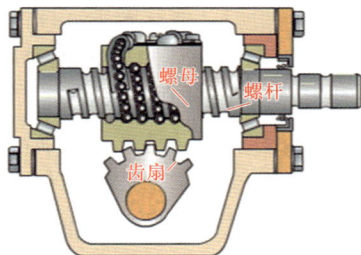

图 3-3-4　循环球齿条齿扇式转向器

3. 转向传动机构

转向传动机构的功用是将转向器输出的力和运动传到转向桥两侧的转向节，使两侧转向轮偏转，且使两转向轮偏转角按一定关系变化，以保证汽车转向时车轮与地面的相对滑动尽可能小。转向传动机构的组成和结构因转向器位置和转向轮悬架类型而异。

1）与非独立悬架配用的转向传动机构。与非独立悬架配用的转向传动机构主要包括转向摇臂、转向直拉杆、转向节臂和转向梯形臂，如图 3-3-5 所示。在前桥仅为转向桥的情况下，由转向横拉杆和左、右转向梯形臂组成的转向梯形一般布置在前桥之后，如图 3-3-5a 所示；在发动机位置较低或转向桥兼作驱动桥的情况下，为避免运动干涉，常将左、右转向梯形臂布置在前桥之前，如图 3-3-5b 所示；若转向摇臂不是在汽车纵向平面内前后摆动，而是在与道路平行的平面内左右摆动，则可将转向直拉杆横置，并借球头销直接带动转向横拉杆，从而推使两侧梯形臂转动，如

图 3-3-5c 所示。

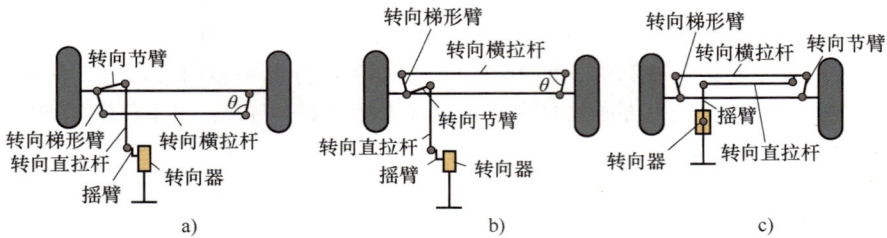

图 3-3-5　与非独立悬架配用的转向传动机构

2）转向摇臂。转向摇臂一般由中碳合金钢锻造而成。转向摇臂连着转向器和转向直拉杆，使转向直拉杆处在正确的高度以保证转向横拉杆和梯形臂之间有平行关系。转向摇臂小端锥形孔中装有与直拉杆相连接的球头销，大端为锥形带三角形细花键的槽孔，与转向摇臂轴外花键相连接。

3）转向直拉杆。在转向轮偏转而且因悬架弹性变形而相对于车架跳动时，转向直拉杆与转向摇臂及转向节臂的相对运动都是空间运动。因此，为了不发生运动干涉，三者之间的连接件都是球形铰链，如图 3-3-6 所示。

直拉杆是一段两端扩大的钢管，其前端（图 3-3-6中左端）带有球头销，球头销的尾端可用螺母固定于转向节臂的端部。两个球头座在压缩弹簧的作用下将球头销的球头夹持住。为保证球头与座的润滑，可从油嘴注入润滑脂，使其充满直拉杆体端部管腔。拆装时供球头出入的孔口用橡胶防尘片封盖。压缩弹簧随时补偿球头与座的磨损，保证二者间无间隙，

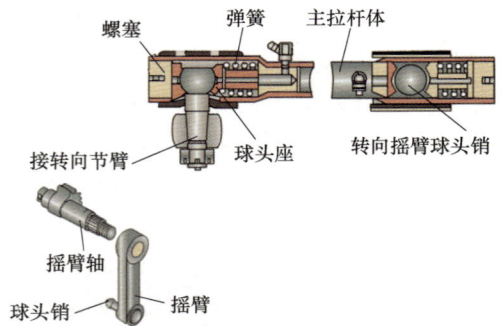

图 3-3-6　转向直拉杆

并可缓和经车轮和转向节传来的路面冲击。弹簧预紧力可用端部螺塞调节，调好后须用开口销固定螺塞位置。当球头销作用在内球头座上的冲击力超过压缩弹簧预紧力时，弹簧便进一步变形而吸收冲击能量。弹簧变形量受到弹簧座自由端的限制，这就可以防止弹簧超载，并保证在弹簧折断后球头销不致从管腔中脱出。

直拉杆后端可以装转向摇臂的球头销。这一段的压缩弹簧也装在球头座后方，这样两个压缩弹簧可分别在沿轴线的不同方向上起缓冲作用。

4）转向横拉杆。转向横拉杆连接着转向直拉杆和左、右转向梯形臂。左、右转向梯形臂用螺栓与转向节相连。

5）与独立悬架配用的转向传动机构。当采用独立悬架时，每个转向轮都需要相对于车架做独立运动，因而转向桥必须是断开的。与此相应，转向传动机构中的转向梯形臂必须分成 2 段或 3 段，并且由在平行于路面的平面中摆动的转向摇臂直接带动或通过转向横拉杆带动，如图 3-3-7 所示。

6）转向减振器。转向减振器的作用与悬架中的减振器相似，其两端分别和转向齿条及车架相连。当车轮撞到路面不平处时，冲击从转向轮传到转向减振器，转向减振器吸收部分冲击，并阻止其传到转向盘。

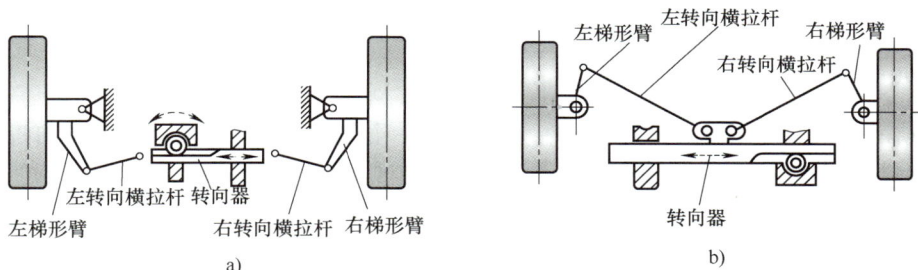

图 3-3-7　与独立悬架配用的转向传动机构

四、动力转向系统

1. 动力转向系统功用及分类

机械式转向系统很难满足高速轿车转向时既要灵敏又要操纵省力的要求，并且重型载货车及越野车由于前桥负荷较大，行驶条件较差，机械式转向系统满足不了其操纵轻便和行车安全的要求。因此，为了减轻驾驶人的疲劳程度，增加驾驶舒适性，保证行车安全，有些车型中加装了动力转向系统。动力转向系统以发动机输出的动力为能源，在转向时，只有一小部分是驾驶人的体能，大部分是发动机提供的液压能或气压能及电动机提供的电能。

由于液压系统工作压力高，其部件尺寸小，并且工作时无噪声，工作滞后时间短，还能吸收来自不平路面的冲击，因此在各类车型上液压动力转向系统被广泛应用。图 3-3-8 所示为齿轮齿条式液压动力转向系统。

液压动力转向系统根据油液的工作情况分为常压式与常流式两种；根据动力转向系统的结构分为整体式和半整体式两种。

2. 动力转向系统部件

（1）转向油罐及转向油泵　转向油罐的作用是储存、滤清和冷却助力油。一般转向油罐单独安装，也有和转向油泵安装在一起的。

转向油泵是液压动力转向系统的动力源。其功用是将发动机的机械能转变为液压能传给转向动力缸。转向油泵通常安装在发动机的前端。

（2）转向控制阀　转向控制阀是在驾驶人的操纵下控制转向动力缸输出动力的大小、方向和增力快慢的控制阀。按阀体的运动方向，转向控制阀分为滑阀式和转阀式两种，如图 3-3-9 所示。

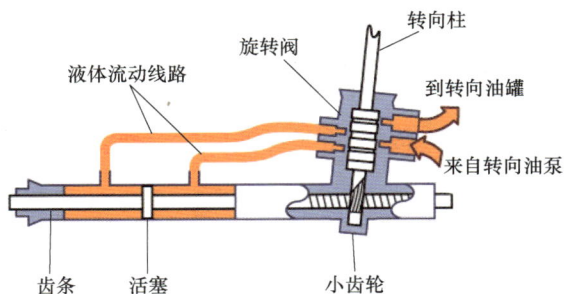

图 3-3-8　齿轮齿条式液压动力转向系统

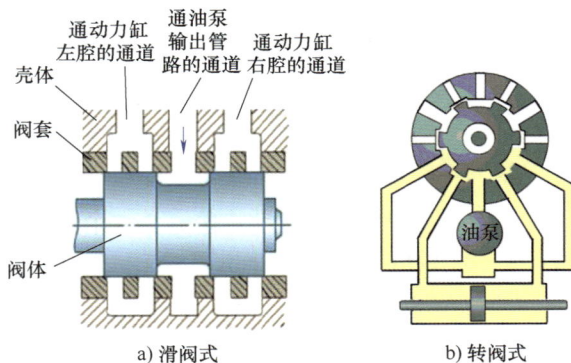

图 3-3-9　转向控制阀

滑阀式转向控制阀是靠阀体轴向移动来控制油液流量和方向的控制阀。转阀式转向控制阀通过改变阀体和阀杆的相对位置，可以改变控制阀阀体上转向油道的通、断关系和工作油的流动方向，实现转向助力作用。

五、四轮转向系统

四轮转向（Four Wheel Steering，4WS）系统包括一个安装在后悬架上的后轮转向机构，它能够使驾驶人操纵转向盘时转动汽车前、后4个车轮，这样不仅提高了高速时的稳定性和可操纵性，而且提高了低速时的机动性。在高速行驶时，后轮与前轮能同相位转向，以减小车辆转向时的旋转运动（横摆），改善高速行驶的稳定性；在低速行驶时，后轮与前轮能逆相位转向，以改善车辆中低速行驶的操纵性，提高快速转向性。

目前，四轮转向系统有3种类型：机械式、液压式和电子控制液压式。

【知识拓展】 ▸···▶

国产转向器

国产汽车转向器知名品牌生产商主要有以下两个。

1. 新乡航空工业（集团）有限公司（新航集团）

新乡航空工业（集团）有限公司现有员工近万名，是中国航空工业机载设备重点企业和汽车零部件生产基地，位列中国汽车零部件百佳供应商、河南省工业百强企业和新乡市标志性企业。

2. 镇江液压股份有限公司（镇液）

镇江液压股份有限公司是国内摆线液压行业龙头民营企业，公司专业化研发并产销摆线液压件（摆线全液压转向器、摆线液压马达、摆线转子泵）及相关的配套阀类产品；公司是国家首批制造业单项冠军示范企业、国家工业行业排头兵企业、中国机械工业企业核心竞争力百强企业；公司是高新技术企业，主导产品两次荣获江苏省质量奖。

【任务实施】 ▸···▶

仪器设备及工具准备

1）设备：齿轮齿条式液压动力转向系统总成。
2）工具：常用拆装工具、收油瓶、内卡簧钳子、外卡簧钳子。

任务实施内容

拆装齿轮齿条式液压动力转向系统。

步骤	操作方法	操作示意图
排放转向助力油	将齿轮齿条式转向器平置于工作台	
	旋下转向助力油管卡片螺栓，拔出转向助力油管	

（续）

步骤	操作方法	操作示意图
排放转向助力油	将油管对准转向助力油收油瓶，往复拉运转向横拉杆，排出转向助力油	
拆卸转向助力油管	用锤子击打下转向助力油管卡片，取下转向助力油管	
拆卸转向球头	用扳手固定转向横拉杆，使用扳手拆下转向球头及其固定螺栓	
拆卸防尘罩	用一字螺丝刀拆下防尘罩卡子，从一侧脱下防尘罩	
拆卸转向横拉杆	用扳手拆下转向横拉杆	
拆卸转向齿轮	用外卡簧钳拆下转向柱定位卡簧；拆卸转向齿轮壳体固定螺栓	

（续）

步骤	操作方法	操作示意图
拆卸转向齿轮	拆下转向齿轮壳体	
	拔出转向齿轮	
拆卸转向齿条	拆下齿轮、齿条间隙自调装置	

（续）

步骤	操作方法	操作示意图
拆卸转向齿条	用内卡簧钳拆下转向齿条固定卡簧	
	拔出齿条	
安装齿轮齿条式液压动力转向系统	安装顺序与拆卸顺序相反 操作中提示安全注意事项： 注意按拆卸位置安装（转向横拉杆、防尘罩等）；注意齿轮齿条定位	

【评价反馈】

评价项目	评价标准	小组评价（占总评分的 40%）	教师评价（占总评分的 60%）
知识准备（30 分）	掌握转向系统总体的结构、功用		
	掌握转向系统各零部件的结构及工作原理		
	了解不同转向形式		
知识拓展（10 分）	养成自主学习的习惯，树立职业目标		
任务实施（40 分）	能正确、规范地使用工具及设备		
	能识别结构及零部件		
	能规范地完成拆装工作		
	无丢件、漏件、损坏零件等情况		
综合表现（20 分）	能与同学密切合作，积极实践，安全地完成学习活动，具备严谨规范的工作作风		
合计			
总评分			

教师评语：

日期：　年　月　日

【课后测评】

一、单项选择题

1. 在汽车上设置有改变和恢复汽车行驶方向的机构，称之为汽车（　　）。

A. 转向盘 　　　　　　　　　　　　 B. 转向梯形

C. 转向系统 　　　　　　　　　　　 D. 转向轮

2. 汽车转向系统按（　　）的不同，分为机械式转向系统和动力转向系统。

A. 结构 　　　　　　　　　　　　　 B. 名称

C. 安装位置 　　　　　　　　　　　 D. 转向能源

3. 汽车在转弯行驶时内轮转角与外轮转角的关系是（　　）。

A. 外轮转角大 　　　　　　　　　　 B. 两者大小相等

C. 内轮转角大 　　　　　　　　　　 D. 不确定

二、多项选择题

1. 机械式转向系统由（　　）组成。

A. 转向操纵机构 　　　　　　　　　 B. 转向器

C. 转向传动机构 　　　　　　　　　 D. 转向控制机构

2. 转向操纵机构一般由（　　）等组成。

A. 转向盘 　　　　　　　　　　　　 B. 转向轴

C. 转向柱管 　　　　　　　　　　　 D. 万向节及转向传动轴

三、判断题

1. 转向器的正效率越高越好，驾驶人越省力。（　　）

2. 转向器的作用是变旋转运动为直线运动并增大转矩。（　　）

3. 理想的动力转向系统的助力应随转速的增大而增大。（　　）

4. 当动力转向系统发生故障或失效时，应保证通过人力能够进行转向操纵。（　　）

四、简答题

试述汽车转向的过程。

任务 4　制动系统认知与拆装

【任务描述】

　　制动系统的作用是使汽车减速停车或使停驶的汽车保持固定不动。制动系统包含哪些零件，是如何完成上述工作的呢？本次任务一起来了解。

【学习目标】

素养目标：

1）能与同学密切合作，规范、安全地完成学习活动。

2）养成自主学习的习惯，培养规范的工作作风，树立职业目标。

✎ 知识目标：

1）掌握制动系统的总体结构、功用。
2）掌握制动系统零部件的结构及工作原理。
3）了解不同的制动形式。

🔧 技能目标：

1）具备识别制动系统零部件的能力。
2）具备描述制动系统及零部件的基本工作原理的能力。
3）具备描述制动系统在整车上的位置及其与其他系统的关系的能力。
4）具备规范拆装制动系统零部件的能力。

【知识准备】 ┃••▶

制动系统是汽车上用以使外界（主要是路面）在汽车某些部分（主要是车轮）施加一定的力，从而对其进行一定程度的强制制动的一系列专门装置。

一、制动系统分类

（1）按功用分 制动系统按功用分为行车制动系统、驻车制动系统和辅助制动系统。

1）行车制动系统，是由驾驶人用脚来操纵的，故俗称脚制动系统。它的功用是使行驶中的汽车减速或在最短的距离内停车。

2）驻车制动系统，是由驾驶人用手来操纵的，故俗称手制动系统。它的功用是使已经停在各种路面上的汽车驻留原地不动。

3）辅助制动系统，用于经常在山区行驶的汽车以及某些特殊用途的汽车，以提高行车的安全性、减轻行车制动系统性能的衰退及减少制动器的磨损，同时在下坡时稳定车速。

（2）按制动能量传输分 制动系统按制动能量传输分为机械式、液压式、气压式、电磁式和组合式。

（3）按回路多少分 制动系统按回路多少分为单回路制动系统和双回路制动系统。

（4）按能源分 制动系统按能源分为人力制动系统、动力制动系统和伺服制动系统。

1）人力制动系统是以驾驶人的肌体作为唯一的制动能源的制动系统。

2）动力制动系统是完全靠由发动机的动力转化而成的气压或液压形式的势能进行制动的制动系统。

3）伺服制动系统是兼用人力和发动机动力进行制动的制动系统。

二、汽车制动系统的组成

汽车制动系统的组成如图3-4-1所示。较为完善的制动系统还包括制动力调节装置以及报警装置、压力保护装置等。

三、制动系统的工作原理

图3-4-2所示为鼓式制动器。

鼓式制动器主要由旋转部分、固定部分和张开机构组成。旋转部分有制动鼓，它固定在车轮轮毂

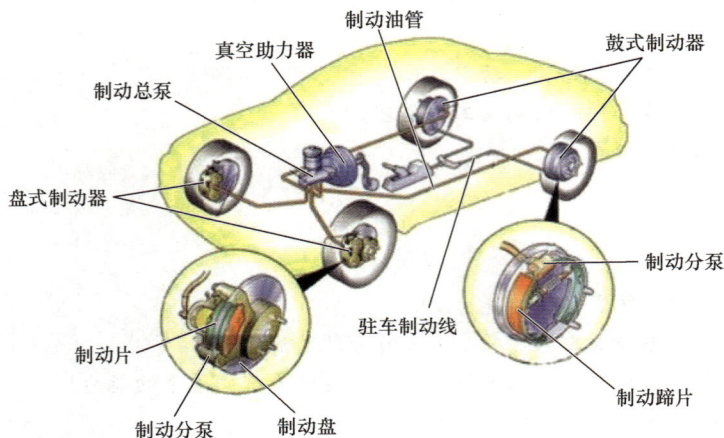

图 3-4-1　汽车制动系统的组成

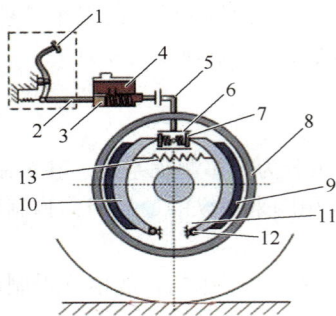

图 3-4-2　鼓式制动器
1—制动踏板　2—推杆　3—主缸活塞　4—制动主缸　5—油管　6—制动轮缸　7—轮缸活塞
8—制动鼓　9—摩擦片　10—制动蹄　11—制动底板　12—支承销　13—制动蹄回位弹簧

上，随车轮一起旋转，它的工作面是内圆柱面。固定部分包括制动蹄和制动底板等。制动底板用螺栓与转向节凸缘（前轮）或驱动桥壳凸缘（后轮）固定在一起。在固定不动的制动底板上，有两个支承销，支承着两个弧形制动蹄的下端。制动蹄的外圆面上装有摩擦片，上端用制动蹄回位弹簧拉紧压靠在轮缸活塞上。制动蹄可用液压轮缸（或凸轮）等张开机构使其张开。液压轮缸安装在制动底板上。操纵机构主要是制动踏板。传动机构主要由推杆、制动主缸、制动轮缸和油管等组成。装在车架上的制动主缸用油管与制动轮缸相连通。主缸活塞可由驾驶人通过制动踏板来操纵。

　　制动系统不工作时，制动鼓的内圆面与制动蹄摩擦片的外圆面之间保留有一定的间隙，使制动鼓可以随车轮自由旋转。

　　制动时，踩下制动踏板，推杆便推动主缸活塞，使主缸中的油液以一定压力流入制动轮缸，通过轮缸活塞使两制动蹄的上端向外张开，从而使摩擦片压紧在制动鼓的内圆面上。这样，不旋转的制动蹄就对旋转的制动鼓产生一个摩擦力矩，其作用方向与车轮旋转方向相反，摩擦力矩大小取决于轮缸的张力、摩擦因数和制动鼓及制动蹄的尺寸等。制动鼓将该力矩传到车轮后，由于车轮与路面间的附着作用，车轮即对路面作用一个向前的周缘力，与此同时，路面给车轮作用一

个向后的反作用力，即制动力。制动力由车轮经车桥和悬架传递给车架和车身，迫使整个汽车产生一定的减速度。制动力越大，减速度越大。当松开制动踏板时，制动蹄回位弹簧即将制动蹄拉回原位，摩擦力矩和制动力消失，制动作用即行解除。

四、液压制动回路

液压制动系统在轿车、轻型货车的行车制动系统上得到了广泛的应用。

液压制动回路的组成如图 3-4-3 所示。它主要由制动主缸、液压管路、后轮鼓式制动器中的制动轮缸、前轮盘式制动器中的液压缸等组成。通常制动踏板机构和制动主缸安装在车架上，而车轮是通过弹性悬架与车架联系的，主缸与轮缸之间的位置经常变化，所以主缸与轮缸间的连接油管除用金属管（钢管）外，还采用了特制的橡胶制动软管。各液压元件之间及各段油管之间还有各种管接头。制动前，整个液压系统中应充满专门配制的制动液。

液压制动系统的工作原理如下：驾驶人所施加的控制力通过制动踏板传到制动主缸，制动主缸将制动液经油管分别输入前、后轮制动器中的液压缸（或制动轮缸），将制动钳（或制动蹄）推向制动盘（或制动鼓），消除制动间隙，产生制动力矩。随着踏板力的增大，制动力矩成比例地增大，直到完全制动。放松制动踏板，制动钳（或制动蹄）和液压缸（或制动轮缸）的活塞在各自回位弹簧的作用下回位，制动液被压回制动主缸，制动作用随之解除。

在双回路液压制动系统中，制动主缸的液压分别经两个相互独立的系统传递给车轮，通常用前后独立方式或交叉方式设置管路，即前后分开式和对角线分开式布置形式，如图 3-4-4 所示。前后独立方式的双回路液压制动传动装置主要应用于对后轮制动依赖性较大的发动机后置后轮驱动汽车，交叉式的双回路液压制动传动装置主要应用于对前轮制动依赖性较大的发动机前置前轮驱动汽车。

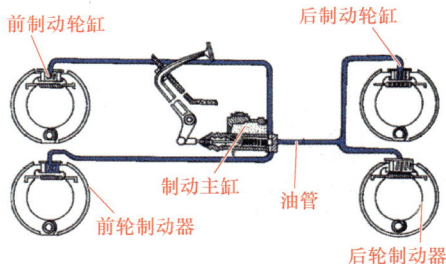

图 3-4-3   液压制动回路的组成

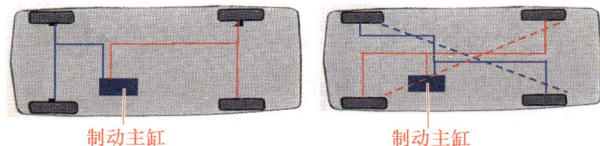

图 3-4-4   双回路布置示意图

五、制动系统的主要零部件

1. 制动主缸

制动主缸一般布置在发动机舱内，分为单腔式和双腔式两种，分别用于单回路和双回路液压制动系统。单腔的制动主缸在管路出现漏油时，整车易失去制动性能。因此，为提高安全性，一般采用有两个串联工作腔的制动主缸（即双腔式），如图 3-4-5所示。

制动时，驾驶人踩下制动踏板，真空助力器推动第一活塞向左移动，在其密封

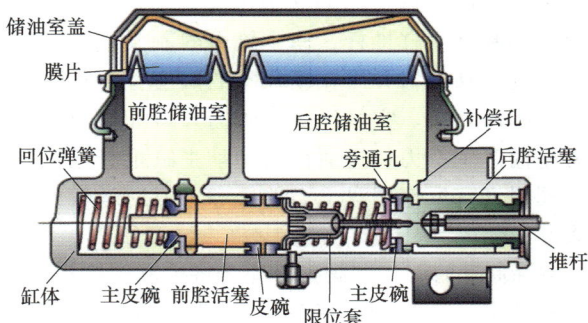

图 3-4-5   双腔式制动主缸

圈遮住补偿孔后，第一工作腔的油压开始升高。油液一方面通过腔内出油孔进入右前、左后制动管路，另一方面对第二活塞产生推力，在此推力及第一活塞左端弹簧力的共同作用下，第二活塞向左移动，这样第二工作腔也产生了压力，推开腔内出油阀，油液进入左前、右后制动管路，于是两制动管路对汽车施行制动。

解除制动时，驾驶人松开制动踏板，活塞在弹簧作用下回位，液压油自制动轮缸和管路中流回制动主缸。

2. 制动轮缸

制动轮缸的功用是将液体压力转变为制动蹄张开的机械推力，有单活塞式和双活塞式两种。双活塞式制动轮缸示意图如图 3-4-6 所示。在制动轮缸缸体内装有两个活塞，两个皮碗装在两个活塞的端面以实现油腔的密封，弹簧保持皮碗、活塞、制动蹄的紧密接触，并保持两活塞间的进油间隙。防尘罩用于防尘、防水。

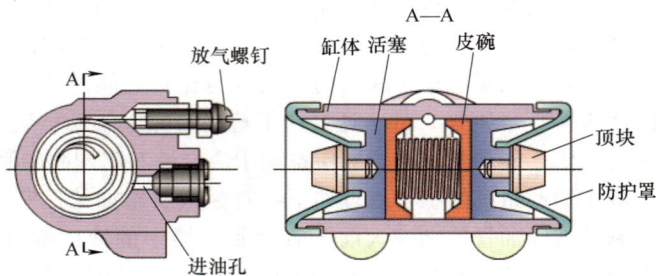

图 3-4-6　双活塞式制动轮缸示意图

制动时，来自制动主缸的制动液经油管接头和进油孔进入两活塞之间的油腔，将活塞向外推开，通过顶块推动制动蹄，使车轮发生制动。

3. 真空助力器

真空助力器是利用真空能（负气压能）对制动踏板进行助力的装置，控制方式是利用踏板机构直接操纵。

真空助力器的结构如图 3-4-7 所示。

真空助力器不工作时，空气阀和控制阀推杆在控制阀推杆回位弹簧的作用下处于右端极限位置，并使真空阀开启。真空阀压紧在空气阀上，即空气阀关闭。此时，伺服气室（由伺服气室前壳体和后壳体组成，中间夹有伺服气室膜片）的前、后两腔互通，并与大气隔绝。在发动机工作时，两腔内都产生一定的真空度。

制动时，踩下制动踏板，控制力推动控制阀推杆和控制阀柱塞向前移动，使柱塞与橡胶反作用盘之间的间隙消除，然后

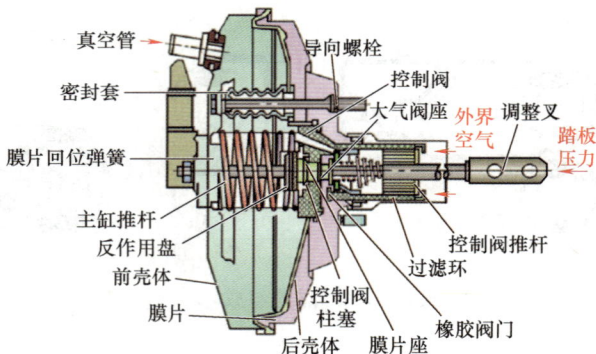

图 3-4-7　真空助力器的结构

继续推动制动主缸推杆，使主缸内的制动液以一定压力流入制动轮缸。同时，在阀门弹簧的作用下，真空阀前移并压在膜片座的阀座上，从而使伺服气室的后腔与前腔隔绝，进而空气阀离开真空阀而开启。空气经空气阀的开口和通道充入伺服气室后腔，使伺服气室膜片的两侧出现压力差而产生推力，进而推动制动主缸推杆向前移动。此时，制动主缸推杆上的作用力为踏板力和伺服气室反作用盘推力的总和，但后者较前者大很多，从而使制动主缸输出的压力成倍地增大。

解除制动时，控制阀推杆弹簧将控制阀推杆和空气阀推向右移，使真空阀离开膜片座上的阀座，真空阀开启。伺服气室前、后两腔相通，均为真空状态。膜片座和膜片在膜片回位弹簧的作用下回位，制动主缸即解除制动作用。

六、鼓式制动器

鼓式制动器中的旋转元件是制动鼓，其工作表面是内圆柱面。制动蹄张开是由液压机构控制的制动轮缸驱动的。鼓式制动器按其结构与工作特点的不同分为领从蹄式制动器、双领蹄式制动器、双向双领蹄式制动器和自增力式制动器。

领从蹄式制动器如图 3-4-8 所示。当汽车前进时，制动鼓的旋转方向如图中箭头所示。制动时，两制动蹄绕各自的支承点向外旋转张开。左侧制动蹄的旋转方向与制动鼓的旋转方向相同，称为领蹄；右侧制动蹄的旋转方向与制动鼓的旋转方向相反，称为从蹄。当汽车倒驶制动时，左侧制动蹄变成从蹄；而右侧制动蹄变成领蹄。这种在汽车前进制动和倒向行驶制动时，都有一个领蹄和一个从蹄的制动器称为领从蹄式制动器。

在汽车前进时，两制动蹄均为领蹄的制动器称为双领蹄式制动器。双领蹄式制动器如图 3-4-9 所示。其结构与领从蹄式制动器相差不多，只是采用了两个单活塞式制动轮缸，且上、下反向布置。制动蹄一端卡在制动轮缸活塞上，另一端支承于另一制动轮缸后端的调整螺钉上。在汽车前进时，该制动器的前、后蹄均为领蹄，故称为双领蹄式制动器。这种制动器前进制动时效能高，但在倒车制动时，两制动蹄都变成从蹄，制动效能下降很多。

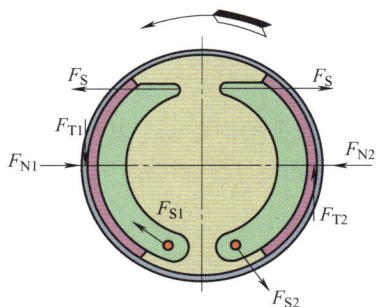

图 3-4-8　领从蹄式制动器

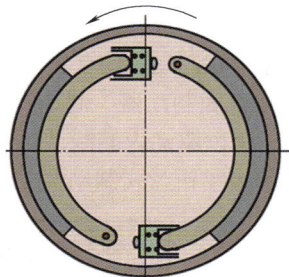

图 3-4-9　双领蹄式制动器

双向双领蹄式制动器与领从蹄式制动器相比就是在制动轮缸的对面加了一个轮缸，两制动蹄的两端都为浮式支承，如图 3-4-10 所示。

自增力式制动器分为单向自增力式和双向自增力式两种，如图 3-4-11 所示。它们在结构上只是轮缸中的活塞数目不同。双向自增力式制动器制动时，两制动蹄在相同的轮缸促动力 F_S 作用下同时向外张开，压靠到旋转的制动鼓上，并由于摩擦力的作用使两制动蹄均沿顺时针方向移动。当后制动蹄尚未顶靠到支承销时，前制动蹄与制动鼓产生的切向合力造成的绕下支点的力矩与促动力造成的绕同一支点的力矩同向，故前蹄为领蹄；当两制动蹄继续移动到后制动蹄顶靠在支承销上以后，前制动蹄即对浮动的可调顶杆产生作用力 F'_S，并间接作用在后制动蹄下端。此时后制动蹄上端为支承点，在促动力 F_S 和 F'_S 的共同作用下向外旋转张开，使该制动蹄变成了领蹄，且此时后制动蹄对制动鼓的压力比前制动蹄还大，产生了自动增力作用。单向自增力式的基本原理与其相同，但只有单方向有增力作用。

七、盘式制动器

盘式制动器中的旋转元件是以端面工作的金属圆盘，称为制动盘。其固定元件有着多种结构形式。根据固定元件的结构形式不同，盘式制动器大体上可以分为两类，即钳盘式制动器和全盘式制动器。根据制动钳（工作面积不大的摩擦块与其金属背板组成的制动块及装在制动盘

两侧的钳形支架中的促动装置）的结构形式不同，钳盘式制动器分为定钳盘式制动器和浮钳盘式制动器两种。

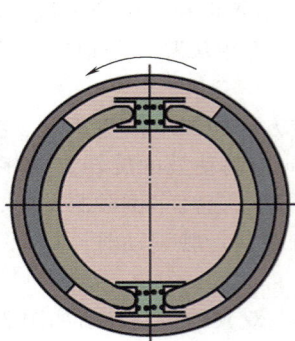

图 3-4-10　双向双领蹄式制动器

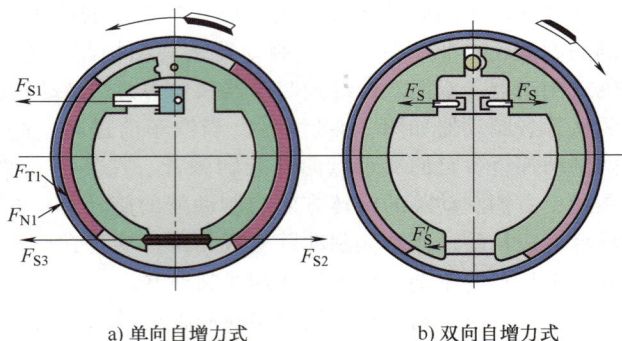

a) 单向自增力式　　　　b) 双向自增力式

图 3-4-11　自增力式制动器

（1）定钳盘式制动器　制动钳体固定在车桥上，制动钳内装有两个活塞，分别位于制动盘两侧。图 3-4-12 所示为定钳盘式制动器。

制动时，制动液被压入活塞后面的轮缸腔体内，推动活塞向前移动，将摩擦片压紧在制动盘上，即对车轮产生制动作用。解除制动时，轮缸中的油压撤除，在回位弹簧的作用下，活塞被拉回，于是摩擦片在制动盘与活塞之间浮动，不起制动作用。

（2）浮钳盘式制动器　制动钳是浮动的，可以相对于制动盘轴向移动。其中只在制动盘的内侧设置油缸，用以驱动内侧制动块，而外侧的制动块则附着在钳体上，制动时随制动钳轴向移动。图 3-4-13 所示为浮钳盘式制动器。

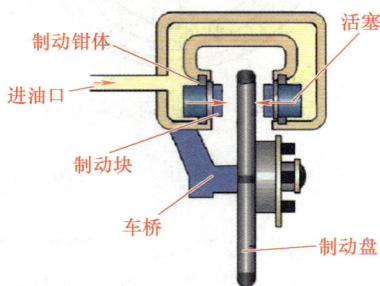

图 3-4-12　定钳盘式制动器

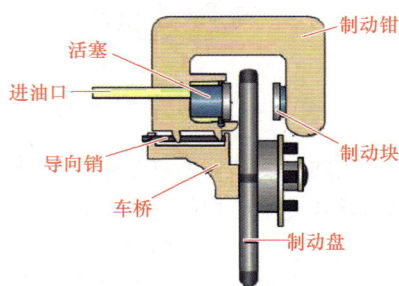

图 3-4-13　浮钳盘式制动器

（3）盘式制动器的特点　盘式制动器与鼓式制动器相比较，有以下优点：

1）制动盘暴露在空气中，散热能力强。特别是采用通风式制动盘时，空气可以流经内部，加强散热。

2）浸水后制动效能降低较少，而且只需经一两次制动即可恢复正常。

3）制动时的平顺性好。由于无摩擦助势作用，产生的制动力矩仅与油缸液压成比例，制动过程中，制动力矩增长比鼓式缓和。同时，制动器效能受摩擦因数的影响较小，即效能较稳定。

4）制动盘沿厚度方向的热膨胀量极小，不会像制动鼓的热膨胀那样使制动器间隙明显改变而导致制动踏板行程变化。此外，其也便于装设间隙自调装置。

5）结构简单，摩擦片拆装更换容易，因而保修方便。

盘式制动器的缺点是：

1）因制动时无助势作用，故其要求管路液压比鼓式制动器高，一般需在液压传动装置中加装制动加力装置和采用较大缸径的油缸。

2）由于盘式制动器活塞的回位能力差，且轮缸活塞的断面积大，制动器间隙又较小，故在液压系统中不能留有残余压力。

3）防污性能差，制动块摩擦面积小，磨损较快。

4）兼用于驻车制动时，需要加装的驻车制动传动装置较鼓式制动器复杂，因而在后轮上的应用受到限制。

八、驻车制动器

驻车制动器的作用是使停驶的汽车驻留原地不动，便于在坡道上起步；行车制动器失效后临时使用或配合行车制动器进行紧急制动。

驻车制动器按其安装位置可分为中央制动式和车轮制动式两种。前者安装在变速器或分动器的后面，制动力矩作用在传动轴上；后者与车轮制动器共用一个制动器总成，只是传动机构是相互独立的。

驻车制动器按制动器结构形式的特点可分为鼓式、盘式、带式和弹簧作用式。由于鼓式制动器可采用高制动效能的自动增力式制动器，且其外廓尺寸小、易于调整、防泥沙性能好、停车后没有制动热负荷，因而得到广泛应用。

九、汽车 ABS/ASR 及 ESP

防抱死制动系统（ABS）是用于防止汽车紧急制动时车轮被抱死滑移而使车辆失去转向或导致侧滑甩尾的一种安全装置。

驱动防滑系统（ASR）是防止车辆在起步、加速或泥泞、冰雪路面上行驶时驱动轮产生滑转，用以提高汽车的驱动性能、改善操纵稳定性的装置。

ABS 和 ASR 采用了相同的技术。

车身电子稳定系统（Electronic Stability Program，ESP）是一个建立在其他牵引控制系统之上的非独立的主动安全系统。装备 ESP 的车型，将同时具有 ASR 和 ABS 功能。ABS/ASR 是要防止在车辆加速或制动时出现驾驶人所不期望的纵向滑移，而 ESP 就是要控制横向滑移。它可以在各种工况下处理各种异常情况，减轻驾驶人的精神紧张及身体疲劳。ESP 是 ABS 和 ASR 这两种系统功能上的延伸，是当前汽车防滑装置的最高级形式。

ESP 由电控单元及转向传感器（监测转向盘的转向角度）、车轮传感器（监测各个车轮的转动速度）、侧滑传感器（监测车体绕垂直轴线转动的状态）、横向加速度传感器（监测汽车转弯时的离心力）等组成。通过在汽车上安装的各种传感器，能检测到汽车的速度、角速度、转向盘转角以及其他的汽车运动姿态。根据需要，ESP 可以主动对车轮进行制动，改变汽车的运动状态，使汽车达到最佳的行驶状态和操纵性能，增加了汽车的附着性、控制性和稳定性。

有 ESP 的汽车与只有 ABS 及 ASR 的汽车相比，它们之间的差别在于 ABS 及 ASR 只能被动做出反应，而 ESP 能够探测和分析车况并纠正驾驶的错误，防患于未然。

ESP 借助 ABS 和 ASR 对加速度、负加速度等优化控制的原始功能，通过降低发动机转矩和将制动力作用于一个或多个车轮，使转向能力得到改善，并确保汽车的稳定性，实现或接近驾驶人的理想行车轨迹。

当出现大侧向加速度和大侧偏角的极限工况下，汽车稳定性控制系统利用左、右两侧制动力差产生的力偶矩来防止侧滑，从而防止发生弯道行驶中因前轴侧滑而失去路径跟踪能力而驶出和因后轴侧滑甩尾而失去稳定性等危险。

【知识拓展】

中国重型汽车集团有限公司

中国重型汽车集团有限公司（以下简称中国重汽）具有整车、发动机、零部件、材料工艺等全方位的研发和检测能力，拥有各种加工、试验、测试等"高、精、尖"设备，发动机、整车、部件振动、强度测试等设备均达到世界先进水平。公司建立了以自主研发为主、产学研合作为辅助的自主创新开发体系，形成了行业领先的商用车整车集成、动力系统、传动系统、车身与造型、汽车电子控制系统等核心优势，建立了技术管理、设计开发、中试生产和试验检测等软硬件合理完善的研发体系，搭建起可同时开展多个平台项目的创新研发平台，整车研发水平与国际接轨，关键总成零部件接近国际水平。

【任务实施】

仪器设备及工具准备

1）设备：捷达轿车。

2）工具：常用拆装工具、17mm 长套筒、24mm 套筒、尖嘴钳、鲤鱼钳。

任务实施内容

拆装盘式制动器。

步骤	操作方法	操作示意图
拆卸车轮	拆下车轮装饰罩，在用举升机将汽车举升之前，用十字扳手拧松车轮螺栓，用举升机将汽车举起，完全卸下车轮	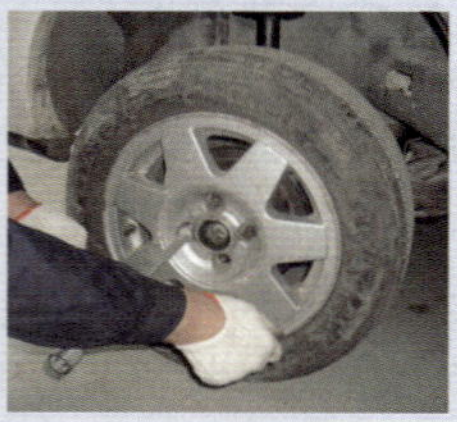
拆卸制动钳总成	用扳手拆下两个制动钳壳体上的固定螺栓（两个螺栓位置如右图所示），拆卸时需两个扳手配合工作，一个扳手固定螺栓内侧，另一个扳手将外侧螺栓拧下，然后拆下制动钳壳体总成	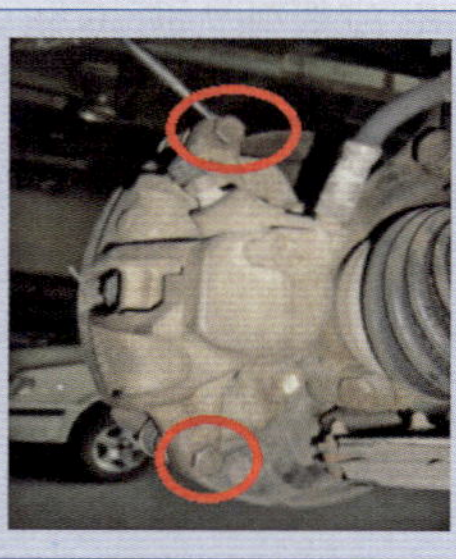
拆卸（更换）制动片	从制动盘两侧取下制动片，检查磨损程度，并进行更换	
安装盘式制动器	安装顺序与拆卸顺序相反。安装时注意前、后两片摩擦片位置不可以互换必要时采用专用工具压回制动轮缸活塞	

拆装鼓式液压制动器。

步骤	操作方法	操作示意图
事前准备	拆卸之前，先松开驾驶室内的驻车制动装置	
拆卸车轮	拆下车轮装饰罩，在用举升机将汽车举升之前用扭力扳手拧松车轮螺栓，用举升机将汽车举起，完全卸下车轮	
拆卸制动鼓总成	拆下防尘罩	
	拆卸定位锁销及锁片	
	用棘轮扳手拧下中央螺母	
	取出垫片	
	完全卸下制动鼓总成	

（续）

步骤	操作方法	操作示意图
拆卸制动蹄	拆下调整弹簧和上、下回位弹簧	
	向车轮内侧压按并旋转压紧销弹簧座，使压紧销钉头与弹簧座中心开口方向一致，卸下压紧销	
	张开制动蹄使之与活塞分离，取下领蹄及从蹄总成	
	将驻车制动器拉线与领蹄上拉杆分离	
安装鼓式制动器	安装顺序与拆卸顺序相反。 弹簧在安装的过程中需用钳子进行拉伸安装。完成更换摩擦片或制动盘后，踩制动踏板数次以使制动摩擦片与制动盘磨合，确保安全性。在更换制动摩擦片后，应检查制动液液位是否在 MIN 与 MAX 之间，并视情况添加	

【评价反馈】

评价项目	评价标准	小组评价 （占总评分的40%）	教师评价 （占总评分的60%）
知识准备 （30分）	掌握制动系统的总体结构、功用		
	掌握制动系统零部件的结构及工作原理		
	了解不同的制动形式		
知识拓展 （10分）	养成自主学习的习惯，树立职业目标		
任务实施 （40分）	能正确、规范地使用工具及设备		
	能识别结构及零部件		
	能规范地完成拆装工作		
	无丢件、漏件、损坏零件等情况		
综合表现 （20分）	能与同学密切合作，积极实践，安全地完成学习活动，具备严谨规范的工作作风		
合计			
总评分			

教师评语：

日期：　　年　　月　　日

【课后测评】

一、单项选择题

1. 液压制动真空助力装置安装的位置是（　　　）。

A. 轮缸和推杆之间　　　　　　　　　　B. 主缸和制动管路之间

C. 主缸和制动踏板之间　　　　　　　　D. 轮缸和管路之间

2. 鼓式车轮制动器的旋转元件是（　　　）。

A. 制动蹄　　　　　B. 制动鼓　　　　　C. 摩擦片　　　　　D. 制动底板

3. 盘式制动器的圆盘以（　　　）为工作摩擦面。

A. 外圆面　　　　　B. 两端面　　　　　C. 内圆面　　　　　D. 一端面

4. 驻车制动器和车轮制动器处于一体，制动力作用在（　　　）上。

A. 车轮　　　　　　B. 转向器　　　　　C. 车桥　　　　　　D. 悬架

二、多项选择题

1. 制动器按其安装位置分为（　　　）等形式。

A. 车轮制动器　　　　　　　　　　　　B. 中央制动器

C. 驻车制动器　　　　　　　　　　　　D. 鼓式制动器

2. 制动系统按制动能源分为（　　　）。

A. 人力制动系统　　　　　　　　　　　B. 动力制动系统

C. 伺服制动系统　　　　　　　　　　　D. 应急制动系统

三、判断题

1. 汽车制动系统的作用是按需要使汽车减速或在最短距离内停车，在下坡行驶时保持车速稳定，使停驶的汽车可靠驻停。（　　　）

2. 每辆汽车只有一个制动轮缸。（　　　）

3. 盘式制动器具有制动恒定性好、结构紧凑、抗水性强等特点。（　　　）

四、简答题

试述液压制动系统的制动过程。

项目 **4**

汽车电气系统认知

任务1　汽车电气设备认知

【任务描述】

为了保证汽车安全、稳定地行驶并为司乘人员提供娱乐、通信等服务，汽车上设置了电气系统。汽车电气设备有哪些？本次任务一起来探讨。

【学习目标】

素养目标：

1）能与同学密切合作，规范、安全地完成学习活动。
2）养成自主学习的习惯，培养规范的工作作风，树立职业目标。

知识目标：

1）掌握电气系统的总体结构。
2）掌握电气设备电路的基本结构。
3）了解汽车电气设备电路的特点。

技能目标：

1）具备识别汽车电气设备的能力。
2）具备描述汽车电气设备特点的能力。
3）具备描述各电气设备在整车上的位置及其与其他系统的关系的能力。

【知识准备】

一、汽车电气设备的作用

汽车电气设备是汽车的重要组成部分，其性能的好坏直接影响汽车的动力性、经济性、可靠性、安全性、排放特性及舒适性。

二、汽车电气电路的特点

与工厂或家庭常用的交流电路相比，汽车电气电路有自己的特点，归纳起来大体上有以下几方面。

1. 采用低压直流电源

一般家用电器电源电压是交流220V，而汽车使用直流12V或24V电源（指蓄电池电压）。当使用低压供电时，在消耗同样功率的情况下，汽车用电设备的电流就比较大，供电导线也就比较粗。

2. 采用单线制

由于采用直流供电，汽车中所有用电设备的电源线都有两种类型：正极线接到汽车电源（蓄电池、发电机）的正极，这些导线俗称为火线；负极线就近与车身的金属部分相连，这称为搭铁，有时甚至并不一定需要导线，只要将负极端接到电器的金属外壳上即可，共同的金属部分再与汽车电源的负极相连。

3. 采用双电源

汽车的电源供电电路比较复杂。首先，汽车采用双电源，在发动机起动前和起动后分别使用蓄电池和发电机两种电源供电，发电机还要给蓄电池充电。

三、汽车电气电路的基本组成

汽车电气电路大体上由以下三部分组成：
1）电源：蓄电池、发电机。
2）用电设备：如起动系统、灯光系统、仪表及信号系统、空调系统等。
3）中间装置：各种开关、传感器、继电器、熔丝、断路器和接插器件等。

电气设备
组成

四、汽车主要电气设备

1. 蓄电池

蓄电池是一种化学电源，它既能将电能转化为化学能储存，也能通过其内部的化学反应向用电设备供电，是一个可逆的低压直流电源。蓄电池主要在起动时为起动系统供电，是汽车的辅助电源。

起动用蓄电池多采用铅酸蓄电池，它主要由正（负）极板、隔板（位于正负极板之间）、电解液、外壳、联条和正（负）极柱等组成，如图 4-1-1 所示。

蓄电池通过正、负极板上化学物质与电解液发生化学反应进行充、放电。

2. 发电机

发电机是汽车的主要电源，其功用是在发动机正常运转时，向所有用电设备（起动机除外）供电，同时给蓄电池充电。

汽车用发电机可分为直流发电机和交流发电机两种，由于交流发电机的性能在许多方面优于直流发电机，直流发电机已被淘汰。目前汽车采用三相交流发电机，其内部带有二极管整流电路，能将交流电整流为直流电，所以，汽车交流发电机输出的是直流电。

交流发电机主要由定子、转子、整流器、电压调节器等组成，如图 4-1-2 所示。定子线圈切割转子产生的旋转磁场从而产生交流电，交流电经整流器整流成直流电后向外输出，电压调节器负责调整输出电压的大小。

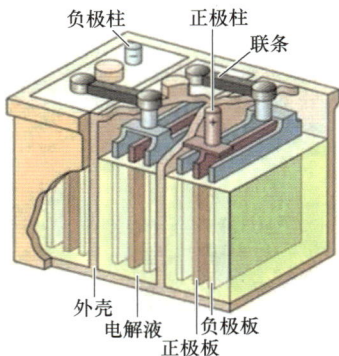

交流发电机
的工作原理

图 4-1-1　蓄电池的组成

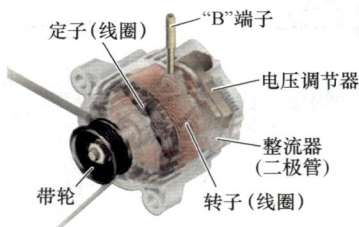

图 4-1-2　交流发电机的组成

3. 熔断器

熔断器在电路中起保护作用。当电路中流过超过规定大小的电流时，熔断器的熔丝自身发热而熔断，切断电路，防止烧坏电路连接导线和用电设备，把故障限制在最小范围内。熔断器的主要元件是熔丝（片），其材料是锌、锡、铅、铜等金属的合金。常见熔断器按外形可分为熔片式、熔管式、绝缘式、缠丝式、插片式（图4-1-3）等。通常情况下，将很多熔断器组合在一起安装在熔断器盒内，并在熔断器盒盖上注明各熔断器的名称、额定容量和位置，并用不同的颜色来区别熔断器的容量。

4. 继电器

一般情况下，汽车上使用的操纵开关的触点容量较小，不能直接控制工作电流较大的用电设备，常采用继电器来控制它的接通与断开。一般来说，继电器由线圈和触点构成，继电器的线圈电流由汽车电路中的某个工作电压来控制，当电路中的受控电压达到设定继电器动作电压时，继电器触点改变工作状态（例如由闭合转为断开等）。

汽车上的继电器触点根据工作状态分类，常见的有3种：动断触点、动合触点和混合型触点。为便于电路连接，继电器的线圈和触点引脚都有固定编号，引脚的布置也有规定。继电器符号和外观如图4-1-4所示。

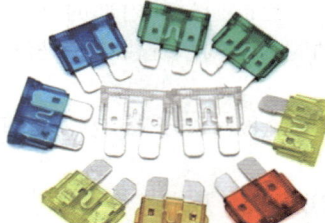

图 4-1-3　插片式熔断器

a) 继电器符号　　　　b) 继电器外观

图 4-1-4　继电器符号和外观

5. 开关

开关是接通和断开电路的元件。在汽车上，常用的开关有推拉式（如图4-1-5所示的车灯开关）、转柄式（如点火开关）、按钮式（如喇叭开关）等，还有集几种形式于一体的组合开关（如刮水器开关等）。

6. 线束及插接器

汽车电路导线通常用聚氯乙烯带等捆扎形成线束。插接器用于线束之间以及线束与电器之间的连接。插接器由插头和插座两部分组成，插接器一般有多个引脚。同一辆汽车的所有插接器形状和引脚数都各不相同，不会彼此插错。线束及插接器如图4-1-6所示。

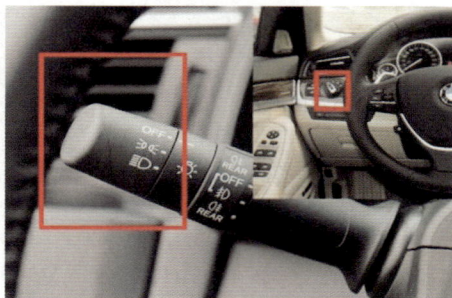

图 4-1-5　车灯开关

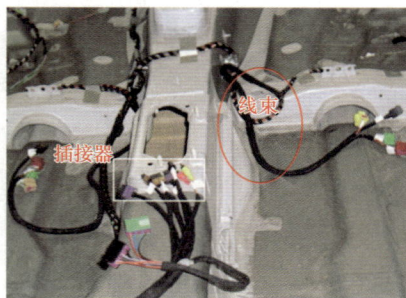

图 4-1-6　线束及插接器

为了防止汽车行驶中插接器插头脱离插座，所有的插接器都设计有锁止机构，如图 4-1-7 所示。插接器插接时，只要将插头推入插座即可，但在分离时，需要先将锁止机构脱开，然后才能将插头与插座分离。

图 4-1-7　插接器锁止机构

【知识拓展】 ▶ ·························▶

中国汽车工业风云人物——饶斌

饶斌曾担任一汽和二汽厂长、第一机械工业部部长、中国汽车工业总公司董事长等职务。在 20 世纪 80 年代，他组建中国汽车工业公司并任董事长，推动了中国汽车工业的全面改革开放，并为轿车工业的起步勾画了蓝图。

饶斌带领并创建了我国的汽车工业，他带领广大职工边学边干，攻坚克难，完成了三年建厂的光荣任务。1956 年一座现代化汽车城在长春市拔地而起，解放牌货车的诞生结束了新中国不能批量制造汽车的历史。1958 年，他带领一汽制造了国产第一辆东风牌小轿车，后来开发了红旗牌高级轿车，开创了我国的轿车工业。

【任务实施】 ▶ ·························▶

仪器设备及工具准备

整车若干台。

任务实施内容

认知汽车电气系统。

步骤	操作方法	操作示意图
认知汽车双电源	在实训车辆上认知蓄电池。大部分汽车的蓄电池位于发动机舱内，也有车辆的蓄电池位于行李舱内	

（续）

步骤	操作方法	操作示意图
认知汽车双电源	在实训车辆上认知发电机	交流发电机
认知开关	认知点火开关	
	认知其他组合开关	转向灯开关　刮水器开关
认知线束	在实训车辆上查看线束	线束　花色线直连喇叭熔丝　红色线接蓄电池正极（带熔丝）

（续）

步骤	操作方法	操作示意图
认知电路安全装置	汽车电气系统电路安全装置主要有熔丝、继电器、断电器等	
认知用电设备	灯光系统	
	仪表信号系统	
	舒适娱乐系统	

【评价反馈】

评价项目	评价标准	小组评价 （占总评分的40%）	教师评价 （占总评分的60%）
知识准备 （30分）	掌握汽车电气系统的总体结构		
	掌握汽车主要电气设备		
	了解汽车电气设备的特点		
知识拓展 （10分）	养成自主学习的习惯，树立职业目标		
任务实施 （40分）	能识别电气系统的结构及电气设备		
	能描述汽车电气系统的特点		
综合表现 （20分）	能与同学密切合作，积极实践，安全地完成学习活动，具备严谨规范的工作作风		
合计			
总评分			

教师评语：

日期：　　年　　月　　日

【课后测评】

一、单项选择题

1. 蓄电池在汽车上的主要作用是（　　）。

A. 充电　　　　　　　　　　　　B. 吸收发动机的过电压，保护电子元件

C. 给起动机供电，起动发动机　　D. 做备用电源

2. 蓄电池能够储存（　　）能量，以便于转化为电能。

A. 辐射　　　　B. 热　　　　C. 机械　　　　D. 化学

3. 交流发电机的转动部件是（　　）。

A. 磁场的N极和S极　　　　　　B. 集电环

C. 磁场极爪　　　　　　　　　　D. 前述都是

4. 交流发电机产生电能的必要条件是（　　）。

A. 线圈　　　　B. 磁场　　　　C. 导体切割磁力线　　D. 前述都是

二、多项选择题

1. 下列属于用电设备的是（　　）。

A. 电动座椅　　　B. 照明系统　　　C. 电喇叭　　　D. 收音机

2. 下列属于电路保护装置的是（　　）。

A. 熔丝　　　　B. 熔断器　　　　C. 断路器　　　D. 继电器

三、判断题

1. 汽车用电设备的额定电压都是12V。（　　）

2. 汽车电路采用负极搭铁单线制。（　　）

3. 汽车用电设备之间可以并联也可以串联。（　　）

148

四、简答题

简述汽车电路的组成及汽车电气系统的特点。

任务2　照明系统和信号装置认知与操作

【任务描述】 ▶

为了提高汽车行驶的安全性，汽车电气系统中设置了照明和信号装置。哪些位置需要照明？会产生哪些信号呢？本次任务一起来探讨。

【学习目标】 ▶

素养目标：

1）能与同学密切合作，规范、安全地完成学习活动。
2）养成自主学习的习惯，培养规范的工作作风，树立职业目标。

知识目标：

1）掌握汽车照明系统和信号系统的结构、功用。
2）掌握照明系统和信号系统的工作过程。

技能目标：

1）具备识别照明系统、信号系统零部件的能力。
2）具备正确操作信号系统和照明系统的能力。
3）具备描述照明系统、信号系统在整车上的位置及其与其他系统的关系的能力。

【知识准备】 ▶

一、照明系统

汽车照明系统对交通安全有重要作用。由于汽车行驶条件复杂，为了保证汽车的行驶安全，汽车上必须装有各种照明设备。

1. 汽车照明系统的照明设备

汽车照明系统主要由照明设备、电源、电路、控制开关等组成，其中照明设备主要包括前照灯、雾灯、牌照灯、仪表灯、顶灯、工作灯等。

（1）前照灯　前照灯俗称大灯，装在汽车头部两侧，用来照亮车前的道路，让驾驶人能够监视道路情况，及时看清障碍物并做出反应。前照灯射出的灯光影像可以给对面的来车提供识别信号。

（2）雾灯　雾灯有前雾灯和后雾灯两种。前雾灯装在汽车前部比前照灯稍低的位置，用于在雨雾天气行车时照明道路。后雾灯功率较大，装在汽车尾部，用来保证雾天行驶的汽车向后方车辆或行人提供本车位置信息。

（3）牌照灯　牌照灯用来照亮汽车牌照。

（4）仪表灯　仪表灯装在仪表板上，用来照明仪表。

（5）顶灯　顶灯装在驾驶室或车厢顶部，用于车内照明。

（6）工作灯　工作灯用于排除汽车故障或检修时的照明。汽车上一般只装工作灯插座，并附带导线及移动式灯具。

目前，汽车上多将前照灯、雾灯等组合起来，称为组合前灯；将后转向信号灯、制动信号灯、倒车灯等组合起来，称为组合后灯。

2. 前照灯的结构及原理

在照明设备中，前照灯具有特殊的光学结构，比其他灯在光学方面的要求严格复杂得多。下面着重介绍前照灯。

载货汽车、公共汽车和轿车多采用 4 个前照灯，它们并排装在同一高度上。一般外侧灯为双丝灯泡、内侧灯为单丝远光灯泡。当需要远光时，4 个前照灯都亮，以加强照明效果。

前照灯的光学系统包括灯泡、反射镜和配光镜三部分，如图 4-2-1 所示。

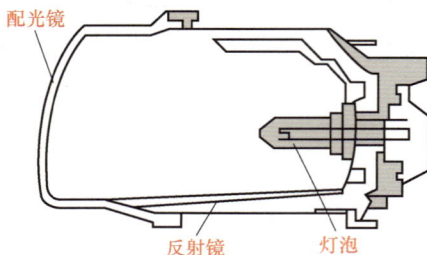

图 4-2-1　前照灯的光学系统

（1）灯泡

1）白炽灯泡。其灯丝用钨丝制成（钨的熔点高、发光强）。由于钨丝受热后会氧化，将缩短灯泡的使用寿命，因此制造时，要先从玻璃灯泡内抽出空气，然后充以约 86% 的氩和约 14% 的氮的混合惰性气体。现在的前照灯已很少使用白炽灯泡，而采用卤钨灯泡或其他种类的灯泡。

2）卤钨灯泡。虽然白炽灯泡的灯丝周围抽成真空并充满了惰性气体，但是作为灯丝的钨仍然会蒸发，使灯丝损耗，而蒸发出来的钨沉积在灯泡上，将使灯泡发黑。近年来，国内外已广泛采用卤钨灯泡（即在灯泡内所充的惰性气体中渗入某种卤族元素）。卤族元素（简称卤素），是指碘、溴、氯、氟等元素。

卤钨灯泡是利用卤钨再生循环反应的原理制成的。卤钨再生循环的基本作用过程是：从灯丝上蒸发出来的气态钨与卤素反应生成一种挥发性的卤化钨，它扩散到灯丝附近的高温区后受热分解，使钨重新回到灯丝上，被释放出来的卤素继续扩散参与下一次循环反应，如此周而复始地循环下去，从而防止了钨的蒸发和灯泡的黑化现象。

卤钨灯泡尺寸小，灯泡壳用耐高温、机械强度较高的石英玻璃或硬玻璃制成，所以充入惰性气体的压力较高。而且因为工作温度高，灯内的工作气压将比其他灯泡高很多，故钨的蒸发受到更强的抑制。在相同功率下，卤钨灯的亮度为白炽灯的 1.5 倍，使用寿命为白炽灯的 2~3 倍。现在使用的卤素一般为碘或溴，称为碘钨灯泡或溴钨灯泡。我国目前生产的多为溴钨灯泡。

3）气体放电灯。气体放电（高强度放电、弧光放电）是电流通过某种气体时，使气体发出辐射的放电现象（例如高压汞灯、室内照明的日光灯）。汽车上使用的放电灯是高压氙气灯。

根据气体放电原理做成的光源，在汽车上得到了新的发展应用。氙气灯亮度大，消耗能量小、使用寿命长、不受电压波动影响，和普通的白炽灯或卤钨灯相比，这种灯能较好地使人眼适应，照射距离也比较远，既明亮，在路面的光分布也较为均匀。

氙气灯内有两个电极，并充入惰性气体氙和金属卤化物的混合物。为了产生高电压，氙气灯电路中带有一个电子镇流器使它点火和工作。10~20kV 的点火电压使气体在电极之间发生电离，产生弧光放电，电弧本身也形成导电路径。灯管用可调的交流电源加热，使充入的金属物质蒸发，从而辐射出亮光。氙气灯亮度大，通常应用于汽车远光灯的照明。

（2）反射镜　反射镜一般用 0.6~0.8mm 的薄钢板冲压而成，近年来已有用热固性塑料制成的反射镜。反射镜的作用是尽量把灯泡的光收集起来达到最远的照射距离。早先的反射镜的表面形状为旋转抛物面，其内表面镀银、铝或铬，然后抛光。由于镀铝的反射系数可以达到 94% 以上，机械强度也较好，故现在一般采用真空镀铝。当今的设计为了适应不同需求采用了各种不同的结构，如阶梯式（渐变式）反射镜、无级自由型反射镜，以及根据光学成像技术设计的前照灯（PES 多椭圆体系统）。

在汽车上常采用双丝灯泡的前照灯。灯泡的一根灯丝为"远光"，另一根为"近光"。远光灯丝功率较大，位于反射镜的焦点；近光灯丝功率较小，位于焦点上方（或前方）。

（3）配光镜　配光镜又称外部光学散射透镜，它是用透光玻璃压制而成的，是很多块特殊的棱镜和透镜的组合，其几何形状比较复杂，外形一般为圆形或矩形。配光镜的作用是将反射镜射出的光加以折射、扩散和汇聚，在路面上形成所期望的光影图案。近年来，为减小汽车质量，已开始使用塑料配光镜，其不但质量小且耐冲击性能好。

二、信号系统

1. 位灯

位灯俗称小灯，装在汽车前、后两侧边缘，它在夜间行驶或停车时，标示汽车的宽度。前位灯又称示廓灯，一般为白色或黄色；后位灯又称尾灯，为红色。

2. 转向信号灯

汽车转弯时，转向信号灯发出明暗交替的闪光信号，表示汽车向左或向右转向行驶，一般有前、后、侧转向信号灯之分，其灯光一般为橙色。

3. 制动灯

制动灯位于车后方，每当踩下制动踏板时，便发出较强的红光，以示制动。

4. 倒车灯

其装于汽车尾部，左、右各一只，一般为白色，用于照亮车后路面，并警告车后的车辆和行人，表示该车正在倒车。为提高警示作用，有的汽车还采用倒车蜂鸣器或语音报警装置。

5. 危险警告灯

危险警告灯与转向信号灯共用。当车辆出现故障停在路面上时，按下危险警告灯开关，全部转向灯将同时闪亮，提醒后方车辆避让。

6. 喇叭

喇叭为声响信号装置，按下喇叭按钮，喇叭发出声响，警告行人和车辆，以确保行车安全。

转向灯工作原理

倒车灯工作原理

喇叭工作原理

【知识拓展】 ▶ ···▶

中国汽车工业专家——陈光祖

陈光祖是中国汽车行业资深专家，是中国汽车产业发展的见证者和亲历者，被誉为中国汽车工业泰斗，现任中国汽车工业咨询委员会委员、商务部汽车产业损害预警专家、中汽联高级顾问、中汽联智库专家。

陈光祖一辈子扎根汽车行业，为汽车工业发展做出了巨大贡献，所获荣誉更是不计其数，在改革开放 30 周年/40 周年均获中国汽车工业杰出人物奖，新中国成立 60 周年国家高新科技示范人物，列入《共和国科技档案》。2018 年，陈光祖荣膺"改革开放 40 年 汽车行业 40 人"改革先锋人物；2019 年，陈光祖荣膺"新中国成立 70 年 汽车服务业 70 人"功勋人物；2020 年，陈光祖荣膺"中国汽车行业模范先锋人物"等荣誉称号。

陈光祖说："进入新世纪，国际汽车产业一个重大特点是一个'变'字，这当然包括中国汽车产业，就是说国际汽车产业正处在一个历史上从未有过的重大变革年代，正引发着新一轮的汽车产业革命。"

【任务实施】 ▶ ···▶

仪器设备及工具准备
整车若干辆。

任务实施内容
操作并认知灯光与信号系统。

步骤	操作方法	操作示意图
认知照明系统	认知车辆外部灯具	

（续）

步骤	操作方法	操作示意图
认知照明系统	操作外部灯具	
	前照灯：顺时针旋转灯光开关，可依次打开位灯、前照灯	
	远近光变换：打开前照灯后，扳动开关进行远、近光变换	
	雾灯：打开前照灯或位灯后，向外拨开关，依次开启前后雾灯	
	认知车辆内部灯具	
	阅读灯	
	行李舱灯	

（续）

步骤	操作方法	操作示意图
认知照明系统	操作内部灯具	
	阅读灯：操作方式如右图	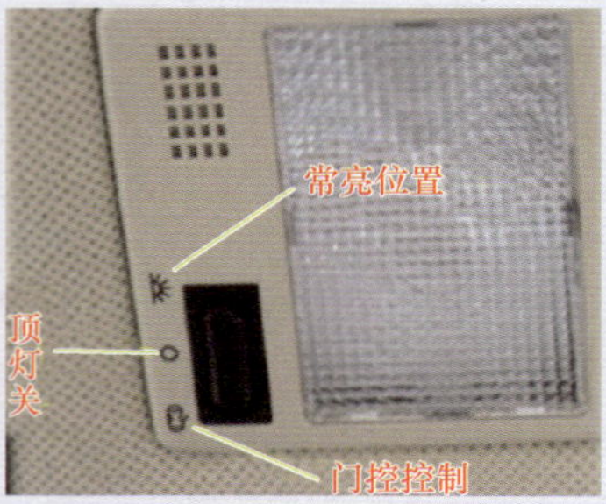
	行李舱灯：一般在行李舱卡槽附近。行李舱门打开时它自动开启	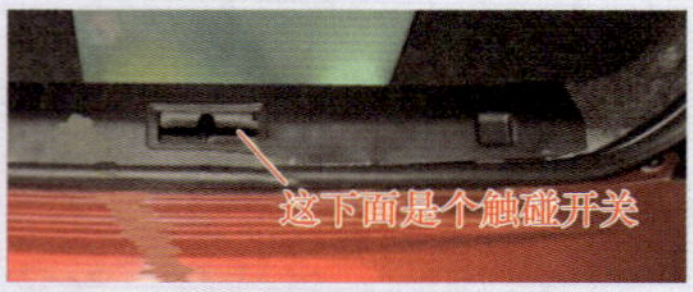
认知信号系统	认知转向灯：车辆前方、后方及侧面都有转向灯。危险警告灯与转向灯共用灯泡	
	操作转向灯：顺时针或逆时针操作转向灯开关，打开转向灯。转向盘回正后转向灯开关自动复位	
	操作危险警告灯：按动红色双三角开关，开启或关闭危险警告灯	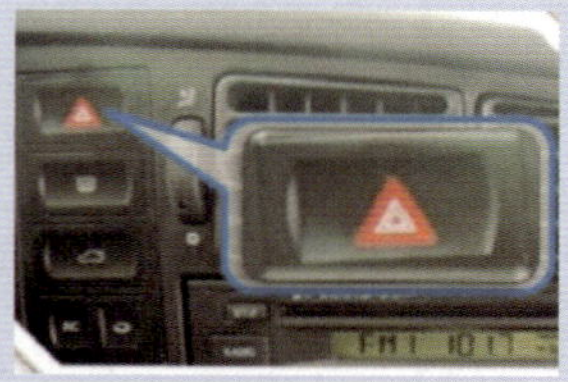
	认知倒车灯：个别车辆只有右后方一个倒车灯	

（续）

步骤	操作方法	操作示意图
认知信号系统	操作倒车灯：倒车灯开关在变速器内部，挂上倒档时倒车灯同时开启	
	认知制动灯	 制动灯
	操作制动灯：制动灯开关在制动踏板附近，踩下制动踏板时制动灯同时亮	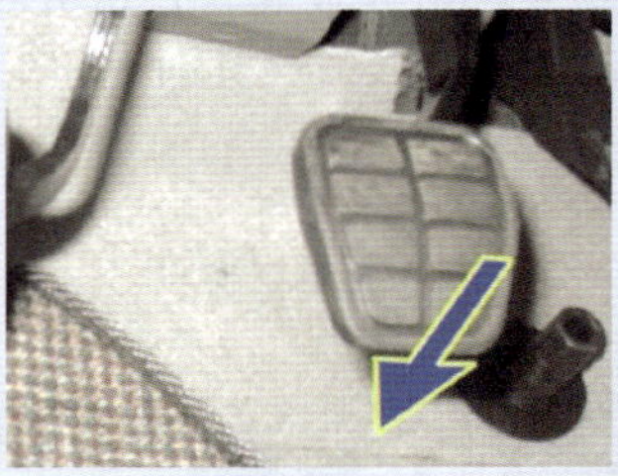

【评价反馈】

评价项目	评价标准	小组评价（占总评分的 40%）	教师评价（占总评分的 60%）
知识准备（30 分）	掌握灯光系统和信号系统的结构、功用		
	掌握灯光系统和信号系统的工作过程		
知识拓展（10 分）	养成自主学习的习惯，树立职业目标		
任务实施（40 分）	能规范操作灯光及信号系统		
	能识别灯光及信号系统的结构及零部件		
综合表现（20 分）	能与同学密切合作，积极实践，安全地完成学习活动，具备严谨规范的工作作风		
合计			
总评分			

教师评语：

日期：　　年　　月　　日

【课后测评】

一、单项选择题

1. 汽车上除照明灯外，还有用以指示其他车辆或行人的灯光信号标志，这些灯称为（　　　）。

A. 信号灯　　　　　　　B. 警告灯　　　　　　　C. 指示灯　　　　　　　D. 照明灯

2. 牌照灯属于（　　　）。

A. 信号灯　　　　　　　B. 照明灯　　　　　　　C. 警报灯　　　　　　　D. 指示灯

二、多项选择题

前照灯主要由（　　　）组成。

A. 反射镜　　　　　　　B. 配光镜　　　　　　　C. 灯泡　　　　　　　　D. 导线

三、判断题

1. 卤素灯泡的使用寿命要比普通灯泡的使用寿命长。（　　　）

2. 汽车灯光按用途分有照明灯和信号灯两种。（　　　）

3. 前照灯按照发出的光束类型不同可分为远光前照灯、近光前照灯和远近光前照灯 3 种。（　　　）

4. 汽车常见的外部灯具有前照灯、雾灯、牌照灯、倒车灯、制动灯、转向灯、示位灯、示廓灯、驻车灯和警告灯等（　　　）

5. 配光镜又称散光玻璃，它是由透光玻璃压制而成的，是很多块特殊的棱镜和透镜组合，几何形状比较复杂，外形一般有圆形和矩形。（　　　）

四、简答题

1. 简述汽车照明灯具有哪些。

2. 简述汽车信号灯具有哪些。

任务3　组合仪表和报警装置认知与拆装

【任务描述】

　　组合仪表和报警装置可以将车辆的状态信息直观地反映给驾驶人。仪表和报警装置由哪些零部件组成，它们是如何将信息反映出来的？本次任务一起来了解。

【学习目标】

素养目标：

1）能与同学密切合作，规范、安全地完成学习活动。

2）养成自主学习的习惯，培养规范的工作作风，树立职业目标。

知识目标：

1）掌握组合仪表和报警装置的结构、功用。

2）掌握组合仪表和报警装置的工作原理。

3）掌握报警装置符号的含义。

技能目标：

1）具备识别组合仪表和报警装置零部件的能力。
2）具备描述组合仪表和报警装置的基本工作原理的能力。
3）具备描述组合仪表和报警装置与其他系统的关系的能力。
4）具备规范拆装组合仪表能力。

【知识准备】

一、仪表系统

汽车仪表用来指示汽车运行以及发动机运转的状况，以便驾驶人随时了解各系统的工作情况，保证汽车可靠而安全地行驶。

传统仪表一般是机电式模拟仪表，只能为驾驶人提供汽车运行中必要而又少量的数据信息，已远远不能满足现代汽车新技术的要求。因此，汽车电子化仪表已逐步取代常规的机电式仪表。

现代汽车上常用的仪表和指示灯有冷却液温度表、燃油表、车速里程表、发动机转速表、燃油存量指示灯、机油压力指示灯、冷却液液面指示灯、制动液存量指示灯、车窗洗涤液存量指示灯、驻车制动灯、行车制动灯、安全气囊指示灯、充电指示灯等。

现代汽车多采用组合式仪表板总成。例如 PASSA7 B5 仪表板，它是将各种仪表及仪表照明灯合装在一个表壳内，共用一块玻璃密封，如图 4-3-1 所示。

图 4-3-1　PASSAT B5 仪表板

1—安全气囊指示灯　2—应急灯　3—后雾灯　4—电子防盗灯　5—转向灯（左）　6—远光灯　7—转向灯（右）
8—空位　9—ABS 灯　10—驻车制动灯　11—充电灯　12—冷却液液面指示灯　13—机油灯　14—后行李舱盖指示灯
15—制动摩擦片磨损指示灯　16—车窗洗涤液指示灯　17—燃油存量指示灯
18—预热装置指示灯（柴油发动机）　19—安全带指示灯

汽车仪表结构及原理

二、仪表系统主要仪表

1. 机油压力表

机油压力表用来指示发动机机油压力的大小和发动机润滑系统工作是否正常。它由装在仪表板上的机油压力指示表和装在发动机主油道中或粗滤器上的传感器两部分组成，两者用导线相连。传感器的作用是承受油压，使电路中的电流随油压大小而改变；机油压力表的作用是使指针的偏转角度随电路中电流的大小不同而改变，从而指示出油压的大小。

机油压力表及其传感器按其组合方式可分为双金属式机油压力表与双金属式传感器、电磁式机油压力表与可变电阻式传感器、动磁式机油压力表与可变电阻式传感器 3 种。其中，双金属式机油压力表与双金属式传感器应用最为广泛。

需要指出的是，机油压力表虽然可以指示出发动机的实时机油压力，但随着车辆的普及，绝大多数车主并不具备太多的汽车专业知识，对发动机在各种运行状态具有多高的机油压力才算正常并不是很清楚。因此，近年生产的车辆上多用发动机机油压力指示灯取代了机油压力表，当机油压力低于警戒状态时灯会亮，提醒驾驶人机油压力异常。

2. 冷却液温度表

冷却液温度表用来指示发动机水套中冷却液的工作温度。它由装在仪表板上的冷却液温度指示表和装在发动机气缸盖上的冷却液温度传感器两部分组成，两者用导线相连。

冷却液温度表及其传感器按其组合方式可分为双金属式冷却液温度表与双金属式传感器、双金属式冷却液温度表与热敏电阻式传感器、电磁式冷却液温度表与热敏电阻式传感器、动磁式冷却液温度表与热敏电阻式传感器4种。其中前两种应用最多。

3. 燃油表

燃油表用来指示燃油箱内燃油的储存量。它由装在仪表板上的燃油指示表和装在燃油箱内的传感器两部分组成。燃油表有电磁式、动磁式和双金属电热式3种，传感器均为可变电阻式。

4. 车速里程表

车速里程表是用来指示汽车行车速度和累计汽车行驶里程数的仪表。它由车速表和里程表两部分组成。

现在在很多车辆上采用电子车速里程表，电子车速里程表由车速里程表传感器、信号处理电路、车速表和里程表组成。

车速里程表传感器安装在组合仪表内，由变速器经过软轴驱动，由具有一对或几对触点的舌簧开关和转子组成。每当转子的N极或S极转到靠近舌簧开关的触点位置时，舌簧开关的触点闭合，因此汽车行驶时能够产生正比于汽车行驶速度的通断信号。车速里程表传感器如图4-3-2所示。

车速表以一个磁电式电流表作为指示表。汽车以不同的车速运行时，信号处理电路将车速传感器输入的脉冲信号转变成与车速成比例的电流信号，使电流表的指针偏转，指示出相应的车速。

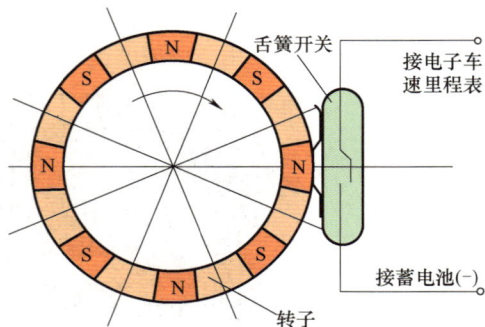

图4-3-2　车速里程表传感器

里程表由步进电动机、6位十进制计数器及内传动齿轮等组成。汽车运行时，车速传感器输出的脉冲信号经信号处理电路分频和功率放大，转变成一定频率的脉冲信号，作用于步进电动机的电磁线圈。步进电动机将这一脉冲信号转变成角位移信号，使电动机轴转动，驱动里程表十进制计数器的6个计数轮依次转动，记录汽车行驶的总里程和单程行驶里程。当需要消除短程里程时，只需按一次复位杆，短里程表就会归零。

5. 发动机转速表

汽车仪表板上装有发动机转速表。利用发动机转速表，驾驶人可以实时了解车辆运行状况，把握变速器换档时机。

发动机转速表有机械式和电子式两种。机械式转速表的结构和原理与磁感应式车速表基本相同。由于电子式转速表指示平稳、结构简单、安装方便，所以被广泛采用。汽油发动机电子式转速表都是用点火系统的一次电路作为触发信号，对于柴油发动机，则必须单独安装无触点传感器产生触发信号。

三、报警系统

1. 冷却液温度警告灯

冷却液温度警告灯的作用主要是当冷却液温度不正常时，发出灯光信号，以示警告。红色警告灯亮，表示发动机过热。

2. 机油压力警告灯

在现代多数汽车上，一般配有一个红色警告灯，用来指示机油压力低于安全值的情况，即当机油压力降到规定值以下时，仪表板上的警告灯亮，以引起驾驶人注意。

3. 燃油液位警告灯

绝大多数车辆除了在仪表板上有燃油表之外，还有一个燃油液位警告灯，燃油液位警告灯的作用是当燃油箱燃油液面降到规定值以下时，仪表板上的燃油液位警告灯亮，以引起驾驶人注意。不同车型警告灯刚亮时所存的油量不一样，但均在 7～10L 之间。

4. 制动系统低气压警告灯

在采用气压制动的汽车上（如载货汽车、公交车等），当制动系统气压过低时，制动系统低气压警告灯即亮，以引起汽车驾驶人注意。低气压警告传感器（开关）装在制动系统储气筒或制动阀压缩空气输入管路中，红色警告灯安装在仪表板上。

5. 制动液面警告灯

制动液面警告灯的传感器装在液罐内，浮子随着制动液面下降到规定值以下时，永久磁铁的吸力吸动舌簧开关，使之闭合，接通警告灯电路，警告灯亮，发出警告；制动液面在规定值以上时，浮子上升，吸力不足，舌簧开关在自身弹力的作用下断开警告灯电路。

【知识拓展】 ┃••••••••••••••••••••••••••••••••••••▶

北京汽车集团有限公司

北京汽车集团有限公司（以下简称北汽集团）是中国汽车行业的骨干企业，成立于1958年，总部位于北京。北汽集团发展成为涵盖整车及零部件研发与制造、汽车服务贸易、综合出行服务、金融与投资等业务的国有大型汽车企业集团，位列 2020 年《财富》世界 500 强第 134 位。

北汽集团旗下拥有北京汽车、北汽越野车、昌河汽车、北汽新能源、北汽福田、北京现代、北京奔驰等知名企业与研发机构。以北京为中心，北汽集团建立了分布全国十余个省市的自主品牌乘用车整车基地、自主品牌商用车整车基地、新能源整车基地、合资品牌乘用车等基地。

【任务实施】 ┃••••••••••••••••••••••••••••••••••••▶

仪器设备及工具准备

1）设备：整车若干辆。

2）工具：常用拆装工具若干套。

任务实施内容

拆装组合仪表并认知仪表及报警系统。

步骤	操作方法	操作示意图
认知汽车仪表	实车认知汽车仪表。打开点火开关，观察仪表指示状态。不同车型仪表会有差别	转速表　发动机冷却液温度表　燃油表　车速表
认知汽车报警装置	仪表板上指示灯一般分成以下3类： 状态指示灯：指示当前状态，一般为蓝色或绿色 故障指示灯：告知驾驶人某系统功能失常，一般为黄色 故障警告灯：警告驾驶人出现故障，需引起重视并解决，一般为红色 常见指示灯及含义如右图所示	（见下表及图）
拆卸组合仪表	取下组合开关上、下护板	

指示灯类型	颜色	示例	状态
状态指示灯	蓝色或绿色		长亮
故障指示灯	黄色		长亮或闪亮
故障警告灯	红色		长亮或闪亮

1) 雾灯(前)
2) 动力转向警告灯
3) 雾灯(后)
4) 风窗洗涤液液位低
5) 制动片警告
6) 巡航控制
7) 转向灯指示
8) 雨量/光线传感器故障
9) 雪地模式
10) 信息指示器
11) 发动机预热(柴油机)
12) 结霜警告
13) 点火开关警告
14) 钥匙不在车上
15) 钥匙扣电池电量低
16) 距离警告
17) 未踩下离合器踏板
18) 未踩下制动踏板
19) 转向锁警告
20) 远光灯开启
21) 轮胎气压低
22) 日行灯开启
23) 汽车某处灯光故障
24) 制动灯故障
25) 柴油机微粒过滤器故障
26) 拖车牵引挂钩未锁止到位
27) 空气悬架故障
28) 偏离车道警告
29) 催化转化器故障
30) 安全带未系上

31) 电子驻车制动器未锁止到位
32) 蓄电池电量不足
33) 停车辅助
34) 需要进行维护
35) 自适应前照灯
36) 前照灯范围控制
37) 后扰流板故障
38) 可调节车顶故障
39) 安全气囊故障
40) 驻车制动器锁止未到位
41) 燃油滤清器含有水分
42) 安全气囊停用
43) 维护时期已到
44) 近光灯开启
45) 空气滤芯脏污
46) 经济模式指示灯
47) 下坡辅助功能开启
48) 温度过高警告
49) ABS故障
50) 燃油滤清器故障
51) 车门开启状态
52) 发动机舱盖打开状态
53) 燃油油量不足
54) 自动变速器故障
55) 限速器故障
56) 悬架/减振器故障
57) 机油压力过高
58) 前风窗玻璃加热
59) 行李舱门打开状态
60) 关闭车身稳定控制系统
61) 雨量传感器
62) 发动机排放警告
63) 后窗加热
64) 自动刮水器

（续）

步骤	操作方法	操作示意图
拆卸组合仪表	拆下中控台左侧护板	
	取下仪表板框	
	拧下仪表板固定螺钉	
	取下仪表板	
	断开仪表板后部线束并取下仪表总成	
安装组合仪表	安装顺序与拆卸顺序相反	

【评价反馈】

评价项目	评价标准	小组评价（占总评分的40%）	教师评价（占总评分的60%）
知识准备（30分）	掌握仪表及报警装置的结构、功用		
	掌握仪表及报警装置的工作原理		
	掌握报警装置符号的含义		
知识拓展（10分）	养成自主学习的习惯，树立职业目标		
任务实施（40分）	能正确、规范地使用工具及设备		
	能识别结构及零部件		
	能规范地完成拆装工作		
	无丢件、漏件、损坏零件等情况		
综合表现（20分）	能与同学密切合作，积极实践，安全地完成学习活动，具备严谨规范的工作作风		
合计			
总评分			

教师评语：

日期： 年 月 日

【课后测评】

一、单项选择题

1. 对于仪表来说，下列说法正确的是（ ）。

A. 大多数车都有发动机转速表　　　　　　B. 大多数车都有电流表

C. 大多数车都有机油压力表　　　　　　　D. 大多数车都有车速表

2. 汽车仪表和报警系统属于（ ）。

A. 用电设备　　　　B. 电源　　　　C. 电路保护装置　　　　D. 中间装置

二、多项选择题

传统仪表的组成部分包括（ ）。

A. 指示表　　　　B. 传感器　　　　C. 控制电路　　　　D. 离合器

三、判断题

1. 现代汽车许多仪表已被警告灯、指示灯及电子显示装置所取代。（ ）

2. 机油压力表的作用是在发动机起动时，指示发动机主油道机油压力。它由装在发动机主油道或粗滤器壳上的机油压力传感器配合工作。（ ）

3. 冷却液温度表的作用是指示发动机的冷却液温度，其正常指示值一般为80~105℃，它与装在发动机气缸盖或水管上的冷却液温度传感器配合工作。（ ）

4. 燃油表用来指示汽车燃油箱中的存油量。它与装在燃油箱内的燃油传感器配合工作。传感器一般为可变电阻式。（ ）

5. 发动机转速表用来测量发动机曲轴转速。按其结构不同可分为机械式和电子式两种，其中

电子式应用广泛。（　　　）

6. 车速里程表用来指示汽车行驶速度和汽车累计行驶里程，它由车速表和里程表两部分组成。（　　　）

四、简答题

列举几个汽车仪表或警告灯并说明其含义。

任务 4　刮水器和洗涤器认知与拆装

【任务描述】

为了让驾驶人有更好的视线，汽车设置了刮水器和洗涤器来去除风窗玻璃上的雨、雪、灰尘等。二者的结构如何？是如何配合工作的？本次任务一起来探讨。

【学习目标】

素养目标：

1）能与同学密切合作，规范、安全地完成学习活动。
2）养成自主学习的习惯，培养规范的工作作风，树立职业目标。

知识目标：

1）掌握刮水器及洗涤器的结构、功用。
2）掌握刮水器、洗涤器的工作原理。
3）了解刮水器电动机的结构。

技能目标：

1）具备识别刮水器、洗涤器零部件的能力。
2）具备描述刮水器、洗涤器基本工作原理的能力。
3）具备规范拆装刮水器的能力。

【知识准备】

一、刮水器

为了保证汽车在雨天、雪天行驶时驾驶人有良好的视线，确保行车安全，可利用刮水器刮除风窗玻璃及前照灯玻璃上的雨、雪和脏物。

1. 刮水器的组成

刮水器既可以装在汽车的前、后风窗玻璃上，也可以装于前照灯灯具上，它们的区别是

刮水器结构及原理

在操作档位数量上有所不同（后风窗玻璃、前照灯具上的刮水器通常只设一个速度档位），或者是形状、大小有差异。电动刮水器由刮水器电动机、传动机构、刮水片等组成，如图 4-4-1 所示。

2. 刮水器的工作原理

电动刮水器由刮水器电动机和一套传动机构组成，其工作原理如图 4-4-2 所示。电动机旋转时，通过蜗杆蜗轮减速，便与蜗轮上偏心相连的拉杆做往复运动，通过拉杆和摆杆带动左、右两刷架做往复摆动，使固定其上的橡胶刮水片刮去风窗玻璃上的雨水、雪或灰尘。

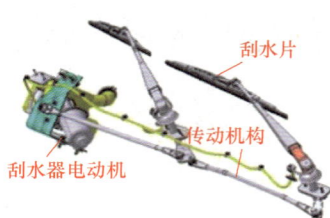

图 4-4-1　电动刮水器的组成

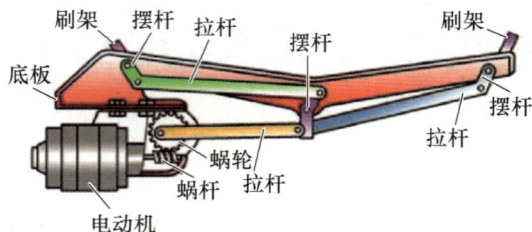

图 4-4-2　电动刮水器的工作原理

汽车风窗玻璃刮水器的电动机一般采用永磁三刷电动机，其上装有 3 只电刷。刮水器工作时，利用电动机改变正、负电刷之间串用的线圈数，以实现电动机的变速，即当对称电刷通电时，电动机为低速；当偏置电刷通电时，电动机为高速。刮水器的不同工作速度由电动机的高低转速来实现。

永磁式三刷电动机的磁极为铁氧体永久磁铁。铁氧体具有陶瓷的脆性、硬性和不耐冲击的特点，但它不易退磁，且价格低廉，所以在汽车上得到广泛使用。

3. 刮水器电动机的控制

为了不影响驾驶人的视线，要求刮水器片能够自动复位，即不管在什么时候切断电源，刮水器的橡胶刮水片都能自动停止在风窗玻璃的下部。

二、洗涤器

1. 洗涤器的作用

洗涤器的作用是清洗掉风窗玻璃上的灰尘、稀泥和脏污。洗涤器作为刮水器的辅助装置，能提高刮水器刮水片的刮刷性能。

2. 洗涤器的组成

洗涤器通常由储液罐、洗涤液泵、软管、刮水器开关和喷嘴等组成，如图 4-4-3 所示。储液罐用于储存洗涤液，洗涤液泵是泵液的动力装置，一般由永磁直流电动机和叶片泵组成，喷射压力为 70~88kPa。洗涤液泵直接安装在储液罐上，有的安装在管路内。洗涤液泵的进水口装有滤清器。喷嘴通常装在发动机舱盖表面，对着风窗玻璃。

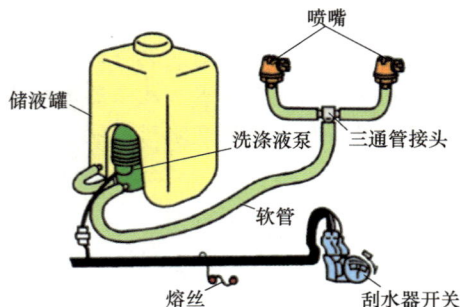

图 4-4-3　洗涤器

3. 洗涤器的工作原理

当刮水器开关被按下时，洗涤液泵电路接通，洗涤液泵将储液罐里的洗涤液喷射到风窗玻璃上，将脏污湿润，然后电动刮水器利用刮水片的摆动将尘污刮掉。使用时，洗涤液泵连续工作时间不应超过 1min。无洗涤液时不要开动洗涤液泵。

【知识拓展】

中国汽车工业风云人物——李书福

在中国汽车企业界，浙江吉利控股集团董事长李书福是一个具有划时代意义的人物。中国汽车的价格能够降下来，中国本土品牌的竞争力能够提上去，其中都有李书福的付出和努力。

十多年以来，吉利集团在收购重组方面的动作令人目不暇接：收购全球第二大自动变速器公司——澳大利亚 DSI；收购沃尔沃；收购英国锰铜出租车公司；收购宝腾汽车和莲花汽车近半股份；收购美国 Terrafugia 飞行汽车公司；收购戴姆勒股份公司 9.69% 具有表决权的股份。不仅如此，吉利集团还在白俄罗斯建成合资项目——白俄罗斯吉利全散件汽车制造厂，先期投产的是吉利博越汽车。

上述这些购并项目中，尤其是收购沃尔沃，使得中国自主品牌首次拥有百年豪华品牌，让世界为之瞩目。借助于这个项目的达成，吉利集团不仅在品牌影响力和美誉度方面大为增色，也在技术开发方面获益良多。

【任务实施】

仪器设备及工具准备

1）设备：整车。

2）工具：常用拆装工具。

任务实施内容

认知刮水器及洗涤器。

步骤	操作方法	操作示意图
认知刮水器	认知刮水器的结构	
	刮水器主要组成零部件有刮水器电动机、联动机构、刮臂、刮水片以及刮水器开关	
	操作刮水器	
	扳动刮水器开关，观察不同档位工作状态	

（续）

步骤	操作方法	操作示意图
认知洗涤器	认知洗涤器	
	洗涤器组成零部件有储液罐、洗涤液泵、输液管、喷嘴以及开关	
	操作洗涤器	
	观察工作状态。洗涤器开启后，刮水器会自动延迟约 1s 开启并工作直至洗涤器开关关闭后 2~3s 停止	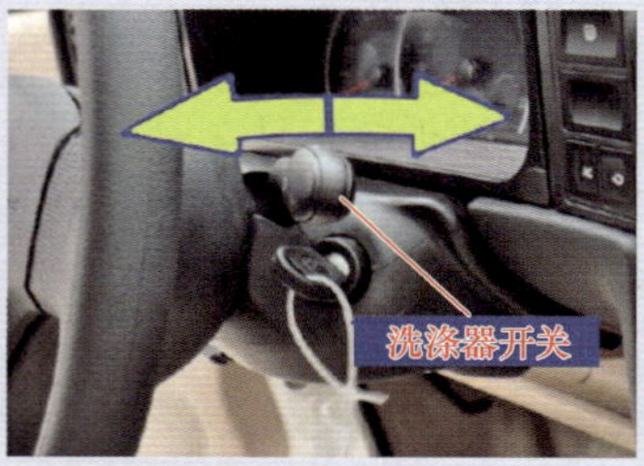
拆卸刮水器电动机	按下右图粗箭头所指的锁止卡扣，同时向右图细箭头所指的方向断开线束插头	
	使用 23mm 套筒配合大棘轮扳手拆下刮水器支架总成的两颗固定螺母	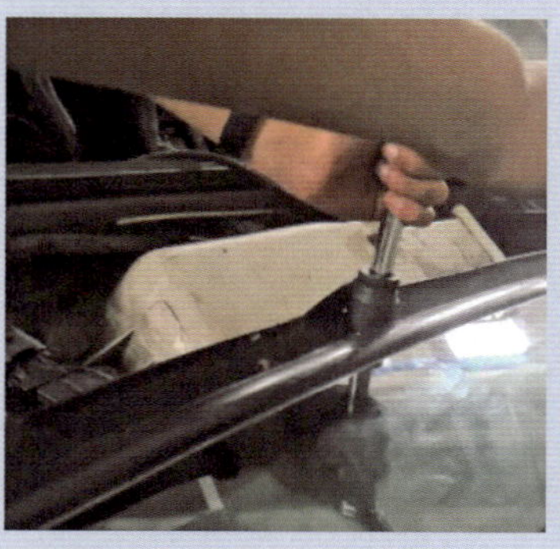

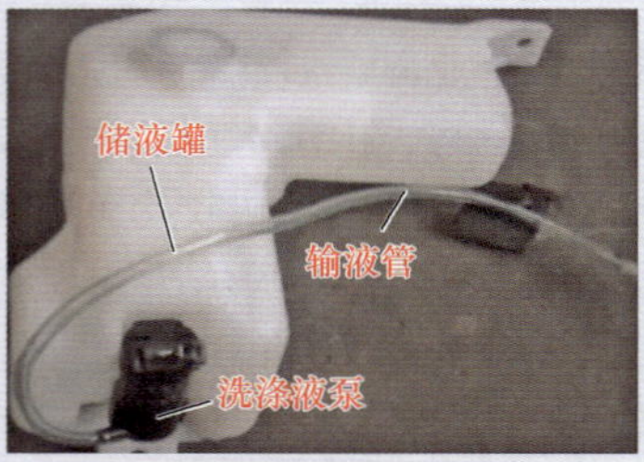

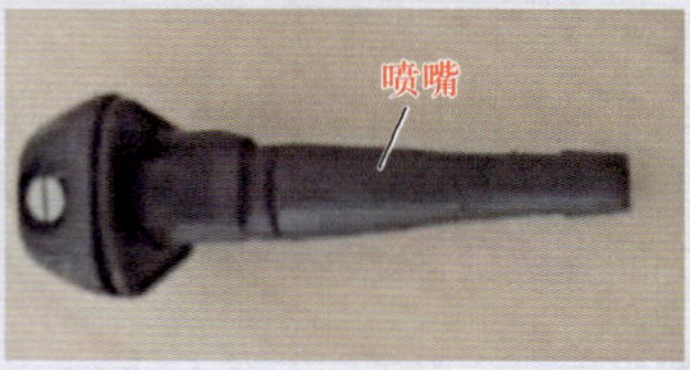

（续）

步骤	操作方法	操作示意图
拆卸刮水器电动机	用手按下刮水器传动支架的螺栓取下刮水器	
	使用棘轮、接杆、套筒拆下刮水器电动机支架与电动机的固定螺栓。然后取下刮水器电动机	
分解刮水器电动机	使用一字螺丝刀或用硬物拆下刮水器电动机后盖，同时取下纸质垫片	
	拆下刮水器电动机转子壳体的固定螺栓并取下	
	左右转动转子壳体，取下刮水器电动机外壳	

（续）

步骤	操作方法	操作示意图
分解刮水器电动机	向上推动减速齿轮，取下减速蜗轮	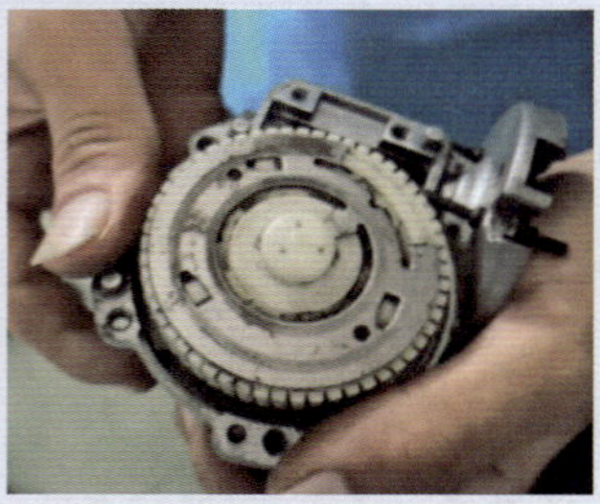
	向后拨动转子总成，取下转子总成	
装配并安装刮水器电动机	装配及安装顺序与拆卸分解顺序相反	

【评价反馈】

评价项目	评价标准	小组评价（占总评分的40%）	教师评价（占总评分的60%）
知识准备（30分）	掌握刮水器及洗涤器的结构、功用		
	掌握刮水器及洗涤器的工作原理		
	了解刮水器电动机的结构		
知识拓展（10分）	养成自主学习的习惯，树立职业目标		
任务实施（40分）	能正确、规范地使用工具及设备		
	能识别结构及零部件		
	能规范地完成拆装工作		
	无丢件、漏件、损坏零件等情况		
综合表现（20分）	能与同学密切合作，积极实践，安全地完成学习活动，具备严谨规范的工作作风		
合计			
总评分			

教师评语：

日期：　　年　　月　　日

【课后测评】

一、单项选择题

1. 对于刮水器，下列说法错误的是（　　　）。

A. 刮水器应该有高、低速档 　　　　　B. 刮水器应该有间歇档

C. 刮水器应该能自动回位 　　　　　　D. 刮水器应该能自动开启

2. 风窗玻璃洗涤液也称为（　　　）。

A. 冷却液 　　　　　　　　　　　　　B. 转向助力液

C. 制动油 　　　　　　　　　　　　　D. 玻璃水

3. 刮水器根据长短可分为（　　　）。

A. 长刮水器、短刮水器 　　　　　　　B. 正刮水器、侧刮水器

C. 主刮水器、副刮水器 　　　　　　　D. 都不是

二、多项选择题

1. 刮水器开关的档位有（　　　）。

A. 间歇档　　　　B. 慢速档　　　　C. 快速档　　　　D. 关闭档

2. 汽车风窗玻璃洗涤器的组成有（　　　）。

A. 储液罐　　　　B. 洗涤液泵　　　　C. 喷嘴　　　　D. 刮水器开关

三、判断题

1. 使用风窗玻璃洗涤器时，应先开动刮水器，然后开动洗涤液泵。（　　　）

2. 当关闭刮水器开关时，刮水器立即停止摆动。（　　　）

3. 刮水器的电动机广泛应用永磁式电动机。（　　　）

4. 风窗玻璃洗涤器的作用是向风窗玻璃表面喷洒专用洗涤液或水，在刮水片的配合下，保持风窗玻璃表面清洁。（　　　）

四、简答题

试述刮水器是如何自动回到玻璃下方的。

任务5　空调系统认知与拆装

【任务描述】

为了调节车厢内温度、湿度，进行通风换气和空气净化，汽车设置了空调系统。汽车空调系统有哪些零部件？是如何完成上述工作的？本次任务一起来探讨。

【学习目标】

🚩 **素养目标：**

1）能与同学密切合作，规范、安全地完成学习活动。

2）养成自主学习的习惯，培养规范的工作作风，树立职业目标。

1）掌握汽车空调系统的结构、功用。
2）掌握汽车空调系统的工作原理。
3）了解空调的分类。

1）具备识别空调系统零部件的能力。
2）具备描述空调系统的基本工作原理的能力。
3）具备描述空调系统在整车上的位置及其与其他系统的关系的能力。
4）具备规范拆装空调系统的能力。

【知识准备】

一、汽车空调的作用

空调是空气调节器的简称。汽车空调系统的功能是对车内空气的温度、湿度、流速和清洁度等参数进行调节，使乘员感到舒适，保证乘员身体健康和行车安全。

二、汽车空调的分类

汽车空调按驱动方式可分为独立式空调和非独立式空调。独立式空调就是配备专门的辅助发动机作为压缩机的动力源（如大型客车空调），而非独立式空调是由汽车主发动机直接驱动压缩机（如轿车、小型客车以及货车空调等）。

汽车空调按控制方式分为手动空调、电控空调和气动调节空调。

汽车空调按调节方式分为全自动调节空调和微机控制全自动调节空调。

三、汽车空调的组成

1. 制冷系统

（1）制冷系统的作用　制冷系统对车内空气和由外部进入车内的新鲜空气进行冷却、除湿，使车内空气变得凉爽、舒适。

（2）制冷系统的组成　汽车空调制冷系统主要由压缩机、蒸发器、储液干燥器、冷凝器、膨胀阀等组成，如图4-5-1所示。

1）压缩机是制冷系统的动力源，推动制冷剂在系统内不断地循环，它依靠发动机通过传动带来传递动力，一般安装在发动机前部、发电机下面。

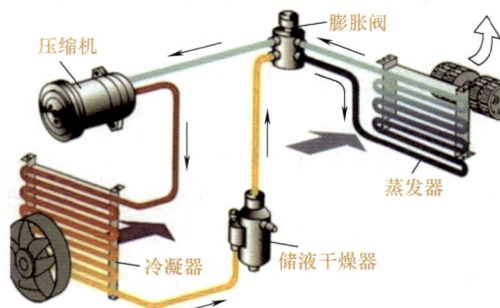

图 4-5-1　汽车空调制冷系统的组成

2）冷凝器类似发动机散热器，其主要作用是将制冷剂热量排放出去，一般装在散热器前，利用发动机冷却风扇和汽车行驶时产生的自然风来强制冷却与散热。

3）储液干燥器串接在冷凝器后面，主要作用为吸湿和过滤，使系统正常运行。

4）膨胀阀也称为节流阀，安装在蒸发器入口前，主要作用是通过流速变化，将制冷剂液体节流减压，将冷凝压力降到蒸发压力。

5）蒸发器使液态制冷剂蒸发以吸收车厢热量而制冷。它一般安装在车厢内。蒸发器内有鼓风机，可以不断地将制冷后的空气送出。

（3）汽车空调制冷的工作过程　汽车空调制冷可以分为 4 个工作过程：压缩过程、放热过程、节流过程和吸热过程。从压缩机排气口到膨胀阀入口是高压区，从膨胀阀出口到压缩机内是低压区，从冷凝器中部到膨胀阀出口是液态区，从蒸发器到冷凝器上部是气态区。

1）压缩过程：压缩机吸入蒸发器出口处的低温低压的制冷剂气体，把它压缩成高温高压的气体排出压缩机。

2）放热过程：高温高压的过热制冷剂气体进入冷凝器，由于压力及温度的降低，制冷剂气体冷凝成液体，并放出大量的热量。

3）节流过程：温度和压力较高的制冷剂液体通过膨胀装置后体积变大，压力和温度急剧下降，以雾状（细小液滴）排出膨胀装置。

4）吸热过程：雾状制冷剂液体进入蒸发器，因为此时制冷剂沸点远低于蒸发器内温度，故制冷剂液体蒸发成气体。在蒸发过程中制冷剂大量吸收周围的热量，而后低温低压的制冷剂蒸气进入压缩机。

上述过程周而复始地进行下去，便可达到降低蒸发器周围空气温度的目的。

2. 暖风系统

（1）暖风系统的作用　暖风系统对车内空气和由外部进入车内的新鲜空气进行加热，达到取暖、除湿的目的。

（2）暖风系统的工作原理　暖风系统将冷空气送入换热器，吸收某种热源的热量，提升空气的温度，并将热空气送入车内。目前，绝大部分乘用车上都采用水暖式暖风系统，如图 4-5-2 所示，水暖式暖风系统利用的是发动机冷却液的热量。

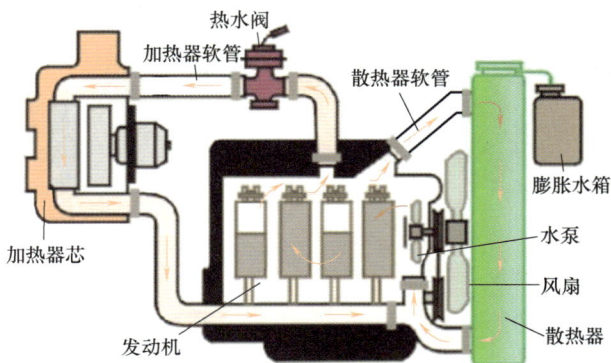

图 4-5-2　水暖式暖风系统

水暖式暖风系统实际上是发动机冷却系统的一部分，大致可分为两大部分，即热水循环回路和水暖通风系统。热水循环回路与发动机的冷却系统相连通，借助于发动机的水泵实现热水循环。来自发动机冷却系统的热的冷却液从进水管流经热水阀进入加热器，经由出水管回到发动机的冷却系统，实现回路的循环。

在水暖通风系统中，由电动鼓风机强制使空气循环运动。空气经由进风口被吸入，流经加热器时被加热，并由出风口导出，进入车厢内实现取暖或为风窗玻璃除霜。

3. 通风系统

通风系统将外部新鲜空气吸进车内，起到通风、换气作用。同时，通风对避免风窗玻璃起雾有良好的效果。

为了健康和舒适，汽车车厢内的空气要符合一定的卫生标准，这就需要输入一定量的新鲜空气。将新鲜空气送入车内，取代被污染空气的过程，称为通风。

通风装置由进风口、空气滤清器、鼓风机、风门和出风口等组成，如图4-5-3所示。

4. 空气净化系统

空气净化系统的作用是除去车内空气中的尘埃、臭味、烟气及有毒气体，使车内空气变得清洁。

进入车内的空气由车外新鲜空气和车内再循环空气组成。车外空气受到粉尘、烟尘以及汽车尾气中CO、SO_2等有害气体的污染；车内空气受到乘客呼出的CO_2、人体汗味以及漏入车内的废气污染。这些因素降低了车内空气的洁净度，而空气净化器能够清除车内空气中的异味微粒，并能去除空气中的花粉和灰尘，使空气得到净化，因此汽车空调系统需要装备空气净化装置。

空气过滤式空气净化装置（图4-5-4）设置在汽车空调系统的进风口和出风口处，它仅能滤除空气中的灰尘和杂物，因此其结构简单，只需定期清理过滤网上的灰尘和杂物即可，故广泛用于各种汽车空调系统中。

5. 控制系统

控制系统对制冷系统和暖风系统的温度、压力进行控制，同时对车内空气的温度、风量、流向进行控制，实现空调系统的正常工作。

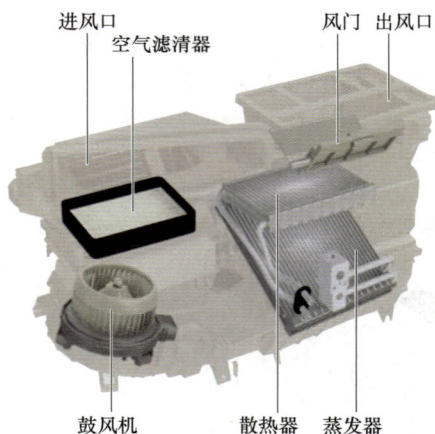

图4-5-3　通风装置

图4-5-4　空气过滤式空气净化装置

【知识拓展】 ▶ ···▶

中国汽车轮胎力学的主要奠基人——郭孔辉

郭孔辉，1935年出生在福州一个华侨之家，1994年当选为中国工程院院士，任吉林大学汽车学院名誉院长、汽车动态模拟国家重点实验室主任。郭孔辉先后主持完成多项中国汽车行业的基础性科研项目和一汽新型汽车的开发研制工作。

郭孔辉在国内外同行中享有很高的声望，在汽车系统动力学及其相关领域造诣精深。在轮胎力学、汽车动力学以及人—车闭环操纵动力学等方面的研究成果均达到世界先进水平，是我国最早把近代系统力学与随机振动理论引入汽车科学研究的学者。

　　郭孔辉被汽车界誉为将系统动力学与随机振动理论引入汽车振动与载荷研究的领先学者，我国汽车轮胎力学的主要奠基人，我国汽车操纵稳定性、平顺性科技领域的主要开拓者和带头人。

【任务实施】

仪器设备及工具准备

1）设备：空调试验台架、压缩机。

2）工具：常用拆装工具若干套、拉马若干个。

任务实施内容

拆装压缩机并认知空调系统。

步骤	操作方法	操作示意图
认知空调零部件	在空调试验台架上认知空调系统零部件，并将正确标签贴在零部件上	
分解压缩机	将压缩机外表面擦洗干净，压缩机拆装的原则是先外后内	
	松开电磁离合器前面的螺母，将电磁离合器总成从压缩机前端卸下	
	取下带轮卡簧	

（续）

步骤	操作方法	操作示意图
分解压缩机	拧下过热保护器底板固定螺栓，取出过热保护器	
	拧出电磁线圈搭铁线固定螺钉	
	用顶拔器拉出带轮	

（续）

步骤	操作方法	操作示意图
分解压缩机	取出电磁线圈卡环并取下电磁线圈	
	用梅花扳手将压缩机后端螺栓均匀松脱并取下	
	拧下前、后壳体连接螺栓	
	分开前、后壳体	
	根据需要进一步分解压缩机内部零件	
装复空调压缩机	装复顺序与拆卸顺序相反	

【评价反馈】

评价项目	评价标准	小组评价 （占总评分的40%）	教师评价 （占总评分的60%）
知识准备 （30分）	掌握空调系统的结构、功用		
	掌握空调系统的工作原理		
	了解汽车空调的分类		
知识拓展 （10分）	养成自主学习的习惯，树立职业目标		
任务实施 （40分）	能正确、规范地使用工具及设备		
	能识别结构及零部件		
	能规范地完成拆装工作		
	无丢件、漏件、损坏零件等情况		
综合表现 （20分）	能与同学密切合作，积极实践，安全地完成学习活动，具备严谨规范的工作作风		
合计			
总评分			

教师评语：

日期： 年 月 日

【课后测评】

一、单项选择题

1. 汽车空调制冷剂是（ ）。

A. R12　　　　　　　B. R13　　　　　　　C. R14　　　　　　　D. R134a

2. 下列说法正确的是（ ）。

A. 从气体变成液体时放出的热称为液化吸热　　B. 从液体变成气体时所需的热称为蒸发吸热

C. 从固体变成液体时吸收的热称为溶解放热　　D. 从固体直接变成气体时吸收的热称为升华放热

3. 车内空气相对湿度一般保持在（ ）。

A. 40%　　　　　　　B. 90%　　　　　　　C. 25%　　　　　　　D. 50%~70%

二、多项选择题

汽车空调的通风方法有（ ）。

A. 自然通风　　　　　B. 强制通风　　　　　C. 顶面通风　　　　　D. 侧面通风

三、判断题

1. 汽车空调是根据物质状态改变时吸收或释放热量这一基本热原理工作的。（ ）

2. 汽车空调的冷凝器一般位于发动机冷却系统散热器的前面，将热量向汽车外部释放。（ ）

3. 汽车空调系统一般包括制冷系统、暖风系统、通风系统和空气净化系统。（ ）

4. 汽车空调制冷系统主要由压缩机、冷凝器、储液干燥器、膨胀阀和蒸发器等部件组成。（ ）

四、简答题

1. 简述汽车空调制冷循环基本过程。

2. 简述汽车空调有哪些作用。

项目 **5**

汽车车身认知

任务1　汽车车身壳体、车门及其附件认知

【任务描述】

　　车身是驾驶人驾驶汽车的场所，也是装载乘员和货物的场所。车身应为驾驶人提供方便的操作条件，以及为乘员提供舒适、安全的环境或保证货物完好无损。车身的结构是什么样的？包含哪些附件？本次任务一起来了解。

【学习目标】

素养目标：

1）能与同学密切合作，规范、安全地完成学习活动。
2）养成自主学习的习惯，培养规范的工作作风，树立职业目标。

知识目标：

1）掌握车身壳体的结构。
2）掌握车门的结构。

技能目标：

1）具备识别车身壳体结构并说明其功用的能力。
2）具备描述车门结构及功用的能力。

【知识准备】

一、车身的功用

车身起到封闭作用，还应保证行车安全和减轻事故后果。

二、车身的组成

　　车身主要由发动机舱总成、前底板总成、后底板总成、前围上部总成、左右侧围总成、四门总成、行李舱盖总成、翼子板、顶盖总成、后围板总成、行李舱隔板总成等组成。

1. 发动机舱总成

　　发动机舱总成的作用是安置汽车的发动机、变速器、转向系统、制动系统等重要总成，它肩负着被动安全性的重要使命，即当汽车发生意外的正面碰撞时，发动机舱要能折曲变形以吸收碰撞产生的巨大能量，减少碰撞对车内、外人员的猛烈冲击，起到保护车内乘员的作用。发动机舱总成由左前挡泥板总成、右前挡泥板总成、前围挡板总成、散热器前横梁总成四部分构

车身构造

成，如图 5-1-1 所示。

2. 前底板总成

前底板总成是车身下部非常重要的部件。它主要承载前排座椅，兼有承重的任务，因此底板结构保持足够的刚度和强度是至关重要的。前底板承重部位应力变化复杂，零部件安装部位等处应加横梁、加强板等，并在前底板主板上压制加强筋和凸凹平台，从而提高底板的强度。前底板总成由前底板、左下后加强梁、右下后加强梁、驻车制动操纵机构加强板、前底板上横梁、前底板左边梁、前底板右边梁等组件构成，如图 5-1-2 所示。

图 5-1-1 发动机舱总成

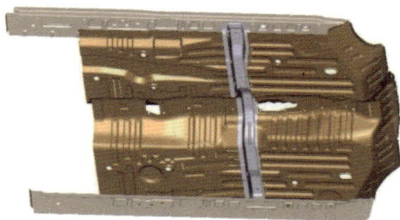

图 5-1-2 前底板总成

3. 后底板总成

后底板总成的主要作用是承载后排座椅、备胎、燃油箱等。其强度和刚度是通过在主板上压制加强筋、凸凹平台和后车架总成来保证的。后底板部分会影响到整车的四轮定位的尺寸，所以后底板的装配精度要求比较高。后底板总成由后底板、后底板左纵梁总成、后底板右纵梁总成、后底板第二横梁分总成、后底板第一横梁分总成等组件构成。

4. 前围上部总成

前围上部主要作用是装配仪表板及转向管柱等总成，它由前围上部内板总成、前围上部外板总成、转向管柱安装支座总成、仪表板左/右侧端内板构成。

5. 左、右侧围总成

左、右侧围总成是形成轿车左、右侧壁，组成座舱的重要结构。它是支承顶盖，连接车身前、后部分的侧围面构件，是固定前、后风窗玻璃，用来安装侧门，保证车身侧面撞击安全性的承载框架，具有较大的抗弯、抗扭的刚度和强度。侧围总成由侧围外板总成、前柱内板、中立柱内板、轮罩总成四部分构成，如图 5-1-3 所示。

6. 四门总成

四门总成包括左前门总成、右前门总成、左后门总成和右后门总成。四门总成由内板、外板、防撞梁、铰链及螺栓构成。四门总成与左、右侧围总成组成座舱。四门各有一根防撞梁，能大大增强抵抗前方、横向碰撞的能力。图 5-1-4 所示为桑塔纳轿车右前门总成。

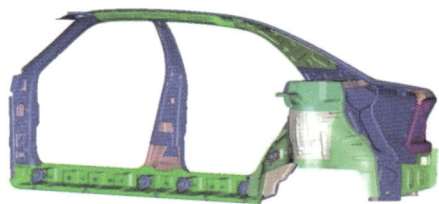

图 5-1-3 侧围总成

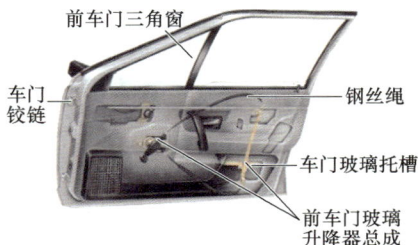

前车门三角窗
车门铰链
钢丝绳
车门玻璃托槽
前车门玻璃升降器总成

图 5-1-4 桑塔纳轿车右前门总成

7. 行李舱盖总成

行李舱盖要求有良好的刚性，结构上基本与发动机舱盖相同，也有外板和内板，内板有加强筋。一些被称为"二厢半"的轿车，其行李舱向上延伸，包括后风窗玻璃在内，使开启面积增加，形成一个门，因此又称为背门，这样既保持一种三厢车形状又能够方便存放物品。如果轿车采用背门形式，背门内板侧要嵌装橡胶密封条，围绕一圈以防水、防尘。行李舱盖开启的支撑件一般用钩形铰链及四连杆铰链，铰链装有平衡弹簧，使启闭行李舱盖省力，并可自动固定在打开位置，便于提取物品。行李舱盖总成由行李舱盖后排座椅挂钩固定板总成、行李舱主盖板、左右侧连接角板和流水槽构成，如图 5-1-5 所示。

8. 翼子板

翼子板如图 5-1-6 所示，它是遮盖车轮的车身外板，因旧式车身该部件形状及位置似鸟翼而得名。按照其安装位置分为前翼子板和后翼子板。前翼子板安装在前轮处，必须要保证前轮转动及跳动时的最大极限空间，因此设计者会根据选定的轮胎型号尺寸用"车轮跳动图"来验证翼子板的设计尺寸。后翼子板无车轮转动碰擦的问题，但出于空气动力学的考虑，后翼子板略显拱形弧线向外凸出。现在有些轿车翼子板已与车身本体成为一个整体。对于白车身来说，翼子板碰撞机会比较多，所以前翼子板一般多是独立装配，这样容易整件更换。

图 5-1-5　行李舱盖总成　　　　　　　　　　　图 5-1-6　翼子板

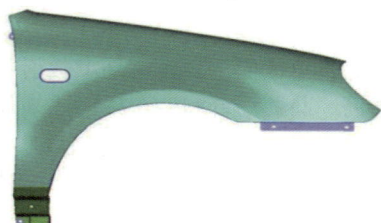

9. 顶盖总成

车顶盖是车厢顶部的盖板。对于轿车车身的总体刚度而言，顶盖不是很重要的部件。从设计角度来讲，重要的是它如何与前、后窗框及与支柱交界点平顺过渡，以求得最好的视觉感和最小的空气阻力。为了安全，车顶盖应有一定的强度和刚度，一般在顶盖下增加一定数量的加强梁，顶盖内层敷设绝热衬垫材料，以阻止外界温度的传导及减少振动时噪声的传递。顶盖总成由顶盖外板、顶盖 1 号横梁、顶盖 2 号横梁、顶盖 3 号横梁构成，3 个横梁大大提高了顶盖总成的强度。

10. 后围板总成

后围板总成由行李舱盖横梁、后围板、行李舱盖锁安装板总成、后围加强板构成。后围板总成参与构成行李舱，是车体固件中承受横向载荷的主要部位之一。

11. 行李舱隔板总成

行李舱隔板总成由后排座椅挂钩固定板总成、行李舱主盖板、左右侧连接角板、流水槽构成。其主要作用是构成行李舱和固定后排座椅。

三、车身结构要求

1）车身应为驾驶人提供便利的工作条件，为乘员提供舒适的乘坐条件，保护他们免受汽车行驶时的振动、噪声、废气的侵袭以及外界恶劣气候的影响，并保证完好无损地运载货物且装卸方便。

2）车身应保证汽车具有合理的外部形状，在汽车行驶时能有效地引导周围的气流，以减少空气阻力和燃料消耗。

3）汽车车身是一件精致的综合艺术品，应以其明晰的雕塑形体、优雅的装饰件和内部覆饰材料以及悦目的色彩使人获得美的感受。

【知识拓展】

中国汽车工业风云人物——曹德旺

曹德旺，1946 年 5 月出生于上海，是福建省福州市福清人，福耀玻璃工业集团股份有限公司（以下简称福耀玻璃）创始人、董事长。

2001 年至 2005 年，曹德旺带领福耀玻璃团队艰苦奋战，历时数年，花费一亿多元，相继打赢了加拿大、美国两个反倾销案，震惊世界。福耀玻璃成为中国第一家状告美国商务部并赢得胜利的中国企业。

福耀玻璃生产的汽车玻璃占中国汽车玻璃 70% 市场份额的同时，成功挺进国际汽车玻璃配套市场，在竞争激烈的国际市场占据了一席之地，成为宾利、奔驰、宝马、路虎、奥迪等豪华品牌重要的全球配套供应商，是世界第二大汽车玻璃厂商。福耀玻璃在美国、德国、俄罗斯设有工厂。

多年来，福耀玻璃坚持每年投入巨额研发费用。现在，福耀玻璃的部分高新技术产品代表当今世界上最高的制造水平，并拥有自主知识产权。

【任务实施】

仪器设备及工具准备
整车、车身结构挂图。

任务实施内容
认知车身及附件。

步骤	操作方法	操作示意图
认知车身结构	对照整车及车身结构挂图了解并认知车身结构	
	认知承载式车身	
	认知非承载式车身	车架

（续）

步骤	操作方法	操作示意图
认知车身结构	认知车身框架	
	认知车身覆盖件	
认知车辆外部附件	认知保险杠、车标、后视镜、天窗、风窗玻璃、侧窗	
认知车内附件	认知仪表板、座椅、空调等（本书中将其分别放在组合仪表及空调系统中具体讲解）	

【评价反馈】▶ • ▶

评价项目	评价标准	小组评价 （占总评分的 40%）	教师评价 （占总评分的 60%）
知识准备 （30 分）	掌握车身的结构		
	了解车身附件及功用		
知识拓展 （10 分）	养成自主学习的习惯，树立职业目标		
任务实施 （40 分）	能识别结构及零部件		
	能描述车身附件的功用		
综合表现 （20 分）	能与同学密切合作，积极实践，安全地完成学习活动，具备严谨规范的工作作风		
合计			
总评分			

教师评语：

日期：　　年　　月　　日

【课后测评】▶ • ▶

一、单项选择题

1. （　　）不是车身的结构性部件。

A. 前立柱　　　　　　B. 后纵梁　　　　　　C. 后侧围板　　　　D. 横梁

2. 现代轿车广泛采用的车身是（　　）车身。

A. 承载式　　　　　　B. 半承载式　　　　　C. 非承载式　　　　D. 敞篷式

3. 汽车的总体构造中，用来安置乘员与货物的主要是（　　）。

A. 底盘　　　　　　　B. 车身　　　　　　　C. 车厢　　　　　　D. 车架

4. （　　）是车身外表覆盖件。

A. 前纵梁　　　　　　B. 后侧围板　　　　　C. 散热器支架　　　D. 座椅

二、多项选择题

1. 下列不是车顶部件的是（　　）。

A. 天窗　　　　　　　B. 油压减振器　　　　C. 前轮罩　　　　　D. 后保险杠

2. 车门的结构形式主要有（　　）。

A. 旋转门　　　　　　B. 拉门　　　　　　　C. 折叠门　　　　　D. 外摆式车门

三、判断题

1. 客车的车身结构都是车架式的。（　　）

2. 车门是通过螺栓固定在车身立柱上的。（　　）

3. 汽车前部车身和后部车身要设计得在某种程度上容易损坏，以形成一个能吸收碰撞能量的结构。（　　）

四、简答题

试描述轿车车身的结构。

任务2　汽车座椅及安全保护装置认知与拆装

【任务描述】▶

对于乘用车来说，安全性非常重要，包括座椅也在汽车安全中扮演重要的角色。汽车安全装置有哪些？是如何起到保护作用的？本次任务一起来了解。

【学习目标】▶

⚑ 素养目标：

1）能与同学密切合作，规范、安全地完成学习活动。
2）养成自主学习的习惯，培养规范的工作作风，树立职业目标。

✎ 知识目标：

1）掌握汽车座椅结构及安全技术。
2）掌握汽车安全带、安全气囊等被动安全装置的结构与工作原理。
3）了解汽车其他安全装置。

🔧 技能目标：

1）具备识别汽车座椅、安全带等的结构及零件的能力。
2）具备描述汽车安全装置的基本工作原理的能力。
3）具备描述各安全装置在整车上的位置及作用的能力。
4）具备规范拆装汽车座椅的能力。

【知识准备】▶

一、汽车座椅

汽车座椅是车身内部的重要装置。汽车座椅的作用是支承人体，使驾驶人操作方便和乘坐舒适。汽车座椅由骨架、坐垫、靠背和调节机构等部分组成。

汽车座椅骨架一般用轧制型材（钢管、型钢）或冲压成型的钢板焊接而成。坐垫和靠背的尺寸和形状应按人体工程学进行设计，与人体结构特点相适应，以使人体与汽车座椅接触的压力合理分布，保证乘坐舒适。为避免人体在汽车行驶时左右摇晃而引起疲劳，坐垫和靠背中部略为凹陷（有些汽车座椅设计成簸箕形）并在其表面制成凹入的格线以提高人体的附着性能且改善透气性。坐垫和靠背的覆饰材料应具有美观、强度高、耐磨、阻燃等性能。汽车座椅面料采用富有弹性的针织布料能很好地适应汽车座椅在人体重力作用下的反复变形。采用起毛织物可增加吸湿性和透气性，其原料以纯羊毛最好，但价格较高。真皮汽车座椅面料虽价格高昂但耐用，适用于高级轿车。普通汽车的汽车座椅面料通常采用人造革或连皮发泡塑料，以便于擦拭。

汽车座椅调节机构的作用是改变汽车座椅与驾驶操纵机构的相对位置以适应不同身材的驾驶人的需要。最基本的两种调节方式是汽车座椅行程调节和靠背角度调节。行程调节装置可使汽车座椅在左、右两根滑轨上前后移动。拉起行程调节手柄可使移动的卡爪与固定的齿条脱开；行程调节手柄放松时，卡爪在复位弹簧作用下重新与齿条某个齿扣紧。靠背角度调节器的内部有发条状弹簧、齿轮、卡爪等。发条状弹簧两端分别与坐垫和靠背相连，使靠背有向前倾翻的趋势，装在靠背上的齿轮亦随之翻转过相同的角度。扳动角度调节手柄就可操纵装在坐垫上的卡爪扣住齿轮某个齿从而使靠背定位。

现代中高级轿车的汽车座椅调节机构用微型电动机驱动。电动机的数量取决于电动汽车座椅的类型。可调方式有：前端上下调节；后端上下调节；前后调节；向前、向后倾斜调节。带存储功能的电动汽车座椅采用了微机控制。它能将选定的汽车座椅调节位置进行存储，可记忆多个驾驶人所需的调节方式，使用时只要按指定的按键开关，汽车座椅就会自动地调节到预先选定的汽车座椅位置上。

二、安全保护装置

安全保护装置是现代汽车结构的重要组成部分。在发生汽车碰撞事故时，安全保护装置能有效地减轻乘员的伤亡和汽车的损坏。

1. 安全带

大量使用实践证明，安全带是最有效的安全保护装置，可在汽车发生碰撞、紧急制动、失去平衡、倾覆或翻滚时，将人体约束在汽车座椅上，能大幅度地降低碰撞事故时车内乘员的受伤率和死亡率。最常用的三点式安全带如图 5-2-1 所示。

安全带由结实的合成纤维织成，包括斜跨前胸的肩带和绕过人体胯部的腰带。在汽车座椅上有外侧和内侧底板固定点，以及位于汽车座椅支柱外侧上方固定点。安全带绕过外侧上方固定点的环状导向，伸入车身立柱内腔并卷在立柱下部的收卷器内。乘员胯部内侧附近有一个插扣，由插板（松套在安全带上）和锁扣（与内侧底板固定点相连）两部分组成。该两部分插合后即可将乘员约束在座椅上。

按下插扣上的红色按钮就可解除约束。收卷器有好几种结构形式，功能较完备的是紧急锁止式收卷器。该种结构在正常情况下，安全带对人体上部并不起约束作用。当乘员向前弯腰时，安全带可从收卷器经由上方固定点的导向板被拉出；当乘员回复正常坐姿时，收卷器会自动把多余的安全带收起，使安全带随时保持与人体贴合。但在紧急情况下，即汽车减速度超过 $0.7g(g \approx 9.8\text{m/s}^2)$ 或车身侧倾角超过 $12°$ 时，收卷器会将安全带卡住从而对乘员产生有效的约束。

图 5-2-1　三点式安全带

2. 安全气囊

安全气囊（Supplemental Restraint System，SRS）也称为辅助约束系统。它是一种当汽车遭到冲撞而急剧减速时能很快膨胀的缓冲垫，可以保护车内乘员不致撞到车厢内部，是一种被动安全装置，具有不受约束、使用方便和美观等优点。轿车发生正面严重碰撞事故时，安全气囊系统协同三点式安全带能对前排乘员的头部及胸部提供有效保护。发生侧面碰撞时，侧面安全气囊可减轻乘员处于碰撞区域身体部位的伤害程度。安全气囊仅是轿车被动安全系统中的一个组成部分，不能取代安全带。汽车行驶中，乘员必须佩戴安全带，否则，发生事故时，安全气囊将不能发挥其保护作用。

安全气囊按布置位置可分为驾驶人侧安全气囊、乘员侧安全气囊、后排安全气囊、侧面安全气囊、顶部安全气囊等；按大小可分为保护整个上身的大型安全气囊和主要保护面部的小型护面安全气囊。护面安全气囊成本较低，但需要和座椅安全带配合使用。目前汽车上配置的安全气囊数量有增多的趋势，一汽集团生产的奥迪 A6 可选装 8 个安全气囊。

安全气囊系统的组成如图 5-2-2 所示，包括由碰撞传感器和安全传感器组成的传感器判断系统、气体发生器和安全气囊等部件。安全气囊平时折叠在转向盘内（或仪表板内），必要时可在极短时间内（0.05s）充满气体并呈球形，以对人体起缓冲作用。安全气囊工作时采用氮气填充，由气体发生剂（常用叠氮化钠）燃烧产生。气体发生器为盒状，直接装在安全气囊下方，其中心装有引燃器和点火剂，周围是填充气体发生剂的燃烧室。燃烧产生的大量气体由冷却层降温，继而经由过滤层控制流动，进入气囊。传感器判断系统可判定碰撞强烈程度，以决定是否向气体发生器发出点火指令，防止误爆。

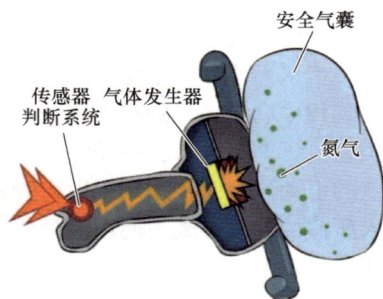

图 5-2-2　安全气囊系统的组成

3. 其他安全保护装置

头枕是在汽车后部受撞击时限制人的头部向后运动的安全保护装置，可避免头部和颈椎受伤。

汽车正面或侧面受撞时，乘员头部往往撞击风窗玻璃或侧窗玻璃而受伤，并且玻璃碎片还会使脸部或眼睛受伤。目前在汽车上广泛应用的安全玻璃有钢化玻璃和夹层玻璃两种。钢化玻璃受冲击损坏时，整块玻璃出现网状裂纹，脱落后分成许多无锐边的碎片。夹层玻璃受冲击损坏时，内外层玻璃碎片仍黏附在中间层上，减小了对人体产生伤害的可能性。

现代汽车的门锁与车门铰链有足够的强度，能同时承受纵向、横向两个方向的冲击载荷而不致使车门开启，降低乘员被甩出车外而受重伤或死亡的可能性。此外，在事故后，门锁应不失效而使车门仍能被打开。转子卡板式门锁因能同时承受纵向、横向载荷的作用而被广泛采用。

车身内部一切可能受人体撞击的构件都不应有尖角、突棱或小圆弧过渡的形状，而且车身室内应广泛采用软材料包垫。室内软化不仅是为了满足舒适性的要求，更重要的是满足安全性的要求。

【知识拓展】

比亚迪股份有限公司

比亚迪品牌诞生于深圳，于 1995 年成立，业务横跨汽车、轨道交通、新能源和电子四大产业。

2003 年，比亚迪成长为全球第二大充电电池生产商，同年组建比亚迪汽车。比亚迪汽车遵循自主研发、自主生产、自主品牌的发展路线，产品的设计既汲取国际潮流的先进理念，又符合中国文化的审美观念。2017 年 11 月 8 日，比亚迪入选时代影响力·中国商业案例 TOP30。2019 年 12 月，比亚迪入选 2019 中国品牌强国盛典榜样 100 品牌。2019 年 12 月 18 日，人民日报发布中国品牌发展指数 100 榜单，比亚迪排名第 24 位。

【任务实施】

仪器设备及工具准备
1）设备：整车、汽车座椅框架。
2）工具：常用拆装工具。
任务实施内容
拆装汽车座椅。

步骤	操作方法	操作示意图
认知汽车座椅结构	认知汽车座椅框架结构	前后调节 靠背倾斜角度调节 高度调节
拆装前排座椅（驾驶人侧）	向两侧掰开并取下前排座椅滑轨前方卡子	

（续）

步骤	操作方法	操作示意图
拆装前排座椅（驾驶人侧）	拧下滑轨前部固定螺钉	
	打开驾驶人侧后车门，向前移动座椅，拧下滑轨后固定螺钉	
	拔下座椅下方线束卡口，取下前排座椅	
	安装过程与拆卸相反	
拆装后排座椅	后排座椅的拆卸分为后排座的拆卸和后排靠背的拆卸，后排座只是锁扣锁止，后排靠背需要拧下折页的固定螺钉进行拆卸	
	打开后车门	

（续）

步骤	操作方法	操作示意图
拆装后排座椅	向后、向上搬动后排座椅，注意其下方有 U 形卡子及卡扣固定	
	拉动后排靠背的解锁开关	
	拉动，放倒后排靠背	

（续）

步骤	操作方法	操作示意图
拆装后排座椅	打开行李舱	
	拧下折页的固定螺钉完成拆卸	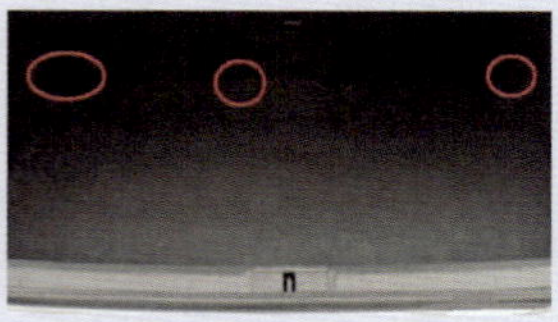
	安装顺序与拆卸顺序相反	

【评价反馈】

评价项目	评价标准	小组评价 （占总评分的40%）	教师评价 （占总评分的60%）
知识准备 （30分）	掌握汽车座椅的结构		
	掌握安全带、安全气囊等安全保护装置的结构与工作原理		
	了解汽车其他安全保护装置的结构与工作原理		
知识拓展 （10分）	养成自主学习的习惯，树立职业目标		
任务实施 （40分）	能正确、规范地使用工具及设备		
	能识别结构及零部件		
	能规范地完成拆装工作		
	无丢件、漏件、损坏零件等情况		
综合表现 （20分）	能与同学密切合作，积极实践，安全地完成学习活动，具备严谨规范的工作作风		
合计			
总评分			

教师评语：

日期：　　年　　月　　日

【课后测评】

一、单项选择题

1. 机动车发生碰撞时，汽车座椅安全带的主要作用是（　　）。

A. 保护驾乘人员颈部   B. 保护驾乘人员胸部

C. 减轻驾乘人员伤害   D. 保护驾乘人员腰部

2. 安全气囊是（　　）装置。

A. 主动安全   B. 被动安全

C. 电动   D. 机械

3. 下列关于安全气囊的控制过程叙述正确的是（　　）。

A. 前碰撞传感器、安全传感器与点火器都是并联的

B. 安全传感器控制点火器的搭铁侧电路，前碰撞传感器控制点火器的电源侧电路

C. 点火器引爆气囊的条件是前碰撞传感器与安全气囊 ECU 内的安全传感器同时接通

D. 当汽车发生碰撞时，前碰撞传感器、中央传感器送给安全气囊 ECU 一个闭合信号，这时安全气囊 ECU 综合安全传感器、SRS 检测电路的信号，最后发出点火指令

二、多项选择题

1. 汽车座椅一股由（　　）组成。

A. 面套   B. 泡沫   C. 骨架   D. 调节装置和附件

2. 汽车座椅的功能主要有（　　）。

A. 支撑   B. 定位   C. 提供舒适性   D. 保护乘员

3. 汽车座椅电动 8 向主要包括（　　）。

A. 靠背前后转动 2 向

B. 座椅前后移动 2 向

C. 座椅坐垫前端上下 2 向，坐垫后端上下 2 向

D. 头枕上下 2 向

4. 驾驶汽车不系安全带，在遇紧急制动或发生碰撞时可能会发生（　　）。

A. 撞击风窗玻璃   B. 减少人员伤亡

C. 被甩出车外   D. 造成胸部损伤

三、判断题

1. 汽车座椅头枕的作用是发生撞车事故时，减轻乘员颈椎可能受到的损伤，其性能的主要考核项目是强度和吸能。（　　）

2. 安全带紧固件应为英制螺栓或螺母。（　　）

四、简答题

试简述汽车座椅的结构。

项目 **6**

新能源汽车认知

任务 1　主要新能源汽车认知与拆装

【任务描述】

　　新能源汽车是指采用非常规的车用燃料（或同时使用常规车用燃料和新型车载动力装置）作为动力来源，综合车辆的动力控制和驱动方面的先进技术，形成的技术原理先进、具有新技术和新结构的汽车。新能源汽车应符合道路交通、安全法规各项要求。由于新能源汽车对环境影响相对传统汽车较小，其前景被广泛看好。电动汽车是目前应用较广泛的新能源汽车，它由哪些零部件组成，是如何进行能量转化驱动车辆行驶的？本次任务一起来了解。

【学习目标】

素养目标：

1）能与同学密切合作，规范、安全地完成学习活动。
2）养成自主学习的习惯，培养规范的工作作风，树立职业目标。

知识目标：

1）掌握电动汽车的总体结构。
2）掌握电动汽车零部件的作用及工作原理。
3）了解电动汽车与燃油汽车的区别。

技能目标：

1）具备识别电动汽车零部件的能力。
2）具备描述电动汽车的基本工作原理的能力。
3）具备规范拆装动力蓄电池的能力。

【知识准备】

一、纯电动汽车

　　纯电动汽车的驱动能量完全由电能提供并由电动机驱动行驶。驱动电机的驱动电能来源于车载可充电储能系统或其他能量储存装置。比亚迪海豚纯电动汽车如图 6-1-1 所示。

　　纯电动汽车本身不排放污染大气的有害气体，即使按所耗电量换算为发电厂的排放，除硫和微粒外，

图 6-1-1　比亚迪海豚纯电动汽车

其他污染物也显著减少。电厂大多远离人口密集的城市，对人类伤害较小，而且电厂是固定不动的，集中排放对清除各种有害排放物较容易，也已有了相关成熟技术。电力可以从多种一次能源获得，如煤、核能、水力等，能解除人们对石油资源危机的担心。

纯电动汽车可以充分利用晚间用电低谷时富余的电力充电，使发电设备日夜都能充分利用，大大提高其经济效益。有些研究表明，同样的原油经过粗炼，送至电厂发电，经充入蓄电池，再由蓄电池驱动汽车，其能量利用效率比经过精炼变为汽油，再经汽油机驱动汽车要高，因此纯电动汽车有利于节约能源和减少 CO_2 的排放。

纯电动汽车的主要结构有驱动电机系统、车载能源系统、辅助系统（图 6-1-2）。

（1）驱动电机系统　驱动电机系统主要包括中央控制器、驱动控制器、驱动电机、机械传动装置等。它的主要功用是将蓄电池的电能转化为车轮的动能，为车辆提供可靠的驱动力。有能量回收装置的车辆还可以将车辆减速制动的动能转变为电能储存在蓄电池内。纯电动汽车装有和传统汽车类似的加速踏板，但纯电动汽车的加速踏板是通过电流大小控制传动装置的，而不是控制节气门开度大小。

中央控制器根据加速踏板传来的电流信号，向驱动控制器发出指令，对驱动电机进行控制，例如加速、减速等。

驱动控制器按照中央控制器的要求指令、电动机的速度和电流反馈信号，对电动机的速度旋转方向等进行控制。纯电动汽车倒档功能的实现是通过驱动电机的反转实现的。

（2）车载能源系统　车载能源系统主要包括动力蓄电池、充电控制器和能量管理系统等。

动力蓄电池是纯电动汽车的动力来源，制约纯电动汽车发展的最大瓶颈就是动力蓄电池。动力蓄电池大约占到纯电动汽车制造成本的 1/3。纯电动汽车使用的动力蓄电池主要有铅酸蓄电池、氢镍蓄电池、镉镍蓄电池、锂离子蓄电池等。

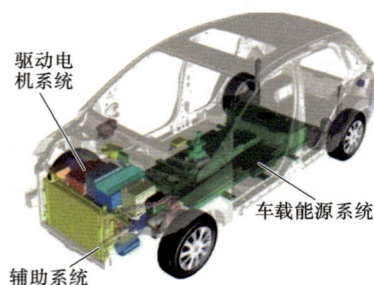

图 6-1-2　纯电动汽车的主要结构

铅酸蓄电池的优点是价格低廉，高倍率放电性能良好，电能效率高，温度适应范围广等。其缺点是质量和体积都比较大，续驶里程短、比能量低、使用寿命短、充电时间长，且其电极材料铅是重金属，污染环境。

氢镍蓄电池是由氢离子和金属镍合成的，它的正极活性物质是镍，负极活性物质是贮氢合金，是一种碱性蓄电池。它具有能量密度高、可快速充放电、循环寿命长、使用温度范围广以及无污染等优点。

镉镍蓄电池是指采用金属镉作为负极活性物质、氢氧化镍作为正极活性物质的碱性电池，它的电解液是氢氧化钾水溶液或氢氧化钠水溶液。镉镍蓄电池的优点是内阻小、可快速充电、可为负载提供大电流、放电时电压变化较小，是一种非常理想的直流供电蓄电池。镉镍蓄电池最大的缺点是在充放电过程中如果处理不当，会出现严重的"记忆效应"，使得使用寿命大大缩短。

锂离子蓄电池是最新一代的充电蓄电池。锂离子蓄电池至今仍是便携电子器件的主要电源。它按正极材料不同可分为锰酸锂离子蓄电池、磷酸铁锂离子蓄电池、镍钴锂离子蓄电池和镍钴锰锂离子蓄电池。锂离子蓄电池必须有防止过充电的特殊保护电路。锂离子蓄电池的工作电压高、使用寿命长、比能量高、对环境无污染，但是由于锂离子蓄电池的正极材料价格高，导致整个蓄电池的使用成本偏高。

（3）辅助系统　纯电动汽车的辅助系统主要是一些提高汽车舒适性、安全性和操控性的装置，例如声光信号系统、空调系统电子助力装置、音响设备等。这些装置在燃油汽车上早已应用，但在纯电动汽车上有的模块运用很少，这主要是考虑到纯电动汽车的续驶里程和制造成本等问题。

目前限制纯电动汽车发展的最大困难是汽车蓄电池技术，现有技术水平制出的蓄电池体积大、质量大、造价高、使用寿命有限，而纯电动汽车一次充电行驶里程也很有限，这些都限制了纯电动汽车的普及使用。要使纯电动汽车大规模应用，必须依靠蓄电池技术的发展。

二、插电式混合动力（含增程式）电动汽车

插电式混合动力电动汽车（Plug-in Hybrid Electric Vehicle，PHEV）是介于纯电动汽车与燃油汽车两者之间的一种新能源汽车，既有传统汽车的发动机、变速器、传动系统、油路、燃油箱，也有纯电动汽车的动力蓄电池、电动机、控制电路，而且动力蓄电池容量比较大，有充电接口。它综合了纯电动汽车（EV）和混合动力汽车（HEV）的优点，既可实现纯电动、零排放行驶，也能通过混动模式增加车辆的续驶里程。

1. 串联式插电式混合动力电动汽车

串联式插电式混合动力电动汽车，亦称为增程式电动汽车。其发动机不直接驱动汽车，需要先由发动机驱动发电机来发电，再由驱动电机来驱动汽车，所以能量传递链较长，总体效率不高。其代表车型有宝马 i3 增程版（图 6-1-3）。

2. 并联式插电式混合动力电动汽车

并联式插电式混合动力电动汽车的发动机和驱动电机均可驱动汽车，动力传动模式较多，动力性较好，结构简单，应用广泛，是主流的技术路线。其代表车型有比亚迪唐 DM（图 6-1-4）。

图 6-1-3 宝马 i3 增程版

图 6-1-4 比亚迪唐 DM

3. 混联式插电式混合动力电动汽车

混联式插电式混合动力电动汽车又可称为动力分流式电动汽车。一般需要 2 台电机（一台发电机和一台电动机），同时需要一套用于动力分流的行星齿轮装置，该类型的结构和控制最为复杂，目前只有非常少数的制造商具备生产和制造该类型产品的能力，且存在一定的专利壁垒。其代表车型有丰田普锐斯（图 6-1-5）。

图 6-1-5 丰田普锐斯

三、燃料电池电动汽车

燃料电池电动汽车是指以燃料电池系统作为单一动力源或者是以燃料电池与可充电储能系统作为混合动力源的电动汽车。

燃料电池电动汽车主要由燃料电池组、控制系统、驱动系统、辅助动力系统和蓄电池组等组成。燃料箱储存燃料，燃料电池把燃料氧化的化学能转换为电能，产生的直流电经过控制器变为交流电后供入驱动电机，驱动电机产生的动力经传动系统驱动车轮。

燃料电池的化学反应过程不会产生有害物质，因此，燃料电池车辆是无污染汽车。燃料电池的能量转换效率比内燃机要高2~3倍。在能源利用和环境保护方面，燃料电池电动汽车是一种理想的车辆。

单个的燃料电池必须结合成燃料电池组，以便获得必需的动力，满足车辆使用的要求。燃料电池汽车的优点包括零排放或近似零排放、减少了机油泄漏带来的污染、降低了温室气体的排放、提高了燃油经济性和发动机燃烧效率，并且其运行平稳、无噪声。

【知识拓展】 ●‥‥‥‥‥‥‥‥‥‥‥‥‥‥‥‥‥‥‥‥‥‥‥‥‥▶

比亚迪海豹

比亚迪海豹是比亚迪旗下纯电动汽车，它采用了比亚迪e平台3.0版本，2022年7月29日正式上市，其2022年9月月销量为7473辆。比亚迪海豹提供有61.44kWh以及82.56kWh两种容量的蓄电池组可选，CLTC工况的续驶里程有550km、650km和700km 3种可选。

它采用海洋美学设计风格，整个中控台犹如海浪般波浪起伏，外观方面呈现出运动轿跑车的优雅姿态。

【任务实施】 ●‥‥‥‥‥‥‥‥‥‥‥‥‥‥‥‥‥‥‥‥‥‥‥‥‥▶

仪器设备及工具准备
1）设备：纯电动汽车整车、举升机。
2）工具：纯电动汽车拆装专用工具。

任务实施内容
拆装动力蓄电池并认知纯电动汽车的结构。

步骤	操作方法	操作示意图
认知纯电动汽车结构	认知总体结构布置	

（续）

步骤	操作方法	操作示意图
认知纯电动汽车结构	认知前机舱布局	整车控制器　制动液储液罐　储液罐　低压蓄电池　电机控制器　DC/DC变换器　高压控制盒　车载充电机
	认知仪表布局及含义 1　驱动电机功率表 2　前雾灯 3　示廓灯 4　安全气囊指示灯 5　ABS指示灯 6　后雾灯 7　远光灯 8　跛行指示灯 9　蓄电池故障指示灯 10　电机及控制器过热提示灯 11　动力蓄电池故障指示灯 12　动力蓄电池断开指示灯 13　系统故障灯 14　充电提醒灯 15　EPS故障指示灯 16　安全带未系指示灯 17　制动故障指示灯 18　防盗指示灯 19　充电线连接指示灯 20　驻车制动指示灯 21　门开指示灯 22　车速表 23/25　左/右转向指示灯 24　READY指示灯 26　REMOTE指示灯 27　室外温度提示	
	认知档位 R：倒档　　N：空档 D：前进档　E：前进经济模式	
	认知点火开关 0：LOCK档　1：ACC档 2：ON档　　3：START档	

（续）

步骤	操作方法	操作示意图
认知纯电动汽车结构	认知快充口	
	认知慢充口	
整体拆卸动力蓄电池	将所有充电口用黄黑色胶带封住；关闭点火开关，拆开 12V 蓄电池负极连接，等待 5min 以上；在后座椅前中间地胶处找到高压维修开关（不同车型高压维修开关的形状及安装位置是不一样的）	
	拆除高压维修开关遮板，解除高压维修开关锁扣并拔下高压维修开关。注意高压维修开关锁分两级，在拆装过程中应避免高压维修开关损坏 收好车辆钥匙和高压维修开关，锁入维修工具箱 遮拦上与高压维修开关处安置警告标识牌	
	将纯电动汽车开入举升机工位，举升至工作高度，推入动力蓄电池举升托架，连接压缩空气软管至动力蓄电池拆装托架，升起托架对准动力蓄电池，托架举升高度轻微接触动力蓄电池即可（防止举升过高而使车辆有倾斜或脱落危险） 断开动力蓄电池外接线束（高压及低压插头），利用放电套装确认动力蓄电池高压端无电压 利用绝缘工具依次拆下动力蓄电池固定螺栓，将动力蓄电池落在动力蓄电池拆装托架上，动力蓄电池托架降到最低点（确保动力蓄电池稳定、安全），将动力蓄电池拆装托架及动力蓄电池拉出车下	
安装动力蓄电池	安装顺序与拆卸顺序相反。注意：实操学员需佩戴绝缘手套和绝缘鞋	

【评价反馈】

评价项目	评价标准	小组评价 （占总评分的40%）	教师评价 （占总评分的60%）
知识准备 （30分）	掌握电动汽车的总体结构、各系统的组成		
	掌握电动汽车的工作原理		
	了解电动汽车与燃油汽车区别		
知识拓展 （10分）	养成自主学习的习惯，树立职业目标		
任务实施 （40分）	能正确、规范地使用工具及设备		
	能识别结构及零部件		
	能规范地完成拆装工作		
	无丢件、漏件、损坏零件等情况		
综合表现 （20分）	能与同学密切合作，积极实践，安全地完成学习活动，具备严谨规范的工作作风		
合计			
总评分			

教师评语：

日期：　　　年　　月　　日

【课后测评】

一、单项选择题

1. 新能源汽车的发展方针是（　　　）。

A. 快过燃油车 　　　　　　　　　B. 先买一辆再说

C. 成为环保小卫士 　　　　　　　D. 再观望观望

2. 在纯电动汽车、插电式混合动力（含增程式）电动汽车和燃料电池电动汽车中，仍然以燃油为动力的是（　　　）。

A. 纯电动汽车

B. 插电式混合动力（含增程式）电动汽车

C. 燃料电池电动汽车

3. 在新能源汽车类型中，插电式混合动力电动汽车的英文缩写是（　　　）。

A. PHEV　　　　　B. HPEV　　　　　C. QHEV　　　　　D. CHEV

二、多项选择题

1. 与燃油汽车相比，电动汽车的优势包括（　　　）。

A. 电动汽车能量转化效率高 　　　B. 电动汽车终端无污染

C. 符合未来能源发展趋势 　　　　D. 续驶里程长

2. 新能源汽车可以避免产生的污染物包括（　　　）。

A. 一氧化碳 　　　　　　　　　　B. 碳氢化合物

C. 氮氧化合物　　　　　　　　　　D. 二氧化硫和含铅化合物

E. 固体颗粒物

三、判断题

1. 无论是混合动力电动汽车还是纯电动汽车，踩制动踏板就相当于给蓄电池充电。（　　　）

2. 新能源汽车的电动机要求在低速时有小转矩。（　　　）

3. 动力蓄电池组应该与驾乘空间紧密靠近，以利于紧凑型设计。（　　　）

4. 应当将性能差异不大的蓄电池组成动力蓄电池组。（　　　）

任务2　其他新能源汽车认知与拆装

【任务描述】 ┃•••▶

　　除了电动汽车外还有哪些形式的新能源汽车呢？它们是如何进行能量转化的，有什么特点呢？本次任务一起来了解。

【学习目标】 ┃•••▶

🚩 **素养目标：**

1）能与同学密切合作，规范、安全地完成学习活动。

2）养成自主学习的习惯，培养规范的工作作风，树立职业目标。

✏️ **知识目标：**

1）了解天然气汽车等其他形式新能源汽车的结构。

2）了解其他形式新能源汽车的工作原理。

3）了解其他新能源汽车的特点。

🔧 **技能目标：**

1）具备识别 CNG 汽车零部件的能力。

2）具备描述 CNG 等新能源汽车的基本工作原理及其与燃油汽车区别的能力。

3）具备规范拆装作业能力。

【知识准备】 ┃•••▶

一、天然气汽车

1. 压缩天然气汽车

天然气是在油田、气田、煤田和沼泽地带产生的天然气体，主要成分是甲烷，纯天然气甲烷量一般占 90% 以上。天然气是一种清洁能源，作为车用燃料，其与石油提取的燃料相比，尾气中的 CO 排量可减少 80% 以上，碳氢化合物及氮氧化合物排放也大大减少，温室气体 CO_2 的排放也有显著

降低，且其无颗粒及硫化物排放，有效延长了发动机的使用寿命；另外，天然气还拥有经济性高、噪声小、低温起动性较好等特点，因此天然气是一种优质车用燃料。

天然气密度低，不如汽油和柴油容易储存，天然气用于汽车燃料时，需要专用的燃料储运系统。为了提供充足的燃料，天然气必须压缩至 20.7 ~ 24.8MPa，然后进入高压气瓶内，此时的天然气称为压缩天然气（Compressed Natural Gas，CNG）。压缩天然气汽车就是用压缩天然气作为燃料的汽车。图 6-2-1 所示汽车即为压缩天然气（CNG）汽车。

图 6-2-1　现代 Santro CNG 版

2. 液化天然气汽车

将天然气净化处理后，再进行超低温处理，气体天然气就变成了液体天然气，即液化天然气（Liquefied Natural Gas，LNG）。液化天然气无毒无腐蚀性，体积约为同质量气体天然气体积的 1/610，质量仅为同体积水的 45%，液化天然气燃烧后几乎不产生污染。

液化天然气汽车的使用在全球范围内还在起步阶段，由于配套设施不完善及其他原因制约，液化天然气目前更多的是用在商用车领域，乘用车方面比较少。

二、液化石油气汽车

液化石油气（Liquefied Petroleum Gas，LPG）是指常温下加压（约 1MPa 左右）而液化的石油气。液化石油气来自冶炼厂气、湿性天然气或油田伴生气。

由于液化石油气几乎不含有不可燃烧成分，发热量高、燃烧充分、无粉尘灰渣，所以，液化石油气是一种清洁能源。使用液化石油气能减少空气污染、保护环境。液化石油气燃烧时释放的热量是常用燃气中最高的，因此非常适合当作车用燃料。

以液化石油气为燃料的液化石油气汽车早已问世，目前全世界已有超过 50 个国家在使用液化石油气汽车。

三、生物燃料汽车

生物燃料就是由生物原料生产的燃料，这些生物原料包括农林产品或其副产品、工业废弃物、垃圾等。农业和林业生产的碳水化合物是目前的主要生物原料，生物燃料一般是指生物液体燃料。

生物燃料的优点很多，首先，它是一种可再生的燃料，依靠生物原料的再生性，这种燃料是取之不尽，用之不竭的；其次它的生产范围广，无论全球哪个地方都可以获得生产所需的原材料；再次，生物燃料的推广方便，它不像燃气燃料，需要新建补给设备或专用的运输设备，生物燃料完全可以利用现有的加油站进行燃料补给。生物燃料是非常环保的，它不会有过多的有害物质排放、不会造成环境污染。

常见的生物燃料汽车包括醇类汽车、生物柴油汽车、二甲醚汽车等。

1. 醇类汽车

醇类燃料是指甲醇和乙醇，它们都属于含氧燃料。与汽油相比，醇类燃料具有较高的热输出效率，能耗较低，由于燃烧充分，醇类燃料有害气体排放较少，属于清洁能源。

甲醇俗称木醇或木精。目前，包括我国在内世界上已有 70 多个国家不同程度地应用了甲醇汽

车。图 6-2-2 所示为吉利帝豪甲醇汽车。

乙醇俗称酒精，它以玉米、小麦、薯类、糖或植物等为原料，经发酵、蒸馏而制成。将乙醇进一步脱水再经过不同形式的变性处理后即成为燃料乙醇。燃料乙醇就是用粮食或植物生产的可加入汽油中的品质改善剂。它不是一般的酒精，而是它的深加工产品。

燃料乙醇一般不会直接用来当作汽车燃料，而是按一定的比例与汽油混合在一起使用，这有利于增加燃料的辛烷值。按照我国的国家标准，乙醇汽油用 90% 的普通汽油与 10% 的燃料乙醇调和而成。它可以有效改善油品的性能和质量，降低一氧化碳、碳氢化合物等主要污染物的排放，它不会影响汽车的行驶性能，还能减少有害气体的排放量。燃料乙醇作为一种新型清洁燃料，是目前世界上可再生能源的发展重点。

2. 生物柴油汽车

生物柴油是指以油料作物、野生油料植物和工程微藻等水生植物油脂以及动物油脂、餐饮垃圾油等为原料油，通过酯交换工艺制成的可替代石化柴油的再生性柴油燃料。

生物柴油可以运用于普通的柴油发动机，可按任意比例与普通柴油混合使用，在普通的加油站就可以获得。

3. 二甲醚汽车

二甲醚又称为甲醚，简称为 DME，它能从煤、煤气层、天然气和生物质等多种资源中提取。以二甲醚为原料的二甲醚汽车的进一步发展将有效地解决原油危机和能源安全问题。图 6-2-3 所示为二甲醚公交车。

图 6-2-2　吉利帝豪甲醇汽车

图 6-2-3　二甲醚公交车

四、氢气汽车

氢气在常温常压下为无色、无味、无毒的气体。氢是地球上储量最丰富的资源，自然界的氢绝大部分以化合物的形式存在，最常见的便是水和有机物。

氢气燃烧时放出的热量是相同条件下汽油的 3 倍，而且其燃烧产物是对环境无害的水。其有热值高、无污染、储量高等优势，因此，氢气汽车是传统汽车理想的替代方案之一。图 6-2-4 所示为宝马氢能源汽车。

目前，氢气作为汽车燃料主要有两种方式：一种是以氢作为燃料电池的燃料与氧发生化学反应，从而产生出电能驱动电动机并驱动汽车，但氢气储存和携带限制了它的发展；另一种方式是以氢气直接作为燃料燃烧产生动力。

图 6-2-4　宝马氢能源汽车

五、太阳能汽车

太阳能汽车是将太阳能转化为电能，并利用该电能驱动车辆行驶的汽车。太阳能发电在车上的应用，将能够有效降低全球环境污染，创造洁净的生活环境。各国的科学家正致力开发产生较少污染的纯电动汽车，希望可以取代燃烧汽油的汽车，但由于现在各大城市的主要电力都是来自燃烧化石燃料，使用纯电动汽车会增加用电的需求，即间接增加发电厂释放的污染物。有鉴于此，一些环保人士就提倡发展太阳能汽车，太阳能汽车使用太阳电池把光能转化成电能，电能会在蓄电池中存储备用，用来驱动汽车的电动机。由于太阳能汽车不用燃烧化石燃料，所以不会放出有害物。据估计，如果由太阳能取代燃油，每辆汽车的 CO_2 排放量可减少 43% ~ 54%。

图 6-2-5　太阳能汽车

相比传统燃油汽车，太阳能汽车是真正的零排放，正因为其环保的特点，太阳能汽车（图 6-2-5）正在被越来越多的国家重视和提倡。

到目前为止，太阳能在汽车上的应用技术主要有两个方面：一是作为驱动力，二是作为汽车辅助设备的能源。

太阳能汽车主要由太阳电池组、自动阳光跟踪系统、驱动系统、控制器和机械系统等组成。

虽然现在世界各国的太阳能汽车已经有很大的发展，但与燃油汽车和一般纯电动汽车相比，其水平还相差很远，太阳电池还远远达不到要求。特别是在阴雨天，太阳能汽车就无法正常使用了，太阳能的吸收与储存受到地形及气候的制约，太阳电池板的制造成本较高、体积较大等都是太阳能汽车发展所面临的现实问题。

【知识拓展】

中国纯电动汽车领域的先行者——孙逢春

孙逢春长期致力于电动车辆总体理论与现代设计方法、电动车辆整车结构、系统集成与动力系统理论研究、关键技术开发和工程应用工作，提出并构建了中国电动商用车、充/换电站系统、清洁交通等系统技术体系。

在我国纯电动汽车科研界，孙逢春是一个"行动派"。他在 1995 年打造出中国第一辆电动公交车"远望号"，1997 年研发出我国首个完全自主知识产权的电机电控系统、自动变速传动系统，后续相继完成了北京奥运会、上海世博会、广州亚运会等多个纯电动汽车示范运行项目。

20 多年前看到美国关于纯电动汽车的研发后，孙逢春当即下定决心研究纯电动汽车，秉着"纯电动汽车不能没有中国心脏"的决心，雷厉风行的他很快组建了一个 4 人科研团队，创办了北京理工大学电动车辆工程技术中心。4 张桌子、1 台电脑，在学校一间简陋的格子间里，他带着教师和学生开始了对纯电动汽车核心技术——电机驱动系统的挑战，我国电动车辆技术研发由此起步。

【任务实施】

仪器设备及工具准备

1) 设备：捷达 GIX-1.6-MT-CNG 汽车、燃料供给系统零部件。

2）工具：常用拆装工具。

任务实施内容

认知 CNG 汽车燃料供给系统。

步骤	操作方法	操作示意图
总体认知 CNG 汽车燃料供给系统结构	对照实车认知 CNG 汽车燃料供给系统零部件	加气头 储气瓶 切换器 喷轨 减压器 模拟器 燃气ECU 过滤器 发动机机舱布局
认知 CNG 汽车燃料供给系统主要零部件	认知高压减压器	加热水管接头 天然气温度传感器
	认知高压燃料切断阀	
	认知低压电磁阀	

（续）

步骤	操作方法	操作示意图
认知 CNG 汽车燃料供给系统主要零部件	认知电控调压阀	
	认知混合器部件	
	认知电子节气门	
	认知点火线圈	
	认知防喘振阀	
	认知电子控制模块	

（续）

步骤	操作方法	操作示意图
拆卸钢瓶	松开波纹管卡箍，退下波纹管	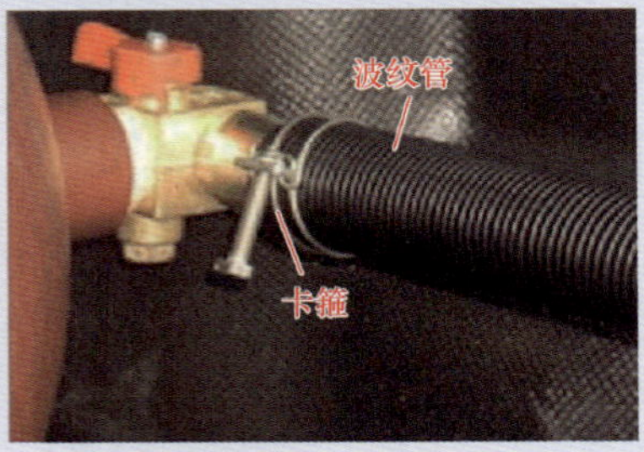
	拔下高压钢管，拆下钢瓶	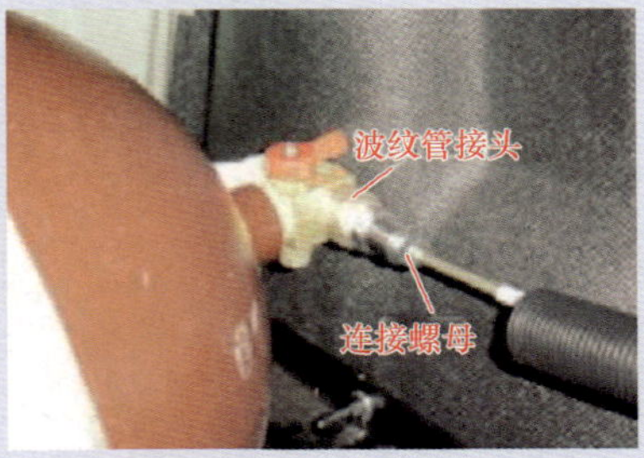
安装钢瓶	安装顺序与拆卸顺序相反	

【评价反馈】

评价项目	评价标准	小组评价（占总评分的40%）	教师评价（占总评分的60%）
知识准备（30分）	掌握 CNG 等新能源汽车总体结构及工作原理		
	了解不同类型新能源汽车的特点		
	了解新能源汽车的不同类型		
知识拓展（10分）	养成自主学习的习惯，树立职业目标		
任务实施（40分）	能正确、规范地使用工具及设备		
	能识别 CNG 汽车燃料供给系统结构及零部件		
	能规范地完成拆装工作		
	无丢件、漏件、损坏零件等情况		
综合表现（20分）	能与同学密切合作，积极实践，安全地完成学习活动，具备严谨规范的工作作风		
合计			
总评分			

教师评语：

日期：　　年　　月　　日

【课后测评】

一、单项选择题

1. CNG 是（　　）的简称。

A. 压缩天然气　　　　B. 石油气　　　　　C. 氢气　　　　　D. 乙醇

2. 以下零部件不属于压缩天然气汽车的是（　　）。

A. 储气瓶　　　　　　B. 减压器　　　　　C. 火花塞　　　　D. 燃油滤清器

二、多项选择题

1. 生物燃料汽车燃料有（　　）。

A. 甲醇　　　　　　　B. 乙醇　　　　　　C. 二甲醚　　　　D. 生物柴油

2. 天然气汽车燃料主要有（　　）。

A. 压缩天然气　　　　B. 液化天然气　　　C. 石油气　　　　D. 氢气

3. 太阳能汽车主要由（　　）组成。

A. 太阳电池组　　　　　　　　　　　B. 自动阳光跟踪系统

C. 驱动系统　　　　　　　　　　　　D. 控制器和机械系统

三、判断题

1. 目前，燃气汽车等新能源汽车已全面取代燃油汽车成为主流。（　　）

2. 氢气作为汽车燃料主要有两种方式：一种是以氢作为燃料电池的燃料与氧发生化学反应，从而产生出电能驱动电动机并驱动汽车；另一种方式是以氢气直接作为燃料燃烧产生动力。（　　）

3. 液化石油气是一种清洁能源。（　　）

四、简答题

1. 简述你对新能源汽车未来发展的看法。

2. 什么是太阳能汽车？

参考文献

［1］张立新，侯建党，韩希国. 汽车构造［M］. 北京：机械工业出版社，2021.

［2］李起振，王青春，王兆海，等. 汽车构造［M］. 长春：吉林大学出版社，2015.